Buchner (Hrsg.) · Team-Coaching

Dietrich Buchner (Hrsg.)

Team-Coaching

Gemeinsam zum Erfolg

GABLER

Die Deutsche Bibliothek – CIP-Einheitsaufnahme

Team coaching : gemeinsam zum Erfolg /
Dietrich Buchner [Hrsg.]. – Wiesbaden :
Gabler, 1995
   ISBN 3-409-18753-7
NE: Buchner, Dietrich [Hrsg.]

1. Auflage 1995
Nachdruck 1997

Der Gabler Verlag ist ein Unternehmen der Bertelsmann Fachinformation.

© Betriebswirtschaftlicher Verlag Dr. Th. Gabler GmbH, Wiesbaden 1995
Lektorat: Ulrike M. Vetter

Höchste inhaltliche und technische Qualität unserer Produkte ist unser Ziel. Bei
der Produktion und Verbreitung unserer Bücher wollen wir die Umwelt schonen:
Dieses Buch ist auf säurefreiem und chlorfrei gebleichtem Papier gedruckt. Die
Einschweißfolie besteht aus Polyäthylen und damit aus organischen Grundstof-
fen, die weder bei der Herstellung noch bei der Verbrennung Schadstoffe
freisetzen.

Die Wiedergabe von Gebrauchsnamen, Handelsnamen, Warenbezeichnungen
usw. in diesem Werk berechtigt auch ohne besondere Kennzeichnung nicht zu
der Annahme, daß solche Namen im Sinne der Warenzeichen- und Marken-
schutz-Gesetzgebung als frei zu betrachten wären und daher von jedermann
benutzt werden dürften.

Umschlaggestaltung: Schrimpf und Partner, Wiesbaden
Satz: FROMM Verlagsservice GmbH, Idstein
Druck und Bindung: Wilhelm & Adam, Heusenstamm
Printed in Germany

ISBN 3-409-18753-7

Inhaltsverzeichnis

Vorwort

Exzellente Teams sind kein natürliches Produkt, insbesondere wenn ihre Identität sich „lediglich" aus einer gemeinsamen Zwecksetzung ableitet, die ausschnitthaft Teile umfassenderer Arbeits- oder Lebensprozesse darstellt. Teameffizienz und Teameffektivität haben deshalb auch unterschiedliche Maßstäbe. Team-Coaching muß dies reflektieren. Insofern ist Team-Coaching auch nicht eindeutig durch universelle Prozesse zu beschreiben.

Betriebssoziologen und andere haben sich seit über sechs Jahrzehnten mit Teamarbeit im Business systematisch beschäftigt. Mechanismen, Strukturen und Funktionen, Rollen und Prinzipien sind aufgedeckt worden.

In Erfahrungstrainings, Encounters, Sensitivity-Trainings und therapeutisch experimentellen Gruppen wurden Bewußtsmachungsprozesse in Gang gesetzt, die unter anderem in der Erfindung unzähliger Interaktionsspiele resultierten, die wiederum Nützliches über Teams und Kooperation vermittelten.

Mit der Entwicklung der Team-Moderation entstand eine neue hilfreiche Truppe von „Prozeßsteuerern", die Teamarbeit effektiver machten und die eher analytische Betrachtungen (die es übrigens immer noch gibt) überwanden. Diese guten „Helfer" von Teams haben die praktische Arbeit methodisch verbessert, die Beziehungen im Team durch Spielregeln besser als vorher kontrolliert und die Ressourcen im Team sinnvoller für das Ziel kombiniert.

Die Entwicklung ging jedoch weiter (und an vielen dieser Moderatoren vorbei). Inspiriert durch „Team-Coachs" im Sport, die Modellierung von Spitzenleistungen und die neueren Ansätze im NLP (Neurolinguistischen Programmieren) entwickelte sich die „zielorientierte Team Ressourcen Programmierung TRP", wie sie durch das Autorenteam dieses Buches repräsentiert wird. Mehrere 1 000 Teams wurden begleitet, als sie sich bildeten, entwickelten, in größere Netzwerke und Organisationen integrierten oder auflösten. Diese Erfahrungen sollen hier an Beispielen, Modellen und Interpretationen dokumentiert werden. Die ursprüngliche Sammlung von Beiträgen, Ideen, Rohmanuskripten war allerdings so umfangreich, daß Verlag und Herausgeber beschlossen, eine Auswahl zu treffen.

Team-Coaching ist ein verschwommener Begriff, der vom Trainer bis zum Manager, vom Laien zum Profi, vom gesunden Menschenverstand zum hochtechnischen Expertentum reicht. Wer was wie unter Team-Coaching macht, sollte jeder herausfinden, der es in Anspruch nehmen möchte. Und er sollte vorher Kriterien definieren, an denen er den Erfolg messen will.

Die Team-Ressourcen-Programmierung TRP, wie sie hier verstanden wird, möchte sich durch einige Voraussetzungen qualifizieren, die leicht prüfbar, oft aber nur schwer machbar sind. Die Coachs sollen über eine Mindestzahl an Arbeitstagen als Coachs oder Trainer verfügen. Sie haben eine Ausbildung als NLP-Master oder Trainer oder Einzelcoach. Sie haben an Selbsterfahrungsprogrammen teilgenommen. Sie verfügen über ein umfangreiches Instrumentarium von Interventionsmodellen und Methoden (siehe Ausbildung zum NLP-Trainer der European Academy for NLP & More), das sie flexibel auf unterschiedliche Situationen anwenden können. Eine Auswahl dieser Modelle ist am Ende des Buches alphabetisch zusammengestellt.

All diese unterschiedlichen Modelle haben die ganzheitliche Vorgehensweise gemeinsam. Sie integriert Einzelmaßnahmen in einem systemischen Prozeß, durch den sichergestellt sein soll, daß Veränderungen „ökologisch" und schnell ablaufen können. In welchem Rahmen die Vielzahl der „Neu-Programmierungen" der Team-Ressourcen stehen können, wird in dem Beitrag von Dietrich Buchner skizziert: „Team-Coaching".

Erfolgscoaching für Teams bedeutet, soweit als möglich die bereits natürlicherweise vorhandenen Strebungen der Teams im Unternehmenskontext und der Individuen im Teamkontext als Parameter des Handelns zu integrieren. „Konstruktionsbedingte Interessenparallelitäten", „Evolutionär Stabile Strategien" und „Integration von Vision, Mission und Sozioethik" sind Konzepte, deren Beachtung oder Nichtbeachtung den Erfolg einer ansonsten handwerklich sauberen Teamarbeit verstärken oder gefährden können. Diese Konzepte, deren ausführliche Darstellung den Rahmen dieses Buches sprengen würde, wollen als abstrakte Werkzeuge für das konkrete Kontext-Design zielführender Teamprozesse verstanden werden; für die Disziplin des Team-Coachings sind diese Konzepte das, was für die Disziplin der Architektur die Konzepte der Statik sind. Josef Schmelzer beschreibt „Vision, Mission, Sozioethik".

Ein bisher nahezu völlig ausgeblendeter Bereich von Teams ist deren Identität. Veränderungsprozesse, Höchstleistungen und Bewältigungen von schwierigsten Situationen sind nur möglich, wenn die Teamidentität dazu geschaffen ist: Sie greift regulierend auf alle anderen (davon abhängigen) Ebenen durch wie die Mission/Auftrag/Motivation oder die Strategie/Befähigung des Teams und schließlich das Verhalten. Die Veränderung im Verhalten kann – und meist ist es so – von den übergeordneten Ebenen abhängen. Ihr muß dann, um dauerhaft zu sein, eine Intervention auf diesen „höheren" Ebenen vorausgehen („Logical Level Alignment"). Sabine Placke-Braun und Martina Schmidt-Tanger behandeln nicht nur den Zusammenhang dieser logischen Ebenen, sondern zeigen auch einen Prozeß, wie diese Ebenen verstanden und harmonisiert werden. Diese Teamintervention führt zur Kongruenz im Team, zur Harmonisierung der Ressourcen zum gemeinsamen Verständnis des Team-Auftrags: „Teamidentitätsprozeß T. I. P.".

Management-Teams, Abteilungen, Netzwerkgruppen sind häufig so verstrickt in Sachaufgaben, daß sie ihre Beziehungsstrukturen nicht mehr wahrnehmen und Signale auf der Sachebene mit solchen auf der Beziehungsebene vermischen. Es entsteht ein

„Rauschen", das weder die Wellen der Sacharbeit noch die einer humanen, anständigen Beziehung auf gleiche Länge bringt. Solche Konfusionen müssen nicht immer Frust, Ärger, Konflikte und totale Teamlähmungen zur Folge haben, sie können aber Mißverständnisse, Fehlleistungen und Zeitverluste bedeuten. Und sie können unbewußt bleiben. In solchen Fällen ist es sinnvoll, eine Auszeit von der Sacharbeit zu nehmen, sich sozusagen in eine „Metaposition" zu begeben, aus der „nur" die Teamprozesse betrachtet werden. Diese Möglichkeiten bieten Outdoor-Trainings im Team. Wie diese funktionieren, schildert Susanne Gebhardt in ihrem Erfahrungsbericht „CAMP".

Seit die „Erfinder" des NLP Bandler und Grinder die Mechanismen des „Rapports", des „pacing and leading" aufdeckten, sind sie lehrbar geworden. Vorher war die Qualität des „Kontaktes" fast nur intuitiv erfahrbar; Verkäufer, Kommunikatoren, Manager wußten, ob der Kontakt gut oder schlecht war. Was aber genau dazu führte, wie er zu verändern, zu verbessern oder auch zu brechen war, blieb denen vorbehalten, die ihre Intuitionen umsetzen konnten. Heute wird von einem guten Team-Coach erwartet, daß er erkennt, ob Menschen sich vertrauen oder ob dies nicht der Fall ist. Martina Weidlich macht den Versuch, Vertrauen als Basis für Teamarbeit aus unterschiedlichen Blickwinkeln zu betrachten und dabei die Vielzahl der Prozesse aufzudecken, die Vertrauen begründen, verstärken oder auch verhindern: „Vertrauen".

Die Zusammenarbeit in Teams wird auf der Basis von Vertrauen dann verbessert, wenn geeignete „Team-Methoden" angewendet werden. Diese einzubringen ist der wesentliche Verdienst qualifizierter Moderatoren, die Problemlösungen, Kreativität, Strategien, Zielsetzungen, Gemeinsamkeiten usw. entwickeln und dafür unterschiedliche Instrumente benutzen (zum Beispiel Strategie-Methodik, Kreativitätstechniken, Visualisierungen usw.). Eine wichtige Erkenntnis dieser Team-Methodik besteht darin, die unterschiedlichen Ressourcen der einzelnen Teammitglieder zu wecken, verfügbar zu machen und zeitlich zu harmonisieren, so daß der Energieverlust durch Reibereien minimiert und die Synergien durch Harmonie der Prozesse erhöht werden. Gute Teammoderatoren haben auch ohne diese Erkenntnis ähnliche Effekte erzielt, können diese aber durch bewußte Verstärkungen steigern. Frank Frenzel zeigt an zwei Beispielen (Disney-Modell und ZIAKA-Modell), wie Ressource-Zustände voneinander getrennt, verstärkt und im Teamprozeß zur Zielerreichung kombiniert werden: „Team-Prozesse".

Trotz all unserer Kenntnisse und Teamtrainings bleiben Konflikte in Management-Teams nicht aus; sie können die Teamarbeit so stark beeinflussen, daß Teameffekte negativ werden; mancher wünscht sich dann lieber Einzelarbeit oder zieht sich in diese zurück. Dabei sind Konflikte nützlich. Auf der Sachebene können Lösungen zu einer höheren Erkenntnis und damit Fortschritt führen. Meist werden aber Konflikte auf der Sachebene stellvertretend für solche auf der Beziehungsebene ausgetragen. Dann geht es um Macht, Position, Rechthaben usw. „Hurra ein Konflikt" rufen die Autoren des Beitrages „Konflikt-Coaching", Iris Dörr und Anders Seim. Sie wissen Wege, Beziehungskonflikte zu verhindern und zu beenden und damit auf der Sachebene frei zu machen für produktive Entwicklungen: „Konflikt-Coaching".

Gelegentlich kommen Teams mit ihrer Umwelt in Konflikt, weil ihre Ergebnisse die Umwelt überfordern, die Integration der Resultate in die Organisation nicht gesichert ist oder die Teams von sich aus kein Programm für die Implementation der Ergebnisse haben. Gerhard Pötzl schildert am Beispiel der Fertigungsgruppen, wie die Unternehmenskultur mitziehen muß, wenn die Fertigungsprozesse verändert werden. Eine Organisation wird leicht „inkongruent" und unglaubwürdig, wenn Ideen, Verbesserungsvorschläge etc., die sie von Teams erwartet, dann, wenn sie kommen, nicht realisiert werden: „Glaubwürdigkeit".

Was immer in und um Teams herum passiert – sie sind flexibel und passen sich an. Wenn Netzwerkstrukturen sich zunehmend verbreiten, werden Organisationen und Teams offener, Hierarchien werden flacher. Disziplinen tauschen sich aus, um Projekten die erforderliche Entwicklungsgeschwindigkeit zu geben. Teams und

Systeme lernen anders und schneller als einzelne. Was jedoch daran hindert und wie in Teams und Netzwerken gelernt wird, versucht der Beitrag von Dietrich Buchner an der Schwelle zum Umbruch in neues organisatorisches Lernen aufzudecken: „Lerndynamik".

Team-Coachs gehen einen verantwortlichen Weg, denn immer sind Beziehungen real und dementsprechend zu würdigen. Veränderungen in den Beziehungen dürfen auf gar keinen Fall Experimente darstellen, und schon gar nicht im Management-Kontext. Hierzu gibt es andere Räume der Aus- und Fortbildung, der Selbsterfahrung und der persönlichen Entwicklung.

Für solche möchte sich der Herausgeber besonders bei seinen Lehrern bedanken, ohne damit die Lehrer der übrigen Autoren hinten anstellen zu wollen:

- bei René König, der ihm zeigte, wie wichtig die empirische Methode für das Verständnis von Gruppenarbeit ist,
- bei Will Schutz, dessen Encounter mit Offenheit und Wahrheit konfrontierte und dessen „Human Element" ein darauf basierendes Teamentwicklungsprogramm darstellt,
- bei Bandler und Dilts, die mit dem Neurolinguistischen Programmieren dazu anregten, neue Teammodelle zu entwickeln,
- bei vielen Partnern von Winner's Edge und der European Academy for NLP & More, mit denen gemeinsam viele Teams gebildet, entwickelt und trainiert wurden.

Und bei einer ganzen Reihe von Managern und Führungskräften, die bei Mergers, Kulturveränderungen, Teamprozessen den Rahmen sicherten, in dem sich die Prozeßberatung von Teams allein vollziehen kann. Sie sind auch heute vielfach „Mentoren" von Veränderungen in ihrem Unternehmen.

Kein Buch kommt zustande ohne technische Unterstützung, und hier gilt der Dank besonders Nicole Springer und Wolfgang Drummer, deren immer freundliche und zuverlässige Mitarbeit wir alle schätzen gelernt haben.

Düsseldorf, im August 1994   DIETRICH BUCHNER

Team-Coaching:

„Zielorientierte Team-Ressourcen-Programmierung TRP"

Dietrich Buchner

Unter Team-Coaching wird Unterschiedliches verstanden. Das Konzept der „zielorientierten Prozeßberatung" von Teams soll daher konkretisiert werden. Wir haben Team-Coaching auf viele verschiedene Situationen angewendet. Beispiele sind:

▶ eine Geschäftsleitung, deren Funktionsfähigkeit gestört ist;

▶ Abteilungen, die aus sehr unterschiedlichen Funktionen neu gebildet werden;

▶ Managementgruppen, deren Zusammenarbeit schwierig geworden ist;

▶ zwei Gesellschafter, deren erfolgreiche Zusammenarbeit zunehmend durch Beziehungskonflikte zerstört wird;

▶ interdisziplinäre, multinationale Teams, die Strategien zu entwickeln haben;

▶ internationale Management-Teams, die sich bilden und entwickeln;

▶ eine Abteilung, deren Hauptfunktion überflüssig geworden ist und die sich neu orientieren will;

▶ TQM-Teams, die ihre Mission suchten;

▶ Konflikte zwischen Personen innerhalb von Teams;

- die Programmierung von Team-Ressourcen für Produktivität, Kreativität, Crash-Programme etc.;

- Kommunikationsprozesse, Entscheidungsprozesse, Bewertungsprozesse im Team;

- Gruppenfertigung, Vertriebsteams, Arbeitsteams, die neu gebildet und funktionsfähig werden.

Wir wollen auch akzentuieren, was wir nicht meinen:

- *Nicht* die Persönlichkeitsentwicklung einzelner Teammitglieder. (Sie kann sich ausnahmsweise darauf beziehen, wenn einzelne dadurch besser ins Team integriert werden können.)

- *Nicht* die Bildung optimaler „therapeutischer" Beziehungen beziehungsweise Bedingungen: Team-Coaching bleibt am Teamzweck, an der Teamaufgabe beziehungsweise Teammission orientiert. Ist diese therapeutisch, dann kann sie sich auch darauf beziehen.

- *Nicht* die Vollkommenheit der Beziehungen. Team-Coaching ist nicht einseitig auf das Beziehungsgefüge gerichtet, sondern orientiert sich an den Leistungszielen, optimiert also Kooperation – Macht – Leistung zum Zwecke der Erfüllung des Teamzieles.

- *Nicht* die beste Selbstverwirklichung der Individuen, es sei denn, sie geht einher mit der besten Verwirklichung der Teamziele. Dieses wird oft behauptet, hat sich in der Praxis aber eher als Wunschziel herausgestellt, das selten erreicht wird.

Teams sind durch Aufgaben definiert. Diese können vorgegeben, selbst erarbeitet, implizit, explizit, konkret, verschwommen sein. Die Ziele der Team-Coachs sind damit identisch oder daraus abgeleitete Subziele. Wenn zum Beispiel eine gemeinsame Leistung als Ziel erreicht werden soll, die Teammitglieder aber keinen oder nur schlechten Kontakt zueinander haben, kann es ein Subziel sein, zunächst guten Kontakt herzustellen. Dies gilt auch, wenn die Lebensdauer des Teams nur kurz ist. Team-Coachs orientieren sich also immer auch an den Teamzielen.

Nutzen des Team-Coachings:

- Teams zu Höchstleistungen, verbesserten oder erweiterten Leistungen begleiten.
- Erfolge in Teams zu modellieren und Modelle zu transferieren.
- Teamidentitäten entwickeln.
- Teams integrieren, strukturieren, selbstbewußt machen.
- Die Teams erfolgreich zusammensetzen, gegebenenfalls Änderungen beziehungsweise Auflösungen durchführen (Ressourcen, Fehlerquoten).
- Additive Teameffekte ermöglichen, sichern oder verstärken.
- Synergien im Team oder zwischen Team und Umwelt ermöglichen oder verstärken.
- Die Ressourcen des einzelnen Teammitgliedes für das Team erschließen und nutzen.
- Die Fähigkeit zur Arbeitsteilung und Kooperation entwickeln (Rollenintegration).
- Die Teamfähigkeiten einzelner verbessern, wenn nötig auch durch Einzel-Coaching.
- Konflikte im Team und zwischen Team und Umwelt lösen.
- Die Relevanz der Teamarbeit für das Teamziel sichern.
- Teamziele und Prozesse klären, transparent machen.
- Teams methodisch beraten (Moderation) etc.

Um diesen Nutzen für Teams durch Team-Coaching zu realisieren, müssen bestimmte Elemente zusammenkommen, um als Prozeß wirksam werden zu können:

- Team
- Ist-Zustände
- Ziel-Zustände
- Ressourcen
- Coach
- Prozesse und Interventionen

1. Teams

Hochleistungsteams haben eigene Identitäten, eigene Selbstver-
ständnisse, eigene Kulturen. Sie sind mehr als die Summe der
Leistungen der Teammitglieder. Wenn sie zur Hochform auflaufen,
werden Synergien sichtbar und Spaß daran spürbar:

Teams sind von den Mitgliedern unabhängige Zweckbündnisse.
Es ist zwar nicht gleichgültig für das Erreichen des Zieles, wer zum
Team gehört, das Team ist aber nicht für bestimmte Personen,
sondern für bestimmte Zwecke, Ziele, Ergebnisse begründet, so
daß die Personen auch austauschbar sind. Manche Teams wechseln
die Mitglieder, weil zu bestimmten Teilaufgaben neue Expertise
gebraucht wird.

Teams sind leistungsorientiert (Output), und die Leistung wird als
Teamleistung verstanden, gemessen und eventuell honoriert.

Teams kombinieren Ressourcen, Fähigkeiten, Expertise optimal
mit dem Ziel, additive oder synergistische Effekte zu erzielen.
Teams strukturieren und organisieren sich formal oder informell,
zum Beispiel durch Rollen und Status der Teammitglieder, durch
Normen und Regeln.

Träger von Rollen, Status, Ressourcen, Fähigkeiten und Expertise
sind immer auch Personen, die zueinander in Beziehung treten.
Theoretisch können Teams ohne dieses persönliche Element
funktionieren, allerdings nur theoretisch im Idealfall des perfekten
Menschen, der seine zielabhängige Sachbeziehung von der sozialen
Beziehung trennen kann.

Die Realität des Alltags spielt sich sowohl auf der Sach- als auch
auf der Beziehungsebene ab, die immer miteinander vermengt sind.
Von daher treten Beziehungsstörungen in Mischung mit oder
verdeckt durch Sachkonflikte(n) auf.

Die klare Trennung der „Sach"aufgabe von der „Beziehungs"aufgabe fällt manchem Teamleiter schwer. Es gibt (therapeutische)
Gruppen, deren Aufgabe darin besteht, Selbsterfahrungen im Team

zu machen, Persönlichkeitsentwicklungen in Gang zu setzen und zu beschleunigen. Das Ziel solcher Gruppen ist die Persönlichkeitsentwicklung ihrer Teilnehmer, wie zum Beispiel bei Encounter-Gruppen und Sensitivity-Gruppen. „Teams" im Management-Kontext haben erst einmal eine Sachaufgabe. Wenn sie diese optimal oder maximal synergistisch bewältigen, funktioniert das Team. Man kann in der Regel davon ausgehen, daß dann sowohl die Inhalte wie die Methoden (Prozesse) und die Beziehungen zielorientiert wirksam werden.

Meistens gibt es jedoch in Teams Verbesserungspotentiale, die sowohl im Sach- wie im Beziehungsbereich liegen können. Die meisten Teamprobleme scheinen bei mangelnder Synergie Beziehungsprobleme zu sein, weniger methodische oder inhaltliche. Von daher begreifen Moderatoren und Trainer „Teams" gerne als „Sozialsysteme" beziehungsweise „interpersonale Beziehungsnetze", auf die die ganze Breite des psycho- und sozialwissenschaftlichen Instrumentariums angewendet werden sollte. Niemand hat etwas dagegen, wenn ein Team-Coach über ein solides Instrumentarium verfügt – er muß es jedoch nicht überall anwenden. Um das Sachziel zu erreichen, kann eine „Abkürzung" manchmal sinnvoll sein, indem der Coach gerade das Gegenteil tut: Er hinterfragt die Relevanz der persönlichen „Spielchen" für das Sachziel mit der Absicht, die Teamaufgabe zu lösen. Er muß wissen, wann und bei welchem Team er das tut. „Harmonie ist gut, aber es kommt nicht darauf an, daß sich die Spieler wohlfühlen. Sie sollen gewinnen" (Zitat eines erfolgreichen Fußballtrainers). Es ist also immer eine fallspezifische Kalkulation, ob das Team als inhaltliche Sach-Leistungsgruppe oder als Beziehungsstruktur oder beides gecoacht werden soll.

Die Teammitglieder haben sich durch ihre Entscheidung, im Team mitzuwirken, den Teamzwängen unterworfen. Sie können sich bei bestimmten „Übungen" nicht ausklinken, ohne das Team zu gefährden. Während in einer Selbsterfahrungsgruppe ein Teilnehmer eine Übung als Beobachter erleben kann, verlangt der Trainer zum Beispiel von einem Fußballprofi, sich „voll einzusetzen". Kein hochbezahlter Spieler käme auf die Idee, den nächsten Angriff des Gegners als „Beobachter" wahrnehmen zu wollen, weil er sich durch diese Übung bedroht fühlt.

Für die Teamprozesse ist „Freiwilligkeit" nicht mehr möglich, sehr wohl aber Selbstverantwortung für die eigene Entscheidung, im Team mitzuwirken. Das hat die Konsequenz, die Teambedingungen zu tragen, zu ändern oder, wenn das nicht möglich ist, letztlich das Team zu verlassen. Wer im Flugzeug fliegt, wird sich anschnallen, das Rauchen einstellen, sich hinsetzen und andere Regeln einhalten. Er kann nicht aussteigen, wenn er sich durch eine Turbulenz bedroht fühlt. Er wird bis zum nächsten Stop mitfliegen, wenngleich das Zweckbündnis des gemeinsamen Fluges sich wahrscheinlich nur auf eine Kostenbeteiligung begrenzt.

Teams repräsentieren Verknüpfungen von Kompetenzen und Prozessen, um Kompetenzen zu nutzen und zu verbessern. Teams sind „Systeme" und sollten als solche behandelt werden. Sie entwickeln sich (Teambildung), sie haben eine Umwelt (Teamkontext), mit der sie sich austauschen, sie haben ein Innenleben (Strukturen, Rollen, Werte, Strategien usw.). Von daher sind Teams nach anderen Kriterien zu betrachten als etwa Individualsysteme, und sie erfordern andere Coaching-Instrumente.

Im Alltag der praktischen Arbeit des Team-Coachings begegnen uns:

- Managementteams (mit überwiegender Führungsaufgabe)
- Experten-/Beraterteams (mit Problemlösungsaufgaben, zum Beispiel Strategieteams)
- interdisziplinäre Teams (mit Sachaufgaben oder Lenkungsfunktion)
- Projektteams (mit definierten Projekten)
- Abteilungsteams (meist mit funktionell spezifischer Kompetenz wie zum Beispiel Vertriebs-, Marketing-, Forschungsteams)
- Fertigungs- und andere Gruppen
- Qualitätsteams (oft über die organisatorischen Grenzen reichend)

- Veränderungs- und Implementationsteams (Change Agents und „Champions")
- Teams von kurzer Lebensdauer (ein Tag bis scheinbar auf Dauer, mindestens jedoch einige Jahre)
- Teams an einem Ort lokalisiert oder global verstreut (in Netzwerkorganisationen finden sich zunehmend „Teams", deren Teammitglieder nicht mehr an einem Ort arbeiten)

Allen gemeinsam scheint das Bestreben zu sein, effektiver und/ oder effizienter werden zu wollen und sich dabei der Hilfe eines professionellen Coachs zu bedienen.

2. Ist-Zustände

Teams befinden sich in unterschiedlichsten Ist-Zuständen, die sich unterteilen lassen in:

- gut funktionierende Teams, die Leistungsverbesserungen bis zur Höchstleistung anstreben
- nicht gut funktionierende Teams, die Mängel beseitigen wollen

Gut funktionierende Teams kommen in der Regel mit der Frageform A „hin zu" der besseren Leistung. Die anderen wollen in der Regel B „weg von" Problemen, die sie haben.

Die Mehrzahl des Coachings bezieht sich auf die B-Gruppe der „Problemteams", offenbar weil hier ein Coach besser helfen könnte, die Dringlichkeit und der Leidensdruck größer sind usw. Beide Gruppen unterscheiden sich in bezug auf ihre „Energiestruktur" (vgl. Abbildung, Seite 20).

Der A-Typ befindet sich offenbar in einem guten Bereitschaftszustand der produktiven Veränderung, die das Delta zwischen Ziel und Ist erzeugt.

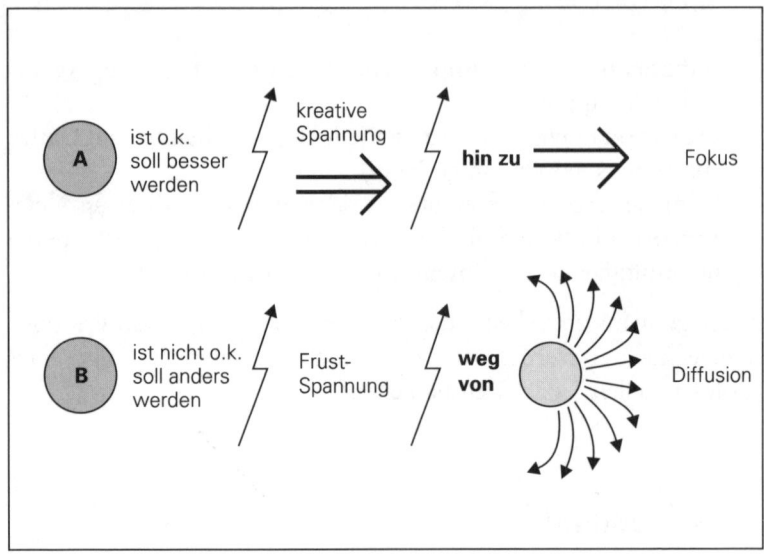

Die kreative Spannung wird durch positive Ziele (Hin zu) erzeugt

Der B-Typ begibt sich (selbst unbewußt) in einen Problemzustand (mit allen negativen Energieauswirkungen und deren Symptomatik). Gerade letztere, aber auch die A-Gruppe sind dabei Opfer der „Problemfalle", in die traditionelle Konzepte immer noch hineingeraten.

Die noch aus der Tradition der problemorientierten Gruppendynamik arbeitenden Teammoderatoren entsprechen mit ihrem Verhalten einem weit verbreiteten Denkmuster (ca. 40 Prozent der Manager), daß ein Team zunächst die Probleme klären müsse, die es habe, und wenn diese dann alle auf dem Tisch lägen, könne man sie abarbeiten. Diesen Moderatoren ist nicht immer bewußt, was sie anrichten können. Sie fungieren als Verstärker für Problemzustände, aus denen Teams nur mit viel Energie- und Zeitaufwand – und oft gar nicht – herauskommen.

Der Chef dreht durch: Er erkennt sein Unternehmen nicht wieder

Das Team sollte über die Entwicklung der Organisation entsprechend der neuen Strategie nachdenken. Es traf sich außerhalb der Verwaltungsräume in einem sogenannten „Kommunikationszentrum". Der Moderator fragte die Probleme – streng nach Kärtchenmethode – ab, die das Team in der derzeitigen Organisation wahrnahm; denn der Teammoderator interpretierte das Teamziel schlicht und einfach dadurch um, daß er Probleme der Organisation auflisten ließ und dabei das Ziel aus den Augen verlor, die zukünftige Strategie durch organisatorische Veränderungen umzusetzen.

Nachmittags um 16 Uhr kam der Chef, um erstens – etwas verspätet – das Team zu stärken und zweitens – durch eine extra für ihn vorbereitete Präsentation – über den ersten Tag informiert zu werden. Das ganze Projekt sollte durch ein Abendessen mit dem Team ritualisiert werden.

Das Kommunikationszentrum bot ein wahrhaft opernreifes Bühnenbild. An acht Pinnwänden waren über 500 Karten geheftet, in Hierarchien geordnet und mit Pfeilen und Verbindungslinien strukturiert. Auf jeder Karte stand ein Problem. Auf andersfarbigen Karten waren die Probleme zu Problemgruppen zusammengefaßt, und diese Problemgruppen stellten die Dramaturgie der gesamten Präsentation dar. Schon während der ersten fünf Minuten der Präsentation veränderten sich die Körperhaltung, der Gesichtsausdruck, die Dynamik der Körperbewegungen des Chefs; nach sechs Minuten platzte es aus ihm heraus.

„Wir sind internationaler Marktführer ..., unser Erfolg der letzten fünf Jahre versetzt uns in die Lage, den nächsten strategischen Schritt zu tun .... Wenn die Organisation so schlecht funktioniert, wie das hier dargestellt wird, dann müssen alle Konkurrenten Schlafmützen sein, und unser Erfolg ist zufällig nur deshalb zustande gekommen, weil alle anderen noch schlechter sind usw. ..., ich erkenne meine eigene Firma nicht wieder. Das sind wir nicht. Ich bitte um Verständnis, wenn ich das nicht als Basis für die Weiterentwicklung unserer Organisation akzeptieren kann ... "

Und er hatte recht: Das Team war dem Moderator und seinen bunten Kärtchen auf den Leim gegangen. Einige Teammitglieder fühlten sich während der Präsentation ungut, nach der Explosion des Chefs gleich besser. Sie hatten begriffen, daß der Moderator sie auf die 20 Prozent Schwachstellen fokussiert hatte, und sie hatten dabei die 80 Prozent Exzellenz übersehen, die den Erfolg der Organisation ausmachten, und – was viel entscheidender war – die die tragende Ressource auch für den Erfolg der Organisation in Zukunft sein würde.

Die Geschichte ging so aus: Ein Strategie-Coach übernahm die Teamleitung. Der Chef fand noch zwei Positiv-Denker und ergänzte das Team. Die zielorientierte Vorgehensweise erbrachte nach einem Tag die Grundprinzipien und das Grobkonzept für die neue Organisation, und es war deutlich, daß für die Umsetzung alle Fähigkeiten in der jetzigen Organisation vorhanden oder entwickelbar sein würden.

Teams befinden sich in Problemzuständen genauso wie Einzelpersonen oder Organisationen auch. Wie nun kann ich Problemzustände erkennen, um sie zu bearbeiten beziehungsweise zu coachen, möglichst ohne in sie einzusteigen beziehungsweise ohne Teams in den Keller zu bringen? Nicht immer läßt sich das vermeiden – aber es darf auf gar keinen Fall Ziel der Intervention sein, lediglich Probleme auszusprechen nach dem Motto, jetzt, da wir die Probleme ausgesprochen haben, fühlen wir uns wohl.

Das Ziel muß es immer sein, Zielzustände zu repräsentieren und Ressourcen dazu zu programmieren. Der Team-Coach wird sich bemühen, alle Coachingprozesse auf den Typ A hinzubringen, so daß das Ist als Ausgangsbasis und nicht mehr als Hindernis wahrgenommmen wird.

Problemzustände äußern sich in Symptomen, die wahrnehmbar sind, ohne daß Teams oder Teammitglieder sich darüber äußern müssen:

Symptome für Problemzustände in Teams

- Die Leistungskurve fällt ab, schwankt.
- Es lassen sich keine Synergien feststellen.
- Die additiven Teameffekte sind gestört.
- Die Teammitglieder würden als Einzelkämpfer einen insgesamt besseren Output haben.
- Die Lösungen und Wege, zum Ziel zu gelangen, reichen inhaltlich nicht aus.
- Der Austauschprozeß mit der Umwelt ist gestört, das Team zeigt Isolierungstendenzen.
- Die Beteiligung an der Teamarbeit nimmt ab, schwankt oder bricht teilweise zusammen.
- Inhalte werden ständig wiederholt, das Team dreht sich im Kreis.
- Zielabweichende Themen und Inhalte machen einen häufigen Relevanzcheck notwendig.
- Die Beteiligung einzelner im Team ist stark unterschiedlich beziehungsweise stark herabgesetzt.
- Der Krankenstand steigt.
- Die Teammitglieder hören sich gegenseitig nicht zu.
- Signale von Desinteresse an der Teamarbeit werden ausgesendet.
- Koalitionen haben sich gebildet.
- Einwände bekämpfen sich, Streit, Konflikt sind wahrnehmbar.
- Konflikte in unterschiedlichen Erscheinungsformen/verbale und nonverbale Äußerungen treten auf.
- Der sichtbare Kontakt/Rapport zwischen den Teammitgliedern ist schwach ausgeprägt oder gestört (siehe Disharmonie nach dem Modell Dr. Kassis [Körper-Stimme-Rhythmus] etc. differieren).

- Die Teammitglieder verwenden unverträgliche Denkmuster/ Metaprogramme.
- Die Repräsentationssysteme werden nicht übersetzt beziehungsweise über Kreuz verwendet.
- Die Dynamik der Veränderungen von Positionen, Strukturen, Tempo, Rhythmus etc. wird häufig unterbrochen.
- Inkongruente Botschaften werden vermittelt.
- Sprachverletzungen in Form von Tilgungen, Generalisierungen und Verzerrungen treten gehäuft auf.
- Veränderungen der individuellen Ressourcen in Problemzustände sind deutlich sichtbar.
- Dominanz einzelner unterdrückt (sichtbar) Einwände, das heißt, einzelne Teammitglieder gehen in Problemzustände, während sie zustimmen.
- Spielregeln (explizite/implizite) und Vereinbarungen werden nicht eingehalten.
- Abwesende werden nicht respektvoll behandelt.
- Schuldzuweisungen und Rechtfertigungen überwiegen gegenüber Übernahme von Verantwortung.
- Die Toleranz bei Fehlverhalten ist gering …

Jeder erfolgreiche Team-Coach lebt davon, daß er die nicht-verbalen Wahrnehmungen nutzen kann. Der Team-Coach orientiert sich zu 80 Prozent an den nicht-verbalen Informationen, die er ständig bekommt. Er nimmt Veränderungen der Physiologie, Körperdynamik, Sprachqualität, Gestik usw. genauso wahr wie die Dynamik von Signalen beziehungsweise Signal-Veränderungen. Er lernt, zwischen den Inhalten zu hören, und nimmt wahr, ob die Inhalte des Gesagten mit dem, wie es gesagt wird, übereinstimmen (Kongruenz). Mit seiner peripheren Sicht kann er gleichzeitig Teams von 12 bis 16 Personen beobachten, eine nicht ganz leichte Aufgabe. Dabei fokussiert er sich auf die „Energie-Punkte" im Team.

Feinwahrnehmung ist 50 Prozent des Team-Coachings. Die Instrumente der Diagnose und Feinwahrnehmung sind mit den Instrumenten der Intervention beziehungsweise Programmierung identisch.

Da in jedem Team problemorientierte Menschen mit lösungsorientierten Menschen gemischt sind, werden fast immer Forderungen laut, zunächst einmal die Probleme zu analysieren. Der Coach wird solche Wünsche nicht abblocken, sondern aufgreifen und mit Hilfe der Präzisions-Fragetechnik möglichst schnell in eine ressourceschaffende Lösungsbereitschaft umwandeln. Er stellt dazu keine „Warum"-Fragen, sondern Fragen zur Spezifizierung, um sicherzugehen, daß das Teammitglied nicht nur sprachliche Oberfläche produziert, sondern Zugang zu seinen subjektiven Erlebnissen hat, die sich zum Beispiel mit dem Problem der „mangelnden Kommunikation" für ihn verbinden. Hat der Coach dies sichergestellt, wird er die „Wie"-Frage als Zielfrage stellen.

Ein geschulter Team-Coach wird über 80 Prozent seines Team-Coachings durch „non-invasive" Teamdiagnosen beziehungsweise durch zielorientierte positive Arbeit erledigen.

Teambeobachtungen haben den Vorteil, daß der Coach nicht unnötige Problematisierungen vornehmen muß. Es ist meist für ein Team besser, auf das Teamziel hinzuarbeiten, als Teamprobleme erst bewußt zu machen und breitzutreten. Zum letzteren neigen insbesondere psychologisierende Moderatoren mit Helfersyndrom, die bei jeder Teamaufgabe am liebsten erst eine Teamtherapie machen möchten. Teams haben meist irgendwelche Schwachstellen. Sie alle zu beseitigen kann mehr Aufwand bedeuten, als das Team gleich zum Ziel zu bringen. Das soll auf gar keinen Fall heißen, daß Probleme unter den Teppich gekehrt werden. Sie sollen nur eleganter gelöst werden.

Trotzdem ist es in bestimmten Teamsituationen sinnvoll, zunächst die Teamfähigkeit wiederherzustellen, bevor erfolgreich Teamarbeit und Teamergebnisse erzielt werden können.

Dazu sind auch „invasive" Teamdiagnosen und Bewußtmachungsprozesse sinnvoll, wie sie aus der Encounter-Tradition und der soziologischen Kleingruppenforschung abgeleitet sind (siehe Klassische invasive Teamdiagnose-Techniken). Nur muß sich jeder im klaren darüber sein, daß ein diagnostizierter unbefriedigender

Teamzustand mehr schadet als nützt, wenn nicht eine Teamintervention folgen kann, die diesen Zustand beendet.

Invasive Teamdiagnosen verändern das Team unmittelbar, und um so klarer muß sich der Coach sein, was er tut.

Klassische invasive Teamdiagnose-Techniken

Hierunter verstehen wir alle Instrumente, die das Team bewußt in die Diagnose einbeziehen und nicht zielorientierte Interventionen darstellen:

- Team-Design-Index (Mergerison/McCann)
- Selbsteinschätzung (nach beliebigen Parametern)
- Offene Feedbacks (einzeln oder allen gegenüber, „Heißer Stuhl"/Schutz)
- Team-, Status- und Ergebniseinschätzungen
- Teamprofile (Selbst- und Fremdschätzungen) anhand unterschiedlicher Kriterien (strukturierte Fragebogen)
- Ansprechen kritischer Verhaltensmuster (Feedback-Modelle)
- Interaktionsspiele zur Bewußtmachung, Wahrnehmung etc. (Vopel, Antons)

Welchen Weg der Coach auch immer bevorzugt, zum Beispiel indirekte Offenlegung von Problemen oder direkte Zielorientierung, er muß eine positive „Kreativspannung" aufbauen und diese auf das Ziel hin synchronisieren.

Jede Ziel-Ist-Abweichung beginnt mit Köperreaktionen: Adrenalinausstoß, Muskelanspannung, also Veränderungen der Körperchemie/Physiologie. Energie wird aufgebaut, eine Anspannung wird erzeugt. Wir kommen in einen körperlichen Bereitschaftszustand, der nach Lösungen sucht. Wenn die Lösung gefunden ist und die Umsetzung beginnt, flacht die Energiekurve ab, und in dem Maße, in dem die Umsetzung erfolgreich stattfindet, entspannt sich der Körperzustand, bis der Zyklus abgeschlossen ist.

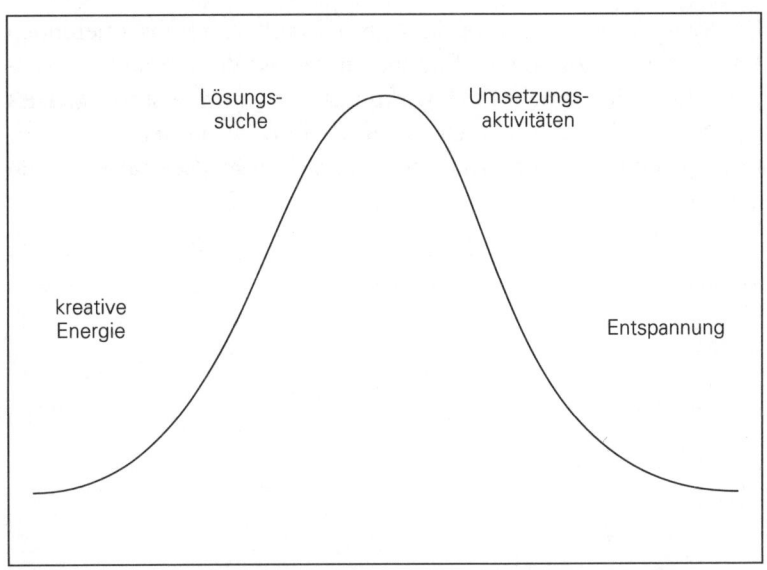

Wahrnehmungs-/Energiekurve eines einzelnen für ein Ziel/eine Chance

Die Wahrnehmungs-/Energiekurve kann steil und hoch verlaufen, wenn eine „Ziel-Ist"-Wahrnehmung sehr heiß ist und in kurzer Zeit überbrückt werden muß.

Sie kann einen ebenso hohen, aber flacheren Verlauf nehmen, wenn das Problem zeitlich gestreckt bearbeitet wird. Sie kann flacher sein, wenn das Problem als nicht so gravierend wahrgenommen wird. Schließlich kann es auch eine negative Intensität geben, wenn das Problem eher als lästig, hochgespielt und als Scheinproblem betrachtet wird. Praktisch nimmt diese Energiekurve alle Formen je nach Wahrnehmung an.

Wenn im Team viele solcher unterschiedlicher Wahrnehmungen existieren, die weder in der Intensitätsrichtung noch im Zeitpunkt übereinstimmen, dann wird die Energie zur Lösung eines Problems nicht gebündelt, sondern zerstreut oder gar gegenseitig aufgezehrt.

Die Synchronisation dieser die Wahrnehmungen repräsentierenden Energiekurven zu einem „Energiebündel" ist die Grundvoraussetzung für eine gemeinsame wirkungsvolle Teamzielsetzung. Dies geschieht über einen gemeinsamen Zielprozeß, in dem eine kreative Spannung erzeugt werden muß, sich zum Ziel hin bewegen zu wollen.

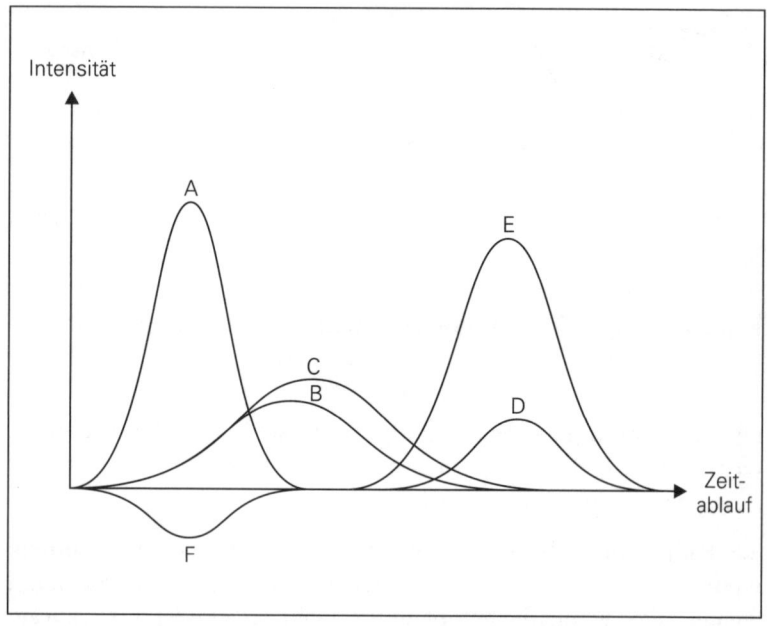

Die Wahrnehmungs-/Energiekurven von unterschiedlichen Ziel-Ist-Vergleichen verschiedener Personen A bis F müssen synchronisiert werden, wenn die Teamenergie gebündelt wirksam werden soll

Die Wahrnehmung einzelner bestimmt die Inhalte des Teams. Sind diese Inhalte gestreut, entsteht keine gemeinsame Aufmerksamkeit, und die damit verbundenen Energien verstreuen sich ebenfalls. Diese Erfahrung machen wir immer wieder mit unserer Zehn-Steine-Übung, bei der wir Teams und Trainingsgruppen fragen, wo ihre Aufmerksamkeit ist. Wer zehn Steine bei sich behält, hat damit 100 Prozent Aufmerksamkeit ausgedrückt. In der Regel legen die Teilnehmer zwei bis vier Steine vor sich hin, um zu signalisieren, daß sie andere wichtige Dinge im Kopf haben.

Für Teamarbeit, deren Prioritätenhierarchie nicht gemeinsam verstanden wird, deren Zeitachse versetzt wahrgenommen wird, ist von einem geringeren Pegel der Energie auszugehen, als möglich ist. In diesem Zusammenhang sind auch die Konflikte als unterschiedliche Wahrnehmungsmuster zu verstehen. Unterschiedliche Teammitglieder „sortieren" die Inhalte nach unterschiedlichen Kriterien, und sie tun dies unbewußt in bester Absicht. Wenn solche unterschiedlichen Wahrnehmungsmuster, die wir als „Metaprogramme" bezeichnen, aufeinander treffen, kann es Streit geben.

3. Ziel-Zustände

Zielkonsens

Ziele sollen so formuliert werden, daß sie eine hohe Wahrscheinlichkeit haben, erreicht zu werden. Teamziele haben gegenüber Individualzielen die Erschwernis, daß es sich um gemeinsame Ziele handeln muß. Die Synchronisation von Zielen beginnt mit der Synchronisation von Prioritäten.

Stellen Sie sich vor, Sie sind Mitglied eines Teams, dessen Rolle die Entwicklung von neuen Produktideen ist. Die einzelnen Teammitglieder nehmen die Struktur ihrer Aufgabe unterschiedlich wahr.

▶ A will alte Handelsprodukte verbessern und hat dazu zehn Ideen.

▶ B will komplett neue Produktlinien aufbauen und entwickelt dauernd neue Ansätze dazu.

▶ C hat ein einziges Projekt, in das er sich vertieft.

▶ Sie selbst wollen den mühsamen Weg der Eigenentwicklung sparen und sind auf der Suche nach einer Akquisitionsoption usw.

Es ist Ihnen allen im Team klar, daß Sie gegenseitig aufeinander angewiesen sind, weil jedes Projekt das Know-how eines jeden einzelnen benötigt. Es ist Ihnen auch klar, daß Sie nicht alles machen können. Was Sie letztlich tun, hängt davon ab, wie Sie die Realität, die Probleme, die Chance wahrnehmen.

Konsensprozeß

Zielentscheidungen im Team sind im Konsens zu treffen, wenn sie gemeinsam getragen werden und motivieren sollen. Mechanismen für Konsensfindung sind einfach und doch wieder nicht einfach: W. Schutz empfiehlt, eine Entscheidung offen zu diskutieren, bis alle im Team sich eingebracht haben und sich mit dem Ergebnis wohlfühlen. Bei einer solchen Konsensdiskussion kann die Entscheidung für die Abendgestaltung einer Gruppe drei bis vier Stunden brauchen. So einfach ist es nun doch wieder nicht, und der Umgang mit der Ressource Zeit ist sicher so nicht optimal.

Eine andere Form der Konsensfindung ist weniger persönlich, schneller und effektiver. Sie besteht darin, die Prioritäten zum Beispiel auf Flip-charts aufzuschreiben. Die Teilnehmer punkten ihre Auswahl, die sie nach ihren individuellen Kriterien getroffen haben. Für dieses Punkten werden Klebepunkte ausgegeben, die an die jeweilige Entscheidung geklebt werden. Dieses Verfahren macht die Gemeinsamkeiten sofort sichtbar, man braucht dafür höchstens fünf Minuten.

Danach muß der Einwandprozeß beginnen: Die Entscheidung mit der größten Gemeinsamkeit (oft = Mehrheit) ist dabei die Basis. Einwände werden gewürdigt und in die Entscheidung eingebaut, denn sie sind keine Barriere, sondern eine Ressource.

Wenn alle Einwände gewürdigt sind und integriert werden konnten, wird jeder einzelne gefragt werden, ob er der so formulierten

Entscheidung zustimmt. Kommt kein eindeutiges, kongruentes Ja, dann existieren noch unbewußte Einwände, die es bewußt zu machen und zu integrieren gilt.

Wenn dieser Prozeß gut moderiert wird, führt er in ca. 30 Minuten in einem Team von etwa acht Personen zum Ziel-Konsens. Läßt sich dieser nicht herstellen, muß der Team-Coach in der Regel auf höhere Ebenen „hochchunken".

Wie stellen wir Zielkonsens im Team her?

1. Alle Ziele von den Personen, die sie vorschlagen, dissoziieren.

2. Die Ziele werden auf Flipchart untereinander aufgeschrieben oder auf Kärtchen untereinander aufgehängt. (Sie erhalten dadurch Unabhängigkeit von den Personen = Dissoziation.)

3. Prüfen, ob andere Ziele etc. ergänzt werden sollen und gegebenenfalls aufschreiben.

4. Jedem einzelnen Teammitglied die Aufgabe geben, eine oder mehrere (jedoch vorher definierte) Zahl nach eigenen Kriterien auszuwählen. (Dadurch wird das umfangreichste Kriteriensystem im Team angewendet, nämlich das eines jeden einzelnen.)

5. Klebepunkte in der vorher definierten Zahl an jeden verteilen und ihn bitten, diese entsprechend seiner Entscheidung an die Ziele zu kleben, die wichtig sind. (Dadurch werden die Gemeinsamkeiten der Gruppe deutlich gemacht [visualisiert] und das Ergebnis ebenso von den Personen dissoziiert).

6. Die Gemeinsamkeiten feststellen und dort, wo die größte Gemeinsamkeiten besteht (= größte Energie im Team), als mögliche Lösung beginnen.

7. Einwände im Team erfragen und die „guten Absichten" der Einwände bewußt machen, um sie zu nutzen (meist höhere Ebene, Wert).

8. Fragen, wie die gute Absicht in Formulierung der Ziele eingebaut werden können und Zielformulierungen suchen, die das leisten.

9. So lange wiederholen, bis kein Einwand gegen die vom Team präferierten und entsprechend umformulierten beziehungsweise veränderten Ziele mehr existieren.

10. Jeden einzelnen fragen, ob er zustimmt, dabei nur ein uneingeschränktes und kongruentes „Ja" gelten lassen.

11. Bei einem Zusatz zu „Ja" und bei Inkongruenz (wenn das „Ja" zwar kommt, aber nicht überzeugend ist) hinterfragen und eventuell noch unbewußte Einwände bewußt machen. Wie bei Punkt 7 fortfahren.

12. Den Konsens betonen, als Teamleistung würdigen und ankern.

Zielformulierungen

Ziele oder Zielentscheidungen von Teams sind selten so formuliert, daß sie ihre ganze Kraft entwickeln. Meist tappen Teams in eine von fünf Fallen, die letztlich verhindern können, daß die Ziele erreicht werden.

Um diese fünf Fallen zu vermeiden, haben wir in Erweiterung des NLP-Modells für wohlgeformte Ziele unser SPEZI-Modell entwickkelt. Mit seiner Hilfe kann für Teams wie für Individuen sichergestellt werden, daß Ziele so formuliert sind, daß sie erreicht werden.

Zielfallen von Teams

Die erste Falle:
Teammitglieder neigen häufig dazu anzunehmen, die anderen würden das Ziel so wie sie selbst wahrnehmen. Das trifft grundsätzlich nie zu.

Die zweite Falle:
In erster Linie vorsichtige Teammitglieder formulieren häufig Vermeidungsziele. Sie bewirken, daß das, was sie vermeiden wollen, in den Fokus gerät.

Die dritte Falle:
Teams fühlen sich stark und übernehmen sich manchmal. Sie bürden sich mehr auf, als sie eigenverantwortlich erreichen können. Damit schaffen sie sich ihre eigenen Quellen von Frust oder Voraussetzungen für Schuldzuweisungen.

Die vierte Falle:
Teams, insbesondere interdisziplinäre, funktionsübergreifende, sprengen leicht den Kontext ihrer Rolle und erheben universellere Ansprüche an ihre Ziele. Sie geraten dann meist in Konflikt mit ihrer Umwelt.

Die fünfte Falle:
Teams übersehen leicht die Einwände gegen die Ziele oder die Konsequenzen, die Ziele haben. Sie wundern sich dann, wenn sich diese Konsequenzen auf dem Weg zum Ziel querlegen.

Zielformulierungen nach dem SPEZI-Modell:

S Sinnlich wahrnehmbar (jedes Ziel, Ergebnis, Outcome, auf das ich hinsteuern soll, muß ich sinnlich sehen, hören, fühlen, riechen können = messen, überprüfen können).

P Positiv ausgedrückt (statt „weg vom negativen Vermeidungsziel" – „hin zum Positiven").

E Eigeninitiativerreichbar (jeder muß das Ergebnis aus eigener Kraft erreichen können).

Z Zusammenhang hergestellt und spezifiziert. (Nicht alles einschließen, unübersehbar, sondern den Kontext definieren, in dem und für den das Ergebnis erreicht werden soll.)

I Intentionen erhaltend. (Ökocheck, die guten Absichten des jetzigen Verhaltens/Strukturen erhalten und in das neue Ziel einbauen.)

Sinnliche Repräsentation (S)

Für Teams gelten einige Besonderheiten. Fragen Sie zum Beispiel die Mitglieder einer Gruppe, was sie sinnlich wahrnehmen, wenn sie das Ziel erreicht haben, und mehrere Personen antworten: „ein gutes Gefühl", dann seien Sie sicher, das dieses gute Gefühl beim ersten ein warmes Gefühl um die Brust/Solar-Plexus-Zone, beim zweiten ein Fließen durch den ganzen Körper und beim dritten eine Entspannung seiner Nackenmuskeln usw. bedeutet.

Der erste braucht dazu als Auslöser die Stimme seines Chefs, die sagt: „Das war eine gute Arbeit, die das Team gemacht hat." Der zweite braucht die Erkenntnis in seinem Kopf, sozusagen seinen inneren Dialog, der die Übereinstimmung zwischen seinem Anspruch und dem, was er außen wahrnimmt, registriert. Der dritte braucht Zahlen und Fakten, die er schwarz auf weiß sieht.

Sinnliche Repräsentationen von Zielen werden im Team bewußt gemacht; oft eine ungewöhnliche Übung, für die ein überzeugender kognitiver Rahmen geschaffen werden muß:

Wenn ich nach Hause will, weiß ich aus Erfahrung, welchen Weg ich nehmen muß. Haus (Ziel) und Straße (Weg) verbinden sich zu einer sinnlich repräsentierten Ziel-Weg-Kombination. Diese „Vorstellung" vergleiche ich unbewußt ständig mit meiner externen Wahrnehmung. Solange der Weg in meinen Kopf mit dem Weg, den ich wahrnehme, übereinstimmt, weiß ich, ich bin auf der richtigen Route. Solange das Bild meines Hauses in meiner Vorstellung mit dem extern wahrgenommenen Bild nicht übereinstimmt, weiß ich, ich muß noch weiterfahren (Ressourcen einsetzen). Dieser Prozeß wird nur dann ein bißchen bewußt, wenn mir eine Straßensperre den Weg nach Hause verbaut. Ich muß eine Umleitung fahren und dafür eventuell fremde Hilfe in Anspruch nehmen, zum Beispiel in Form des Umleitungsschildes. Wahrscheinlich werde ich am Umleitungsschild ein Gefühl registrieren, wenn ich genau in mich hineinfühle: das Gefühl nämlich, daß ich von meinem Zielgefühl weiter wegkomme, als ich vor dieser Stelle dachte. Für jeden bedeutet zu Hause anzukommen nämlich nicht nur die Deckungsgleichheit von inneren Bildern mit externen Wahrnehmungen, sondern auch eine gefühlsmäßige Repräsentation, die zum Beispiel bewußt gemacht wird, wenn ich daran denke, daß meine Frau, die Kinder oder zumindest der Hund mich mit Freude empfangen werden. Wie wichtig mir das Gefühl ist, zu Hause anzukommen, dort jemanden zu begrüßen, wird mir immer dann bewußt, wenn Frau und Kinder mit dem Hund ausgegangen sind.

Jeder kann verstehen, daß es nicht Ziele sind, die mich antreiben, sondern meine sinnlichen Repräsentationen, meine mit den Zielen verbundenen Werte und Gefühle. Nicht das Bild meines Hauses treibt mich nach Hause, sondern die ganze Liebe, Behaglichkeit, Wärme, Spannung, Entspannung, Verantwortung, Freude sind es: alles, was ich vermissen würde, wenn ich nicht nach Hause führe, und alles, was ich gewinne, wenn ich es tue.

Je stärker solche Zielrepräsentationen im Team bewußt gemacht und ausgeprägt werden, um so mehr Ressourcen werden für das Teamziel freigesetzt. Da Teams unterschiedlich auf die Verankerung von Zielgefühlen, Zielbildern, Zielgeräuschen oder gar Zielgeschmack reagieren, kann ein Coach mit diesen ressourceschaffenden Repräsentationen auch nicht immer gleich erfolgreich sein. Er kann jedoch auf dem Wege zum Ziel im Zuge der Konkretisierung (Kompetenzzyklen) weiter daran arbeiten.

Ziele im Geschäftsleben werden oft durch Zahlen, Umsätze, Marktanteile und Gewinne repräsentiert. Manche Unternehmensleiter, die zum Beispiel ihre eigene Leistung an Zahlen messen und gegenüber Aktionären und der Öffentlichkeit repräsentieren, überschätzen die Erotik solcher Zahlen für die meisten Mitarbeiter, auch für Manager und ganze Teams. Oft sind qualitative Ziele viel lebendiger, griffiger, reizvoller.

Ziele, die „antreiben"

Ich habe bei einem Unternehmen (Konsumgüter) vier Erfolgsstories neuer Produkte untersucht. In keinem der vier Fälle hat der Umsatz, der Marktanteil oder der erwartete Profit die Organisation bewegt. Es waren andere Dinge, wie zum Beispiel erster im Markt sein zu wollen, die Begeisterung, die ein Produktchampion auslöste; das Commitment des Top-Managements; die Klarheit und Einfachheit der Ziele.

Positive Formulierungen (P)

Solche Modelle zeigen auch, daß Ziele nur dann funktionieren, wenn sie *positiv* formuliert sind. Teams werden oft ins Leben gerufen, wenn Umweltveränderungen die Strukturen des gegenwärtigen Erfolges zu bedrohen scheinen. Ihre Rolle wird dann meist mit dem Satz definiert: Ihre Aufgabe ist es, zu verhindern, daß ... usw.

Damit ergibt sich für das Team das Ziel zu verhindern, daß ... zu vermeiden, daß ... usw. „Nicht-Ziele" entstehen nach dem Motto:

Wie können wir nicht. Aber Ziele sollen nicht vertreiben, sondern anlocken. Teams funktionieren nicht, wenn sie von irgend etwas weglaufen sollen, es treibt sie dann geradezu auseinander: *weg von!* Worauf sie sich fokussieren, ist das, was sie vermeiden sollen. Denken Sie bitte jetzt nicht an einen roten Frosch.

In jedem Team gibt es immer noch Raucher. Einige davon haben vielfach versucht „nicht mehr zu rauchen". Und worauf haben sie sich fokussiert? Manche Nichtraucher in Teams stellen den Rauchern Schilder vor die Nase mit der Aufschrift: „Nicht rauchen". Woran werden die Raucher erinnert, wenn sie diese Schilder lesen? Ein Team erhielt den Auftrag zu verhindern, daß der Marktanteil weiter zurückging. Woran hat das Team gedacht? Woran hat es gearbeitet? Wie begeisternd ist die Vorstellung von Marktanteils-verlusten? Ein anderes Team erhielt den Auftrag, die durch ein neues Gesetz drohenden Einschränkungen der Wettbewerbsfähigkeit zu verhindern. Was nahm dieses Team ins „Blickfeld"?

Menschen, die Vermeiderrollen einnehmen, die *„weg von"* wollen, machen etwa 40 Prozent von allen aus. Sie sitzen auch zu 40 Prozent in Teams, und sie werden dort ihre Rolle spielen. Vermei-dungs-„Ziele" finden also ihre Fürsprecher, und es bedarf überzeu-gender positiver Formulierungen, um das Vermeidungspotential auszubalancieren.

Wie hört sich das Ziel für das Marktanteilteam an, wenn der Marktanteil X erreicht oder der Konkurrent A geschlagen werden soll? Wie hört sich das Ziel für das Lobbyteam an, einen alterna-tiven Gesetzesvorschlag zu entwickeln? Negative Formulierungen lassen sich nicht in sinnliche Repräsentationen übersetzen: Nicht-Rauchen ist sinnlich nicht wahrnehmbar, das Erreichen eines Marktanteils ist meßbar und sinnlich repräsentierbar. Verhindern eines Gesetzes ist sinnlich nicht wahrnehmbar. Das Erreichen einer Gesetzesänderung ist wahrnehmbar. In allen Fällen müssen wir positive Meßgrößen einfügen, um eine Lücke durch positiv wahr-nehmbare Ziele zu füllen.

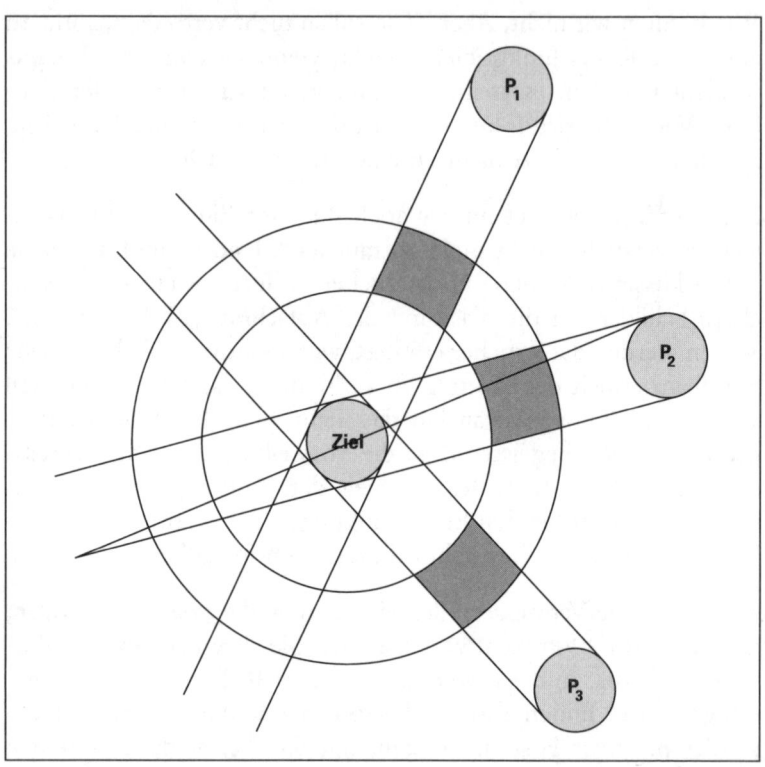

Personen im Team benutzen unterschiedliche Wahrnehmungsfilter und repräsentieren die gleiche Zielformulierung unterschiedlich: Ihre Energie ist jedoch durch das gemeinsame Ziel fokussiert, das als „Träger" für eigene Repräsentationen funktioniert.

Wenn Teams das begriffen haben, tun sie sich leichter. Die positive Zielformulierung mag eine gemeinsame sein, ihre sinnliche Repräsentation wird immer unterschiedlich bleiben. Doch gemeinsame Zielrepräsentationen sind auch im Team notwendig.

Der Weg dahin ist im ZIAKA-Modell beschrieben.

Z = Wie wissen Sie, daß Sie das Ziel erreicht haben? (Zielfrage)
I = Sinnliche Repräsentationen werden gesammelt. (Ideen)

A = Eine Auswahl von Repräsentationen wird durch jeden einzelnen vorgenommen, seine persönliche Sinnesrepräsentation.

K = Konzepte gemeinsamer Zielwahrnehmung entstehen.

A = Antreiber zum Handeln werden sichtbar.

Eigenständig erreichbare Ziele (E)

Die Systembeziehungen von Teams in Organisationen, formal wie informell, sind meist so kompliziert, daß sie nicht systematisch nachvollzogen werden können. Es ist jedoch eine Pflichtübung für jeden Team-Coach, die Ziele nach den organisatorischen Umwelteinflüssen abzuklopfen.

Ziele sollen von Teams eigenständig erreichbar sein, eine oft notwendige Selbstbeschränkung, die aber Ziele überhaupt erst erreichbar machen. In ihrer Begeisterung für positive Zielrepräsentationen neigen Teams zur Selbstüberschätzung, zur Beanspruchung umfangreicherer Ziele, als die Teamumwelt zugestehen will. Diese Grenze genau zu definieren und das gemeinsame Ziel gegebenenfalls umzuformulieren ist kein Extraschritt, sondern erfolgt in einem Zuge mit der Formulierung des gemeinsamen Zieles. Eigenständig erreichbare Ziele für Teams sind oft schwer zu finden:

Das Produktentwicklungsteam

Die Etablierung des Produktentwicklungsteams für ein neues Produkt (A) war erfolgt. Es gab eine Entscheidung der Geschäftsleitung, dieses Produkt innerhalb einer sehr kurzen Frist zu entwickeln und an den Markt zu bringen. Das Team wurde aus mehreren funktionsübergreifenden Experten gebildet. Das Team wußte, es hatte das Produkt A zu entwickeln. Und es wußte, das Ziel wäre erreicht, wenn das Produkt im Markt eingeführt wäre. Dieses Ziel war vom Team nicht allein erreichbar und konnte deshalb auch nicht das Teamziel sein; denn

- das Management würde mehrfach über Zwischenschritte entscheiden;
- die Entwicklungabteilung würde in einer bestimmten Zeit eine bestimmte Leistung zu erbringen haben. Sie war aber schon durch andere Prioritäten ausgebucht;
- die Registrierabteilung würde bei den Behörden die Registrierung erreichen müssen;
- die Marketing-Abteilung würde Konzept-Tests, die Entwicklungskampagne etc.vorzubereiten haben usw.

Genügend „Abhängigkeiten" von anderen auch unternehmungsexternen, also zum Beispiel nicht durch Geschäftsleitungsbeschluß verfügbare Ressourcen. Wie konnte das Ziel formuliert werden, damit es in eigener Initiative und Verantwortung vom Team erreichbar wäre?

Verschiedene Vorschläge zur Lösung hörten sich unter anderem so an:

1. Antreiber im Prozeß der Produktentwicklung,

2. Überwachung des Entwicklungsablaufes,

3. Management des Projektes A etc.

Daraus wurde schließlich die „Koordination des Projekterfolges" mit den Subzielen:

- einen exakten, mit den Betroffenen abgestimmten Entwicklungsplan (für jeden sichtbar) aufzustellen;
- zu jedem Team-Meeting über alle wesentlichen Abweichungen informiert zu sein und die Fachabteilungen zu informieren;
- Lösungsvorschläge für Abweichungen zu machen und die Fachabteilungen zur Entwicklung solcher Lösungen anzusprechen;
- wenn die Kommunikation des Teams mit der Organisation, einzelnen Experten oder Managern nicht die erwarteten Resultate erzielte, sofort Alternativen zu entwerfen und anzuwenden.

Der Zusammenhang für Ziele (Z)

Die nächste Bedingung für wohlgeformte Ziele ist die Bestimmung des *Zusammenhangs*, für den die Ziele gelten sollen. Unternehmen arbeiten für Märkte und/oder Kunden, und letztlich läßt sich daraus der Kontext ableiten. Das ist aber nicht immer so einfach und klar, wie das Prinzip ausgesprochen wird. Um bei unserem Beispiel des „Produktentwicklungsteams" zu bleiben, war die Frage der „Koordination" der Markteinführung nicht definierbar: Es sollten alle EG-Länder einbezogen werden, doch es gab noch keine Akzeptanz dieses Projektes bei einigen Länderorganisationen. So wurde der Kontext zunächst provisorisch auf eine eingeengte Gruppe von „Leitländern" festgelegt in der Hoffnung, die Freude der anderen Länder an diesem Produkt später zu erzeugen.

In einem anderen Team, das die Aufgabe hatte, einen „Culture Change" in einem nicht mehr ganz innovativen Unternehmen zu erzeugen, wurde der Kontext des Teamzieles zu spät klar definiert: Das Teamziel war, neue, kreative Methoden vorzustellen, ein Kreativitätsseminar zu entwickeln und dafür einen internen Umsetzungsprozeß vorzuschlagen.

Der Kontext für das Team war nicht definiert, und so wurde für das Projekt nicht etwa die Entwicklungsdivision, sondern auch die (hervorragend funktionierende) Produktionsdivision vorgeschlagen: Hier kam es aber gerade nicht auf Kreativität an, sondern auf den fehlerfreien, voll standardisierten Produktionsablauf einer ziemlich autoritären Technologie, die, nachdem sie einmal festgelegt war, keine Kreativitätsspielräume zuließ. Das Projekt scheiterte fast an dem Unverständnis der Produktioner, die diese kreativen Methoden nicht umsetzen konnten. Nachdem der Kontext auf die Entwicklungsabteilung begrenzt definiert wurde, änderte sich das ganze Projekt.

Strategie-Coachs müssen wahre Künstler sein, den richtigen Kontext für ein Strategieteam herauszufinden. Ist er zu eng gehalten, kann es in „Motherhood and Applepie" enden, ist er zu breit, heben Strategien vom Unternehmen ab. Soll der strategische

Muskel eines Unternehmens trainiert werden, muß er bis an die Grenze gefordert werden, aber weder unter- noch überfordert. Das ist insbesondere auch eine Frage der Definition des Kontextes:

Der Kontext verändert die Strategie

In der faszinierenden, damals noch neuen Welt der Gentechnologie traf sich das Team mit der nicht klaren Aufgabe, eine Gentechnologie-Strategie zu entwickeln und als strategischen Plan der Unternehmensleitung zur Entscheidung vorzulegen. Hochkarätige Experten, die eine rekombinierte DNA in Aufregung und Begeisterung versetzen konnte, ließen die Kaufleute im Team nur staunen, wenn sie die ganzen Optionen „brainstormten", die die Technologie für Umwelt-, Pflanzenschutz, Rohstoffgewinnung, Tier- und Humanmedizin mit sich brächte.

Es war also alles möglich, und es bedurfte eines externen Coachs, den Blick für den Kontext zu öffnen und die Hierarchie der verschiedenen strategischen Ebenen bewußt zu machen.

1. Sollte das Team die neue Technologie als neue Forschungsrichtung strategisch durchkämmen, um attraktive Forschungsgebiete für strategische Investition zu definieren?

2. Sollte das Team innerhalb abgegrenzter Gebiete, wie zum Beispiel der Medizin oder dem Umweltschutz, denken?

3. Sollte das Team sich innerhalb des definierten Bereiches, zum Beispiel Medizin, auf bestimmte Geschäftsfelder beschränken?

4. Sollte das Team sich innerhalb eines Geschäftsfeldes auf bestimmte Forschungsgebiete …

5. … oder auf bestimmte Projekte innerhalb definierter Forschungsgebiete einschränken?

Die Kontext-Ebene für die Gentechnologie-Strategie war durchaus nicht klar; denn jede andere Ebene hätte eine völlig andere Zielsetzung bedeutet. Die Klärung des Kontextes war schließlich ein eigener Prozeß zwischen Team und Management, genaugenommen ein „iterativer Prozeß" oder Zyklus mit steigender Kompetenz. Erst dieser Prozeß machte die Kontext-Definition des Zieles für das Strategieteam möglich.

Integration von Einwänden und deren Intention (I)

Wenn Ziele im Konsens zustande kommen sollen, darf es gegen sie keine Einwände geben.

Einwände im Team werden meist als störend empfunden. Sie hemmen den Arbeitsablauf, sie können Konflikte provozieren, und sie stellen bereits Erreichtes in Frage.

Trotzdem sind Einwände nützliche Ressourcen, und kluge Team-Coachs und Manager fragen bei jeder Teamentscheidung zum Beispiel: „Hat jemand noch irgendwelche Einwände, die gegen dieses Ziel sprechen könnten?" Warum fragen sie das? Bestimmt nicht, weil sie Störungen, Verzögerungen oder Konflikte haben wollen, sondern genau das Gegenteil: Sie wollen Begeisterung, Beschleunigung und Harmonie: Wie können Einwände dazu beitragen?

Zunächst sind Einwände weder gut noch böse. Sie sind Verhalten, das Resultate erzeugt. Wenn wir dieses Verhalten von der Absicht trennen, haben wir die Möglichkeit geschaffen, die Absicht zu würdigen, ohne das Verhalten als Ganzes zu bekämpfen oder zu mißbilligen.

Häufig werden in Teamsituationen die guten Absichten mit dem störenden Einwand verdammt, womit auch gute Chancen vertan werden, Team-Ressourcen zu nutzen: Ein Einwand gegen eine Zielformulierung kann sie nur besser machen, wenn die positive Absicht in die Zielformulierung eingebaut wird. In einem Produkt-entwicklungsteam wurde das Ziel vorgeschlagen, eine neue galenische Form für ein Arzneimittel zu entwickeln, um einen zusätzlichen Verbrauchernutzen zu schaffen. Der Einwand gegen diese Zielsetzung war, daß es zu lange dauern würde und die Konkurrenz diese Form schon habe. Die gute Absicht dieses Einwandes war, die Konkurrenzfähigkeit zu erhalten. Eine Konsequenz hätte sein können, das Ziel aufzugeben. Der Coach forderte jedoch das Team auf, eine Zielformulierung zu finden, in der die Absicht des Einwandes integriert sein würde. Diese neue Formulierung war: Diese neue Form vor dem Konkurrenten A in den Markt zu bringen. Die Lösung war einfach. Das Team kaufte das bereits registrierte, aber noch nicht eingeführte Produkt von einem Wettbewerber, der es auf Halde gelegt hatte.

Fragetechniken zur richtigen Zielformulierung (SPEZI):

Wenn ...
- ich mir ein Ziel/Ergebnis konkret vorstellen kann („meßbar");
- es etwas Positives ist, zu dem ich mich hingezogen fühle;
- ich den Kontext genau weiß, in dem das Ergebnis erreicht werden soll;
- ich weiß, daß es machbar ist, und ich es aus eigener Kraft schaffe,
- und die berechtigten Einwände (die gegen jedes Ziel hochkommen) gewürdigt und in das neue Ziel integriert sind,

... dann
- habe ich die Energie in der Zielformulierung geschaffen und mich befähigt, dieses Ziel auch zu erreichen;
- solche Zieldarstellungen sind „wohlgeformt".

Das TRP wird immer danach streben, Ziele wohlgeformt darzustellen:

(S) = Sinnliche Wahrnehmung

Ziele, Ergebnisse, Outcomes werden sinnlich wahrgenommen: durch Sehen, Hören, Fühlen, gelegentlich auch durch Riechen:

- Ich sehe die Zahl unterm Strich.
- Ich höre ein Lob.
- Ich fühle meinen Erfolg.

Wie wollen wir gemeinsam – jeder auf seine Weise – sinnlich wahrnehmen, wenn das Ergebnis, Ziel erreicht ist? Je genauer ich das weiß, um so stärker wirkt das Ziel, um so höher die Wahrscheinlichkeit, daß ich es erreiche.

Frageform zum Beispiel:
Wie weiß ich, wenn ...?
Woran merke ich, daß ich das Ziel erreicht habe?

(P) = Positive Formulierungen

Die Vermeidung von Negativem ist sinnlich nicht wahrnehmbar

- Wir wollen die Umweltkritik der Öffentlichkeit minimieren: Was wollen wir statt dessen?

Ergebnisse werden positiv formuliert: Wir wollen unsere Fortschritte im Leistungsbereich der Öffentlichkeit bewußt machen (und das lesen wir zum Beispiel in der Zeitung).

Frageform zum Beispiel:
Falls negativ formuliert: Was wollen wir statt dessen?
Oder: Wie formulieren wir das Ziel positiv?

(E) = Eigenständige Umsetzungen

Ziele und Ergebnisse, die nicht eigenständig, sondern nur mit Hilfe anderer initiiert werden können, verpflichten nicht, machen nicht verantwortlich. Sie erlauben Rechtfertigungen und Schuldzuweisungen an andere, die uns nicht im Sinne des Zieles unterstützen.

Frageform zum Beispiel:
Können wir/kann ich das Ziel mit eigener Initiative angehen, aus eigener Kraft erreichen? Wie können wir das Ziel formulieren, damit wir es aus eigener Kraft erreichen können?

(Z) = Zusammenhang spezifizieren

Ziele werden im jeweiligen Umfeld (siehe Hintergrundinformationen) aufgestellt und gelten nicht universell. Sie werden im Zusammenhang spezifiziert beziehungsweise konkretisiert. Das macht sie vorstellbar und nahe: gelegentlich werden solche Ziele nicht mehr Ziele, sondern Teilziel oder Nahziel etc. genannt (Outcomes).

Frageform zum Beispiel:
In welchem Kontext soll dieses Ziel spezifisch erreicht werden?

(I) = Integrieren von Einwänden = Intentionen erhalten

Alte Ziele, Verhaltensweisen usw. haben positive Intentionen. Sofern Wandel durch Ziele bedingt ist, wird er einfacher zu erreichen sein, wenn die positiven Absichten der alten Ziele, die sich in Einwänden ausdrücken, eingebaut werden können. Es wird nichts aufgegeben, sondern hinzugefügt (Ökologie-Check).

Frageform zum Beispiel:
Was ist die positive Intention der jetzigen Situation (die durch die Zielsetzung verändert werden soll) und wie soll sie erhalten bleiben?

4. Team-Ressourcen

Den Begriff „Ressourcen" verwenden wir sehr breit. Er umfaßt alle menschlichen, sozialen (systemischen) und sachlichen Bedingungen, die genutzt werden können, um ein Ziel zu erreichen.

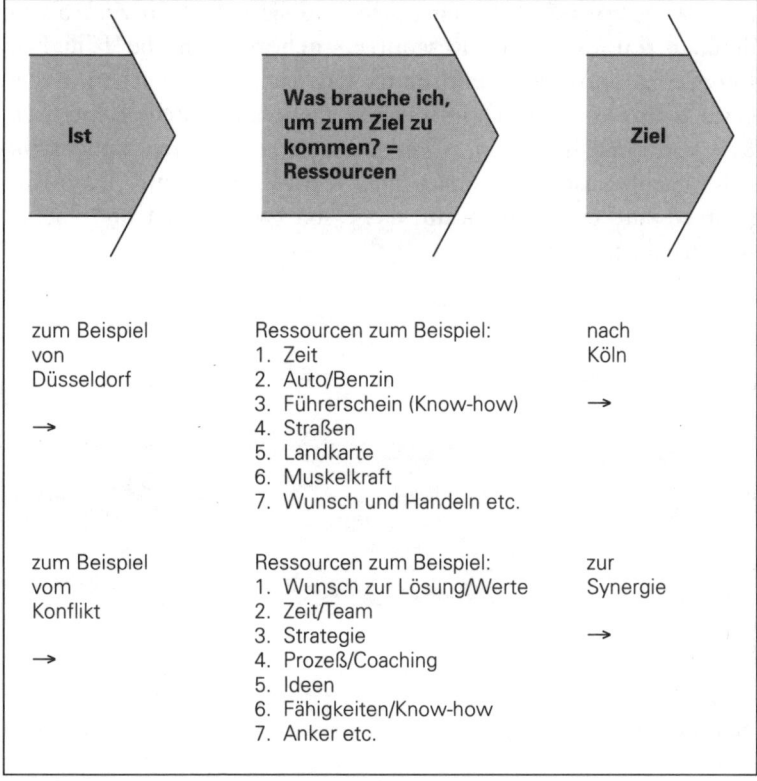

Mit Ressourcen vom Ist zum Ziel

Team-Ressourcen sind Potentiale, das Ziel des Teams zu erreichen, zum Beispiel die Expertise, das Know-how, die Fähigkeiten der Teammitglieder als Individuen wie die Fähigkeiten im Team, diese

Ressourcen zu nutzen, respektive die Unfähigkeit von Teams, die zunächst theoretischen Möglichkeiten überwinden zu können. Zu den Team-Ressourcen gehört auch der äußere organisatorische Rahmen, in dem die Teamarbeit funktionsfähig gestaltet wird. Oft wird übersehen, daß Teams eine Vergangenheit haben, aus der sie beträchtliche Ressourcen schöpfen können. Teams haben dementsprechend selten einen „Null-Start", befinden sich also bereits auf dem Wege zum Ziel. Gelegentlich sind sie näher am Ziel, als sie denken. Zu den Team-Ressourcen gehört auch die Fähigkeit, Energie zu entwickeln und hinter das Sachziel zu packen. Exzellente Teams können sich motivieren, nicht vorhandene Expertisen, Kooperationsfähigkeiten, Glaubenssätze, Identitäten zu entwickeln. (Siehe Kasten: Was alles sind Team-Ressourcen?) Team-Ressourcen sind erforderlich, um das Delta zwischen Ist und Ziel zu überbrücken.

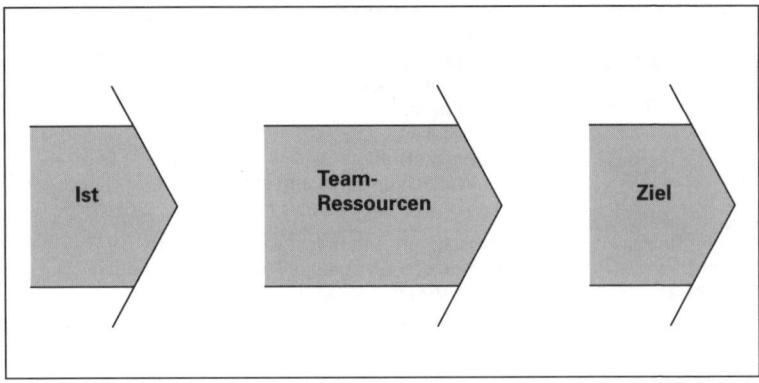

Team-Ressourcen sind erforderlich, um vom Ist zum Ziel zu gelangen

Oft werden Ziele so wahrgenommen, als starteten die Teams gerade auf dem Weg dorthin. Fast immer aber sind schon erhebliche Wegstrecken zurückgelegt, die genutzt werden können (die als Ressourcen für das Teamziel bereits vorhanden sind).

Zugang zur eigenen Ressource gewinnen

Es kam ein verzweifelter Anruf: „Können Sie uns helfen? Wir sitzen fest; wir stehen vor einem Neubeginn ... ".Solche Formulierungen verrieten einen Problemzustand mit erheblichem Streß. Das Team stand (aus seiner Sicht) vor einer Katastrophe: In weniger als vier Wochen war eine Vorstandspräsentation terminiert, das hochkarätige Team hatte sechs Monate intensiv gearbeitet, es befand sich in einem „Stuck-State": Je näher der Vorstandstermin rückte, um so weniger nutzte man die bisherigen Teamergebnisse, um so mehr fühlte man sich mit leeren Händen. Jetzt sollte ich in drei Wochen mit dem Team, praktisch vom Nullpunkt angefangen, ein vorstandsreifes Konzept erarbeiten.

Andererseits lagen dicke Ordner mit vielen guten Informationen, Ideen und Konzepten auf dem Tisch. Diese Ressource müßte aktiviert werden, wurde aber als unbrauchbar, zu detailliert, nicht für den Vorstand geeignet usw. abgelehnt. „Darüber haben wir jetzt ein eindeutiges Urteil."

Was mir auffiel, war ein Denkmuster (Metaprogramm), das in bezug auf die bisherigen Arbeiten als „Down-Chunking" ablief. Mit Down-Chunking bezeichnen wir ein zum Detail hin gerichtetes Denken, das gelegentlich auch dazu führt, daß man vor lauter Bäumen den Wald nicht mehr sieht. Dem widersprach total das Denkmuster der Vorstandsanforderungen, nämlich „Up-Chunking", Verallgemeinerungen, Globalisierungen etc. Das, was das Team bisher getan und gedacht hatte, lief in eine andere Richtung. Es war so spannend und verlockend, daß sie nicht mehr raus konnten. Um die vorhandene Ressource zu nutzen, habe ich das Team zunächst von seiner Fixierung auf den Vorstandstermin dissoziiert. Es kam ja gar nicht auf die Präsentation an, sondern auf die Umsetzung der vielen guten Ideen, die das Team sich gut vorstellen konnte. Nachdem diese Verbindung zu der eigenen Leistung wieder hergestellt war, auf die das Team stolz war, drehte ich die

Richtung um, indem ich sinngemäß sagte, sie möchten nun alles weglegen, soweit es ginge, und mir in drei Sätzen die Essenz des Ganzen nennen. Es kamen drei Sätze. Ich bat sie im nächsten Schritt, jeden dieser drei Sätze wieder zu belegen, aber auch mit maximal drei Untersätzen usw. Es dauerte einen Vormittag, um aus dem Stuck-State eine Vorstandspräsentation zu entwickeln, und es blieb der Nachmittag für die Entwicklung von konkreten Schritten zur Umsetzung.

Was sind Team-Ressourcen?

- Das Verhalten und die Fähigkeit jedes einzelnen.
- Die Fachkenntnisse und Erfahrungen der einzelnen.
- Die Motivation jedes einzelnen, seine Glaubenssysteme.
- Die Persönlichkeiten eines jeden, seine Identität, sein Selbstwertgefühl.
- Das Verhalten der Teammitglieder untereinander und gegenüber der Umwelt.
- Der Kontakt der Teammitglieder untereinander.
- Das gegenseitige Vertrauen in das Verhalten und die Kompetenz des anderen.
- Die gemeinsame Strategie, Zielsetzung und Verhaltensorientierung.
- Die Funktionsfähigkeit gemeinsamer Spielregeln.
- Die gemeinsame Mission, das Aufgabenverständnis, das gemeinsame Rollenverständnis.
- Die Teamidentität, eine gemeinsame Antwort auf die Frage: Wer sind wir?
- Die Unterstützung, Zuwendung und Entwicklung durch die Umwelt.
- Das Image/Fremdbild des Teams (Akzeptanz, Vertrauen, Kompetenz, Charisma).
- Die Struktur und Funktion des Teams, alle diese Fähigkeiten optimal zu nutzen.

- Die Fähigkeit zu und der Glauben an exzellente(n) Höchstleistungen.
- Die Auslöser von Energie, Wachstum und Begeisterung.
- Die guten Absichten der Einwände.

Ziele sind zukunftsorientiert, nicht auf das Heute oder auf die Vergangenheit. Ziele benötigen Ressourcen, die in der Vergangenheit generiert wurden und heute zur Verfügung stehen. Die Einbindung der Vergangenheit und der Gegenwart in die Zielbeschreibung ist mehr als die Würdigung der Geschichte: Es ist die Formulierung der Ziele auf der Basis dessen, was schon getan ist, und der Erkenntnis, was noch zu tun bleibt, also eine Konzentration auf *Prozesse, die noch nicht abgeschlossen sind*: Zielpräsentationen werden dann besonders lebendig und verständlich, wenn sie auf die Zeitachse gelegt werden. Hierzu eignet sich ein vereinfachtes Modell für die gemeinsame Bearbeitung in Teamsituationen.

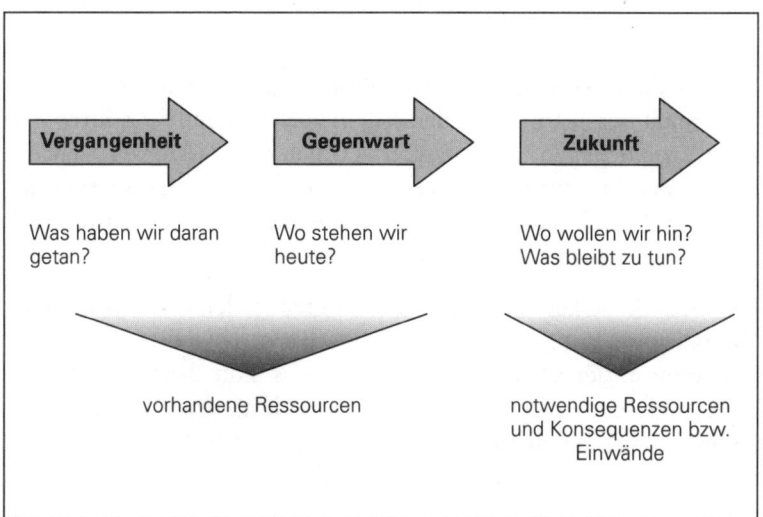

Die „Ressourcen" aus der Vergangenheit in die Ziele einbauen

Die *Abfolge* der Frageformen für die Zeitachse:

1. Wo wollen wir hin?

2. Was haben wir bisher daran getan?

3. Wo sind wir heute?

4. Was bleibt uns noch zu tun?

5. Was bedeutet das für uns? Welche Veränderungen? (Nachteile/ Vorteile? Oder: Sind wir bereit, die Konsequenzen zu tragen?)

6. Wie genau müssen wir vorgehen?

Mit der Zielformulierung auf der Zeitachse würdigen wir die Tatsache, daß die meisten Ziele nicht bei Null beginnen, sondern schon über beträchtliche Ressourcen verfügen, die nur aktiviert zu werden brauchen.

Außerdem wird erkannt, welche Ressourcen in Zukunft tatsächlich noch erforderlich sind, welche Einwände gegen die notwendigen Veränderungen zu erwarten sind und wie diese als Ressourcen genutzt werden können.

Verschiedene Modelle und Problemlösungsstrategien nutzen die Flexibilität der Teammitglieder, sich in verschiedene Ressource-Zustände zu begeben. Als Beispiel sei hier der ZIAKA-Prozeß genannt, der im Prinzip vor ca. 20 Jahren durch das Institut für angewandte Kreativität entwickelt und durch die moderne NLP-Technologie weiter vervollkommnet wurde.

Die Grundidee läßt sich einfach skizzieren: Jeder von uns hat eine Vielzahl von unterschiedlichen Ressourcen. Ich bin mal in einer Situation, in der ich viele Ideen habe (Was läuft dann ab?), mal in einer anderen, in der ich bewerte und kritisiere (Was ist dann anders?), und mal in einer Situation, in der ich handle (Wie ist das im Unterschied zu den beiden ersten?).

Mancher von uns kann diese unterschiedlichen Situationen (Aufgaben, Verhalten, Fähigkeiten = Ressourcen)

- des Kreativen
- des Kritikers
- des Machers

für sich selbst gut trennen. Andere benötigen dafür die Hilfe eines Coachs, weil eine der Ressourcen die anderen dominiert.

Solche Ressourcen befinden sich auch in Teams! Der eine hat mehr Ideen, der andere kritisiert, der dritte schreitet zur Tat. Alle drei sind aber wichtige Ressourcen, die ich nutzen möchte. Lasse ich sie zur gleichen Zeit aufeinander los, werde ich kaum eine dieser Ressourcen gut nutzen, da sie sich gegenseitig behindern.

Der ZIAKA-Prozeß leistet zunächst einmal die Trennung in bestimmte Phasen:

Z = Zielphase (Zielzustand, Zielpräsentation/Motivationsphase)
I = Ideenphase (kreative Ressource)
A = Auswahlphase (kritische Ressource)
K = Konzeptphase (kooperative, Konzept-Ressource)
A = Aktion (Macher-Ressource)

Durch die Trennung erhält zunächst jedes Teammitglied, das eine dominierende Ausprägung hat, seine Rolle (durch eine Phase) zugewiesen; gleichzeitig aber werden bei allen anderen die jeweiligen Ressourcen aktiviert, so daß auch der Kritiker seine Ideen in der Ideenphase einbringen kann. Der Prozeß wird durch Spielregeln gesteuert, die pro Phase unterschiedlich sind. Wie gut das Team in seinen jeweiligen Ressourcenzustand kommt, hängt immer auch vom Coach ab, dem es gelingt, die jeweiligen Ressourcen-Zustände auszuschöpfen (Anker) und zu unterbrechen, wenn er in die nächste Phase geht. Diese Ressourcen-Kombination erlaubt jedem, sich „auszutoben" und seine (vielleicht) dominanten Vorlieben einzubringen (vgl. Buchner, Packen Sie es an, Wiesbaden 1994).

Ein anderes Konzept basiert auf der Vorannahme, daß die Menschen so sind, wie sie sind, mit Vorlieben, spezifischen Fähigkeiten, ausgeprägten (dominanten) Eigenschaften, Denkmustern und Verhaltensorientierungen. Mergerison/McCann (How to Lead a Win-

ning Team) haben solche Arbeitspräferenzen nach neun Arbeitsfunktionen definiert, bei denen sich jeder selbst einstufen kann und
nach Auswertung sein Etikett erhält, ob er mehr ein Innovator,
Organizer oder sonst wer ist. Letztlich reflektieren diese Arbeitspräferenzen auch die im ZIAKA angesprochenen Ressourcen. Die
Gefahr solcher Etikettierungen im Team besteht darin, daß sie die
Teammitglieder auf Arbeitsfunktionen festlegen (labelling and self-
fulfilling prophecy).

Der ZIAKA-Prozeß hat demgegenüber den Vorteil, jedem zu
erlauben, seine Ressourcen auszuleben, auch wenn es nicht die
präferierten sind. Und doch gilt auch, daß manche Menschen ihre
„Stärken" immer weiter kultivieren und entwickeln und diese im
Team dann so einsetzen, daß die Stärken der Teammitglieder zu
Synergien verbunden werden können, und damit die Teamleistung
steigern. Hierbei kommt es aber weniger darauf an, die Unterschiede zu sehen, den Menschen zu erkennen (und produktiv zu
verstärken), als diese in einem gemeinsamen Prozeß einzubinden.
Dazu eignet sich dann wieder der ZIAKA-Prozeß.

Eine andere Methode, unterschiedliche Ressourcen zur Teamarbeit
zusammenzubringen, ist die „Metaprogramm-Balance" oder
Denkstruktur-Balance. Teammitglieder sortieren ihre Wahrnehmung unterschiedlich. Sie stellen damit auch unterschiedliche
Denkmuster für die Teamarbeit zur Verfügung. Der eine sieht die
Löcher im Käse der andere den Käse. Einer will tiefer in Probleme
einsteigen, ein anderer will Lösungen produzieren. Der Sichere
orientiert sich mehr an der Vergangenheit, der Visionär mehr an
der Zukunft usw. Solche „Denkmuster" sind Verpackungen von
Inhalten, die unbewußt genutzt werden. Oft führen sie zu Konflikten, die dann an den Inhalten ausgetragen werden. Diese
Denkmuster stellen demgegenüber Ressourcen dar, die sich ideal
ergänzen können.

Teams haben in der Regel die Fähigkeit, sich in bezug auf ihre
erforderliche Kompetenz selbst einzuschätzen. Welche Disziplinen
sind notwendig? Welche Experten müssen einbezogen werden
usw.? Dabei wird die Wettbewerbsfähigkeit zunehmend als Maß-

stab benutzt (Benchmarking). Diese fachlichen Disziplinen können vom Team-Coach in vielen Fällen durch den Vergleich der erfolgskritischen Ressourcen/Disziplinen mit denen des (besten) Wettbewerbers mit Hilfe des Teams bewertet werden. In der Regel sind Teams sehr selbstkritisch, und der Coach muß aufpassen, daß sich niemand unterschätzt (und umgekehrt). Ein Fremdurteil durch Dritte kann dazu nützlich sein, um die fachlich erforderlichen Team-Ressourcen in bezug auf das Ziel so realistisch wahrzunehmen, daß gegebenenfalls Ressourcenänderungen herbeigeführt werden können.

Teams „erzeugen" ihre Fähigkeiten oft selbst, indem sie erkennen, was fehlt und ergänzt werden muß. Teams entwickeln ihre Motivation (als Ressource) aus Glaubenssätzen, zum Beispiel über ihre Rolle und Priorität im Unternehmen, über ihren Beitrag zur Wettbewerbsfähigkeit des Unternehmens. Diese Wertestrukturen, meist eingebettet in die Wertestruktur/Kultur des Unternehmens, stellt den Treibstoff für Teams dar, die Fähigkeiten zu akquirieren, die Strategien zu entwickeln, die Handlungen auszulösen, die für das Teamziel notwendig sind.

Diese „ganzheitlichen" Repräsentationen von Teamkultur, Teamatmosphäre und Rollenverständnis gipfeln in dem, was der Selbstwert des Teams, seine Aufgabe, Mission oder seine Identität ist. Hierüber wird in bezug auf Team-Ressourcen viel zu wenig nachgedacht. Stattdessen wird der technische Aspekt der Kombination von Teams auf der Verhaltens- und Fähigkeitenebene betont (ZIAKA, Team-Design, Metaprogramm-Balance). Die gemeinsam wahrgenommene Identität von Teams, ihre gemeinsamen Werte und Glaubenssätze sind jedoch die tragenden Ressourcen, die Output, Leistung und alles, was dazu erforderlich ist, zustande bringen.

5. Der Coach

Bedeutet der Begriff des „Coachs" etwas Neues, oder verbirgt sich dahinter nur eine alte Sache, die neu verpackt wird? Beides ist richtig. Wie überall werden neue Begriffe gerne verwendet, um alte Angebote wieder attraktiv zu machen. Unter „Coaching" wird heute viel verkauft.

Wir möchten unterscheiden:

▶ den Moderator, der Verhalten steuert
▶ den Trainer, der Fähigkeiten vermittelt
▶ den Coach, der Prozeßberatung zur Teamentwicklung macht

Die Entwicklung der Teamsteuerung im Management durch solche unterschiedlichen „Teamleiter" blieb nicht unabhängig von Umfeldentwicklungen, auch in Bereichen der Verhaltenspsychologie, Human-Potential-Bewegung oder Gruppentherapie.

Der Moderator

Vor inzwischen 20 Jahren hat das IAK-Institut für angewandte Kreativität mit seinem Problemlösungsprozeß eine neue Generation von Problemlösungsverhalten für Kreativität in Teams bewirkt. Tausendfach kopiert und erfolgreich angewendet, hat dieser Prozeß längst den Charme des Neuen verloren. Es ist deutlich geworden, daß Spielregeln auf der Verhaltensebene Team-Ressourcen freisetzen. Kreativität und Problemlösung in Teams sind elegant möglich. Es wurde aber auch klar, wo die Grenzen dieses Prozesses sind.

Die Rolle des „Moderators" in diesem Prozeß besteht darin, den Ablauf durch die Anwendung von Spielregeln zu steuern, dadurch auch die sozialen Beziehungen zu regeln und Methoden zur Verhaltenssteuerung anzuwenden (zum Beispiel Kreativitätstechniken zu benutzen, die Spielraum und Sicherheit geben). Der Moderator arbeitet nicht inhaltlich.

Wie wichtig die visuelle Umsetzung von Teamkommunikation für den Fortgang der Teamarbeit sein kann, zeigt der Metaplanansatz. Mit Kärtchen werden die Gedanken und Ideen von der Person dissoziert und für alle sichtbar auf Pinnwände gehängt: Dabei läßt sich gruppieren, strukturieren und detaillieren. Der wesentliche Vorteil besteht in folgendem: Die Individualarbeit wird entpersonifiziert. Die Inhalte werden betont. Wesentlicher Nachteil: Teamsynergien enwickeln sich nicht so günstig wie bei der IAK-Methode, weshalb sich beide für bestimmte Aufgaben gut ergänzen. Auch hier hat die relativ einfach erlernbare Technik zu einem Heer von Moderatoren geführt und einem guten Geschäft mit Pinnwänden, eierförmigen Kärtchen und Nadeln: alles sehr nützliche Dinge, in Moderatoren-Koffern verpackt.

Beide Ansätze erleichtern die Arbeit in Teams erheblich, sind aber nicht mit Team-Management und/oder Team-Coaching zu verwechseln. Sie stellen Techniken dar, die der Team-Coach einsetzt, der einen bestimmten Problemtyp angeht. Es darf aber nicht so sein, daß die Technik (nicht einmal ohne Erfolg) sich den passenden Problemtyp selbst schafft. Das geschieht immer dann, wenn die Moderatoren außer diesen Grundtechniken nichts anderes beherrschen.

Übrigens haben sich beide – IAK wie Metaplan – über diese Techniken hinaus entwickelt, und es wäre ungerecht, sie nach Fähigkeiten eingeengter Moderatoren zu bewerten.

Für andere ähnliche Modelle (zum Beispiel Comteam oder Joe Sippel) auf der Stufe des Teamverhaltens gelten entsprechende Bewertungen. Sie sind in der Lage, das Team zu einem zeitlich begrenzten gemeinsamen Tun unter Leitung eines Moderators zusammenzubringen, und sie produzieren Ergebnisse, die allemal besser sind als die traditioneller Konferenzen.

Was aber macht das Team, wenn es keinen Moderator hat? Die nächste Stufe wäre also die, nicht mehr nur Verhalten zu steuern, sondern Fähigkeiten zu etablieren, die dieses Verhalten ständig – wenn zweckmäßig – im Team als Strategie reproduzieren.

Der Trainer

Teamfähigkeiten zu vermitteln ist Anspruch zahlloser Seminare, überwiegend mit einzelnen Personen, nicht im Team. Die Ergebnisse sind unterschiedlich, eher unbefriedigend, da eventuelle Veränderungen einzelner meist durch die Teams, in die sie zurückkehren, wieder aufgefangen und nicht selten trotz guter Vorsätze umgedreht werden. Daran helfen auch keine Commitments, Selbstverpflichtungen, Patenschaften.

In diese Reihe sind überwiegend die Ansätze der Gruppendynamik einzureihen, weniger aus ihrem Anspruch als aus ihrer praktischen Funktion. Sie gehen oft auch ins Therapeutische.

Die Chancen, mit Family-Groups, also ganzen Teams zu arbeiten, sind geringer, aber nur dann kann das Team die Fähigkeiten zum Zusammenspiel unabhängig von externen Moderatoren, Beratern, Coachs lernen.

Von daher gehen Unternehmen auch zunehmend dazu über, Teamfähigkeiten entweder on the job zu trainieren oder in der jeweiligen Familiengruppe, dem Team, das auch in der Realsituation zusammenarbeitet. Die Rolle des Trainers besteht darin, Teamverhalten bewußt zu machen, Modelle für Kooperation einzuüben (ZIAKA), Spielregeln zu entwickeln usw. Je präziser der Trainer auf die Bedürfnisse der Gruppe eingeht, um so mehr nähert er sich dem Prozeßberater beziehungsweise Coach. Der Übergang ist fließend.

Der Prozeßberater (problemorientiert)

Zahlreiche, weniger systematische Ansätze leiten sich ab aus den therapeutischen Disziplinen der Psychosynthese (Assagnoli), der Gestalttherapie (Pearls), der themenzentrierten Gruppentherapie (Cohn), der non-direktiven Encounters (Rogers) etc.

Sie mündeten in Sammlungen von gruppendynamischen Übungen (Antons) oder Interventionsspielen (Vopel 1976), die unterschiedliche Interventionsebenen betreffen. Es handelt sich dabei um Wahrnehmungs-, Selbst- und Fremdakzeptanz-, Feedback-, Bewußtmachungsübungen etc.: ein Instrumentenpool, der von Gruppenleitern erfolgreich genutzt werden kann, wenn sie Ahnung vom Geschäft haben. Es kann aber nicht verhindert werden, daß mancher sich erst mit Hilfe der Interventionsspiele zum Gruppenleiter ernennt, ohne daß er genau weiß, was er tut. Häufig führen solche Übungen in Problemzustände, die alles andere bewirken, als das Team dem Ziel näherzubringen. Ohne unfair zu sein, können wir soweit gehen zu behaupten, daß die meisten gruppendynamischen Übungen und Interaktionsspiele dem therapeutischen Konzept anhängen, nach dem Probleme erst bewußt gemacht und mit viel Leiden neu erlebt werden müssen, bevor sie gelöst werden (siehe Psychoanalyse). Diese Konzepte sind inzwischen in der Psychotherapie in Frage gestellt (siehe NLP), wo zielorientierte Interventionen zu schnelleren und dauerhafteren Resultaten bei gleichzeitig höherer Trefferquote führen.

Wir haben es erlebt, daß ein problemorientierter Berater in einem ganzen Unternehmen alle möglichen Beziehungskisten, Kommunikationsschwierigkeiten und latente Konflikte aufgedeckt und bewußt gemacht hat, so daß die Atmosphäre nach seiner Intervention schlechter war als vorher. Er war bei diesem Ansatz nicht mehr in der Lage, durch „Therapie", wie er es nannte, das Management-Team zum besseren Funktionieren zu bringen als vorher.

Der Coach (zielorientiert)

„Team-Coaching", wie wir es verstehen und praktizieren, ist demgegenüber „zielorientiert". Wir haben dafür auch den Begriff der zielorientierten Team-Ressourcen-Programmierung TRP gewählt, um den Unterschied deutlich zu machen. Es erklärt sich aus dem Konzept der folgenden Begriffe:

▶ *Team*, als zweck-, zielorientierte Arbeitsgruppe

▶ *Ressourcen*, als alle im Team vorhandenen Potentiale, das heißt bei den einzelnen Mitgliedern, wie auch durch die Interaktion der Mitglieder

▶ *Programmierung* als Optimierung der Strategie und Potentiale für das Ziel des Teams.

Teams können sich selbstverständlich in „Problemzuständen" befinden, wenn zum Beispiel gravierende Konflikte die Erreichung des Zieles einschränken oder gar verhindern. Wir fokussieren uns dabei jedoch nicht auf das Ziel. Jeder Fokus auf das Problem verschlimmert den Problemzustand von Teams, und das Problem zu kennen, löst es nicht, wenn nicht eine neue Programmierung die Lösung zur Erreichung des Teamzieles integriert. Problemzustände vermitteln sich durch verbale und nonverbale Botschaften, durch Sprache, Körperhaltungen und Körperbewegungen. Sie sind beobachtbar. In der Regel offenbaren sich solche Problemzustände für den Team-Coach, bevor sie überhaupt vom Team bewußt wahrgenommen oder angesprochen werden. Diese „Feinwahrnehmung für Teamprozesse" ist der schwierige Teil des Team-Coachings, und zwar mindestens 50 Prozent, die anderen 50 Prozent sind zielorientierte Interventionen.

Viele Coachs und Teammoderatoren verlieren noch sehr viel Zeit mit Problemsammlungen auf Karten, die sie zu Problemkreisen zusammenhängen. Diese Problemkreise werden analysiert und detailiert, manchmal über die Frustrationsgrenze hinaus. Meist kommen in verschiedenen Unternehmen dieselben „Problemwolken" heraus:

▶ Die Kommunikation stimmt nicht.

▶ Die Kosten sind zu hoch.

▶ Die Ziele sind nicht klar.

▶ Es wird nicht schnell genug entschieden usw.

Dies sind alles sprachliche „Oberflächenstrukturen", die zunächst harmlos bleiben, dann aber durch das vertiefte „warum" zu tatsächlichen oder scheinbaren Ursachen, Rechtfertigungen, Schuldzuweisungen, Frustrationen und Problemzuständen im Team, kaum zu Ressourcenzuständen führen. Die „Psychoanalyse im Team" beziehungsweise Unternehmen bringt in der Regel wenig.

Programmierung heißt *immer* Feinwahrnehmung der Team„programme" einerseits und „Intervention" andererseits. Dafür wurde ein spezielles Instrumentarium entwickelt, das sich unter anderem auch aus dem NLP ableitet. Zielorientiertes Team-Coaching, wie es im TRP verwirklicht wird, geht Ziele an, nicht Probleme. Die gemeinsame Problemwahrnehmung als Voraussetzung für eine gemeinsame Teamarbeit läßt sich auch über Zielfindungsprozesse erreichen. Wir machen aber schlicht die Unterstellung, daß die Expertise im Team ausreicht, Probleme nicht als Probleme, sondern als sie überwindende Lösungen oder Ziele zu formulieren. In über 80 Prozent der Fälle funktioniert dieser Ansatz, wenn er von ausgebildeten Coachs gemacht wird. Sollte es einmal nicht funktionieren, kann der Coach immer noch den „Problem(um)weg" gehen.

Die Programmierung (TRP) durch den Coach

Programmierung heißt mit Programmen umgehen. Programme sind Abläufe von neurophysiologischen und sozialen Abläufen, die für die Erreichung von Zielen nützlich (= erwünschte Resultate) oder schädlich (= unerwünschte Resultate) sein können. Dazwischen liegt die Realität und das Optimierungspotential für die Team-Ressourcen-Programmierung:

Wenn bei einem Team-Meeting die einzelnen Teammitglieder unterschiedliche Sitzpositionen am Tisch einnehmen, dann handelt es sich um ein kompliziertes Programm von individuellen und sozialen Prozessen. Ich brauche mich nur selbst zu fragen, was in mir vorgeht, wenn ein anderer „meinen Platz" am Konferenztisch einnimmt. Die bisher von mir gewählte Perspektive, wie ich die anderen, den Raum, die Präsentation wahrnehme, ja wie ich mich selbst in diesem Raum wahrnehme, ändert sich. Ein anderer, der auf meinem Stuhl sitzt, unterbricht also mein etabliertes, unbewußtes Programm und löst bei mir innere Reaktionen aus: zum Beispiel

Ärger, Akzeptanz oder etwa die Experimentierfreude, einmal zu erleben, wie die Dinge sich aus einer anderen Perspektive ansehen, anhören, anfühlen (wenn der Stuhl ein anderer ist) oder riechen oder schmecken (wenn zum Beispiel ein Raucher neben mir sitzt).

Metaprogramm-Balance (ein Beispiel der TRP)

In einem Teamgespräch deutete sich ein Konflikt an, als verschiedene Teammitglieder A, B und C ihre Inhalte in unterschiedlichen Denkmustern, die wir Metaprogramme nennen, „verpackten".

A sagte: „Ich bin durch den Vorschlag von C sehr betroffen, denn er ignoriert total unsere noch vor drei Monaten gemeinsam gefällte Entscheidung."

Die Metaprogramme von A sind unter anderem:
- A verarbeitet die Information nach *innen* emotional in sich hinein: „Ich bin betroffen".
- A sieht die *Unterschiede* (Vorschlag – Entscheidung).
- A ist *vergangenheitsorientiert* (vor drei Monaten).
- A ist regelbewußt („ignoriert gemeinsame Entscheidung").

B sagte: „Nein keinesfalls – ich sehe in dem Vorschlag von L eine Weiterentwicklung unserer Entscheidung, die wir jetzt brauchen, um uns auf das, was auf uns zukommt, besser einstellen zu können."

Die Metaprogramme von B sind unter anderem:
- B verarbeitet die Information auf der Verhaltensebene (außen):
  „Ich sehe".
- B sieht die *Gemeinsamkeiten* („Weiterentwicklung").
- B ist *zukunftsorientiert* („was auf uns zukommt").
- B ist *flexibel* („Weiterentwicklung", prozeßorientiert).

Die Gefahr einer Auseinandersetzung zweier so unterschiedlicher Denkmuster (Metaprogramme) ist nachvollziehbar. Der

Coach wird diese unterschiedlichen Programme registrieren und balancieren – daraus ein für beide, A und B, tragfähiges Denkmuster machen.

Er kann folgendes tun: An A gerichtet: „Wenn wir noch einmal drei Monate zurückgehen (vergangenheitsorientiert), dann war die Entscheidung für Sie persönlich sehr wichtig (innenorientiert), die damals richtig war und auch gemeinsam getragen wurde. War es nicht auch wichtig und richtig, daß sie in Zukunft immer wieder überdacht werden sollte; denn die Situation ändert sich ständig" (Unterschiede).

Der A stimmt dieser Intervention des Coachs zu, denn sie ist voll in seinem Denkmuster. Der Coach hat ihn dort, wo er ist, abgeholt – aber in die Zukunft gebracht. Der Coach fährt fort: „Wenn es nun gelänge, das, was Ihnen wichtig ist, zu erhalten, wie Herr B andeutete, aber die notwendigen Änderung aufgrund der neuen Situation für die nächste Zukunft eingebaut würde, wie würden Sie dann den Vorschlag formulieren?"

Damit erzielt der Coach die Lösung, weil A eine eigene Formulierung machte, die dem vorher abgeleiteten Vorschlag ähnlich war (Ähnlichkeit für B) in die Zukunft gerichtet (zukunftsorientiert). Damit kann B gut zurechtkommen, weil er sein Denkmuster wiederfindet.

Als der Coach ihn noch fragt, wie er sich bei dieser Formulierung des A „fühlt", und B antwortet, daß er das gut nachempfinden könne (innere Verarbeitung), sind beide Muster in einem gemeinsamen neuen Programm harmonisiert. Daß dabei eine gemeinsame Lösung entsteht, ist nicht ein Abfallprodukt der Programmierung, sondern ihr Ziel.

Wenn wir dieses Beispiel nehmen, besteht das Team aus A, B und C. Ziel des Teams ist es, in einer neuen Situation eine drei Monate junge Entscheidung zukunftsorientiert zu überdenken, zu bestätigen oder eine neue Empfehlung zu machen.

Die Ressourcen sind:

1. eine „alte" Entscheidung, vom Team getragen und von A gefühlsmäßig untermauert (von B und C übrigens auch; das wird in den Sinnzitaten nicht repräsentiert),

2. ein neuer Vorschlag von C,

3. zwei zunächst widersprüchliche Denkprogramme (mit der Gefahr eines entstehenden Konfliktes) und

4. die Fachkompetenz zur Situationsbeurteilung und Entscheidungsempfehlung.

Was in diesem Fall nicht geschieht, aber grundsätzlich zu wünschen ist, ist das „Future Pacing" dieser Balance. Denn A und B konnte zunächst bewußt gemacht werden, daß sie unterschiedliche Denkmuster verwenden, die Zündstoff für Konflikte darstellen. Beide Denkmuster konkurrieren nicht zwangsläufig, sie sind im Gegenteil komplementär. Das neue Programm der Übersetzung von A und B in der Form, daß sie nützliche Ergänzungen darstellen, mußte an konkreten Beispielen eingeübt werden. Wenn es funktioniert, soll so geankert werden, daß dieses Programm auch in Zukunft abrufbar ist.

Die Schwierigkeit bei diesen Denkmustern liegt darin, daß sie Ausdruck der Persönlichkeitsstruktur sind, also nicht einfach geändert werden können (oder sollten). Ein Angriff auf meine Denkmuster ist eben auch ein Angriff auf einen Teil meiner Persönlichkeit, und dafür bin ich schnell bereit zu kämpfen. Das heißt, ich habe ein großes Interesse daran, mein Programm zu erhalten, wie übrigens der andere auch. Wenn es zwischen uns beiden keine Brücke gibt, entsteht ein Konflikt. Unsere Ressourcen werden an diesen Konflikt verschwendet. Wir befinden uns dann als Team in einem „Problemzustand", aus dem herauszukommen schwieriger ist, als ohne Konfliktbelastung gleich ein Übersetzungsprogramm (Metaprogramm-Balance) zu lernen.

Programme sind in der Regel äußerst nützlich. Sie erleichtern unser Leben, und wir könnten ohne sie nicht zurechtkommen: Wenn zum Beispiel Teammitglieder auf Vorschläge von Kollegen mit positiver Verstärkung eingehen, ohne darüber nachzudenken, welches Programm sie gerade nutzen, dann führt das zu Resultaten im Teamprozeß. Das umgekehrte Programm, die Schwachstellen des Vorschlages herauszupicken, erzeugt wiederum andere Resultate.

Programmierung ist nun der Prozeß, die für das Teamziel notwendigen Ressourcen so zu kombinieren, daß das Ziel mit möglichst wenig Aufwand erreicht wird. In diesem Sinne können vorhandene Programme auch als Ressourcen verstanden werden. Sie sind auch „Modelle" für Erfolg, die in das zukünftige Teamziel eingebaut werden können. Störprogramme sind solche, die Resultate erzielen, die dem Teamziel abträglich sind, wie zum Beispiel Konflikte (= Programme), die die Beziehungsstruktur eines Teams gefährden oder zerstört haben (siehe: Metaprogramm Balance).

Coaching in der Form des TRP läßt sich auf folgende Formel bringen:

1. Der Coach nimmt einen Problemzustand oder „Ist-Zustand" wahr.

2. Er orientiert sich an dem „Zielzustand", den er mit dem Team erarbeitet und vereinbart hat und der im Team repräsentiert wurde.

3. Er kombiniert die Ressourcen im Team so, daß das Team sich vom Ist- zum Zielzustand bewegt (Interventionen, Methoden).

4. Er nutzt dabei vorhandene Programme oder etabliert neue,

5. und er „verankert" diese Programmierung ...

Programmierung heißt — entsprechend der Beschreibung von Programmen als festen, unbewußten oder bewußten „neurophysischen, psychischen und sozialen" Abläufen —, die Entwicklung und Verankerung von neuen Programmen für Standardsituationen im Team herzustellen.

Der Team-Coach, der „Team-Ressourcen-Programmierung TRP" beherrscht, verfügt in der Regel über eine mehrjährige Ausbildung und eine Anwendung von über 500 Tagen. In der European Academy für NLP & MORE haben wir ein entsprechendes Curriculum entwickelt. Es umfaßt neben Moderation, Trainings, Anwendung und Selbsterfahrung die komplette NLP-Ausbildung (Basis, Practitioner oder Business-Practitioner, Master und Trainer). Darin sind Co-Trainings in spezifischen Anwendungsseminaren, Einzelcoaching und Team-Coachings als Co-Coach enthalten.

6. Prozesse und Interventionen

Die typische Struktur des Erfolges beim Team-Coaching heißt:

Ist + Ressource → Ziel

Wie kompliziert es sein kann, einen Ist-Zustand ohne Energieverlust zu klären, wird oben skizziert. Das gleiche gilt für die Entwicklung gemeinsamer Ziele und deren „attraktive" Formulierung. Daß jetzt „nur" noch die notwendigen Ressourcen inklusive einer Strategie gefunden werden müssen, macht den Gesamtprozeß des Team-Coachings aus. Dabei können Modelle für erfolgreiche Teams als generalisierte Orientierung nützlich sein.

Erfolgreiche Teams haben ihre Kooperation durch verschiedene Modelle entwickelt, für die es keine zwingende Abfolge gibt, und auch die folgende Liste soll eine solche nicht suggerieren:

▶ Erfolgsteams haben eine synchrone Problemwahrnehmung. Die Abweichungen von Ist/Soll werden in gleicher Prioritätenhierarchie eingestuft;

▶ Erfolgsteams haben ihre Ziele im Konsens getroffen, gemeinsam erarbeitet und respektieren für die einzelnen Teammitglieder unterschiedliche „Zielrepräsentationen". Oft gibt es daneben einfache gemeinsame Zielrepräsentationen für das Team;

▶ Erfolgsteams haben eine an den Teamzweck gekoppelte Identität: Ihr Selbstwert wird durch ihre Rolle im Kontext und ihr subjektives Erfolgserlebnis aufgebaut, meist leiten sich daraus Werte und Glaubenssätze ab, die auch eng mit den Anreiz- und Unterstützungssystemen im Umfeld verbunden sind;

▶ Erfolgsteams haben ihre Strategien, Methoden und Fähigkeiten so aufeinander abgestimmt, daß sie in gemeinsame Prozesse, Spielregeln und Handlungen münden, die Arbeitsteilung und Kooperation verwirklichen.

Teams sind lernende Systeme. Sie sind befähigt und motiviert, Erfolgsmodelle zu reproduzieren oder zu entwickeln.

Ein erfahrener Team-Coach wird seine Intervention auf der oder den kritischen Ebenen ansetzen, die zunächst den größen Beitrag zum Teamziel versprechen. Das heißt, er hat nicht die Zeit, und er bekommt sie auch nur in seltenen Fällen zugestanden, eine „Gesamtinspektion" zu machen. Eine nützliche Hierarchie für ein schnelles Teamscreening ist gerade deshalb wichtig. Hierzu eignen sich die bereits erwähnten logischen Ebenen von Gregory Bateson.

1. Rolle, Fremddefinition, Umfeld, Vision

2. Ziele und Identität, Selbstdefinition, Mission

3. Werte und Glaubenssysteme, Motivation

4. Fähigkeiten, Kompetenzen, Strategien

5. Verhalten, Prozesse, Operationen

Symptome für Funktionseinschränkungen, Schwierigkeiten oder Konflikte können sich auf alle Ebenen beziehen. Sie äußern sich in den genannten Erscheinungsformen primär als Verhalten.

Team-Coaching auf mehreren Ebenen

Teams äußern sich durch Ergebnisse – Ergebnisse werden erzielt durch Verhalten. Damit Verhalten entstehen kann, müssen die dafür notwendigen Fähigkeiten, der Wille, die Existenz des Teams und eine unterstützende Umwelt vorausgesetzt werden. So präsentiert sich zum Beispiel eine Ingenieur-Abteilung durch die Zahl der Verbesserungen, ausgedrückt durch die Zahl von Patenten, die in einem Jahr angemeldet werden. Ihr kreatives Verhalten erweist sich bei näherem Hinsehen nicht als Teamverhalten, sondern als Einzelergebnis eines Teammitgliedes, während die anderen Teammitglieder Null Patente haben. Das Coaching klärt zunächst, ob der kreative Output additiv aus Einzelleistungen oder als Teamsynergie entstehen kann.

Da beides zutrifft, werden die Team*fähigkeiten* beziehungsweise *-strategien* untersucht, die zu Ergebnissen führen sollen: Es zeigt sich, daß auf der Ebene der Fähigkeiten zum Teil kontraproduktive Routinen eingefahren sind, die auch mit der Dominanz des alleinigen Patenthalters (gleichzeitig Abteilungsleiter) zu tun haben. Er versucht nämlich, ständig den anderen vorzuschreiben, was und wie sie es tun sollen. Daß er gelegentlich selbst dabei Erfolg hat, bestätigt ihn in seinem Tun. Tatsächlich aber (auf der nonverbalen Ebene) vermittelt er den Kollegen, daß er sie für unfähig hält, Ideen und Lösungen zustande zu bringen.

Das vermeintliche Problem der kontraproduktiven Fähigkeiten/Strategien liegt also tatsächlich auf einer höheren, nämlich der *Glaubensebene*. Es äußert sich in entsprechenden Glaubenssätzen, wie zum Beispiel:

- Patenthalter: „Ich habe alles, was ich brauche, um meine Ideen zu verwirklichen";
- andere: „Wenn ich eine Idee habe, bekomme ich ohnehin nicht die Unterstützung, sie zu realisieren" usw.

Es handelt sich bei diesen und anderen Glaubenssätzen um eine systematische Barriere, nicht primär um individuelle Widersprüche zum Umfeld. Die Organisation hatte nämlich dieser Ingenieur-Abteilung eine neue anspruchvolle Rolle gegeben, die auch von den einzelnen Ingenieuren verstanden, akzeptiert und identifiziert wurde (Sachziele). Die Identität der Abteilungen konnte sich aber nicht entwickeln und beweisen und wurde überdies vom Abteilungsleiter ständig in Frage gestellt: „Wenn wir keine Patente haben, lösen die (Organisation) unsere Abteilung eh auf."

Die Überprüfung der Glaubenssätze über die Organisation ergibt, daß keinerlei Einschränkungen in den Mitteln existierten. Genau das Gegenteil trifft zu: Die Mittel würden großzügig sein, wenn überzeugende Lösungen geboten würden. Von Auflösung der Abteilung kann auch keine Rede sein. Die Umwelt stellt damit für das Team eine günstige Voraussetzung dar.

Nach dieser dargestellten Analyse läßt sich der Schwerpunkt der TRP auf der Glaubensebene identifizieren. Gleichzeitig wird ein Einzelcoaching mit dem Abteilungsleiter erforderlich, um parallel zu verhindern, daß er die Intervention (unbewußt) boykottiert.

Team-Ressourcen-Programmierung muß auf der höchsten „Problemebene" ansetzen, wenn sie Erfolg haben soll. Eine Intervention auf der Identitätsebene wird nicht erfolgreich sein, wenn die Umwelt, von der die Abteilung ein Teil ist, nicht unterstützend, sondern behindernd ist. In unserem Beispiel der Ingenieur-Abteilung ist es genau umgekehrt: Die Organisation, von der sie ein Teil ist, wollte nicht nur eine solche Abteilung, sie erhoffte und forderte geradezu Ergebnisse/Innovation bis hin zu großzügigen Anreizen. Eine Intervention im Umfeld ist von daher nicht erforderlich. Allerdings kann die Wahrnehmung der Umwelt durch die Ingenieure verbessert werden.

Diese Auseinandersetzung mit den Zielen der Organisation in bezug auf die Abteilung ist Teil des Prozesses, die Abteilungsidentität abzusichern. Hier hilft eine Bewußtmachung im Team und die Schärfung der Wahrnehmung der Signale im Umfeld. Dabei ist es nützlich, die Ergebnisparameter der Organisation zu klären, nach denen der Output der Ingenieur-Abteilung bewertet wird. Das Selbstbewußtsein beziehungsweise die Identität wird sichtbar gestärkt, als sich herausstellt, daß Verbesserungen den Produktionsprozeß jeder Art fördern und geschätzt werden – nicht unbedingt Patente.

Die entscheidende Intervention findet somit auf der Glaubensebene statt. Die limitierenden Glaubenssätze und deren ständige Verstärkung durch den erfolgreichen Abteilungsleiter aufzubrechen bedeutete:

Erstens muß sich das negative Muster des Abteilungsleiters in eine positive, unterstützende Erwartung verändern.

Zweitens sind die limitierenden Vorstellungen jedes einzelnen aufzubrechen und individuelle Strategien aufzubauen, die Rückfälle weitgehend ausschließen.

Drittens wird ein Kreativitätsseminar durchgeführt, nicht primär um Kreativitätstechniken zu trainieren, sondern um an konkreten Fällen nachzuweisen, daß durch Gruppensynergien neue Lösungen möglich sind, und um einige für diesen Glauben unterstützende Fähigkeiten einzubeziehen. Dies gelingt nicht ganz, da die alten Interventionen des Abteilungsleiters wieder durchbrechen, so daß sein neues Verhalten (Glaubensänderung – Fähigkeitsänderung) erst stabilisiert und geankert werden muß.

Es wird aus diesem Beispiel verständlich, daß Interventionen auf der Verhaltensebene, zum Beispiel durch Aktionspläne, Absprachen oder Commitments, nicht helfen, wenn die Fähigkeit nicht vorhanden ist. Diese kann nur aufgebaut werden, wenn der Glauben daran (Motivation) gegeben ist, und was ein Team glaubt beziehungsweise motiviert, hängt von seiner Identität, seinem Selbstverständnis und seiner Rollendefinition ab. Diese wird weitgehend durch die Umwelt, das Unternehmen etc. bestimmt.

Für den Erfolg des Team-Coachings ist die genaue Analyse der Interventionsebene kritisch. Sie bestimmt auch das jeweilige Instrumentarium der Interventionen. Wichtig ist dabei, daß Teamstörungen/-leistungen auf der Verhaltensebene beobachtet, aber auf anderen Ebenen beeinflußt werden. Die Interventionen auf der Verhaltensebene stellen die einfachsten Übungen dar, sind dabei auch nur selten Coaching-Fälle, weil die Teams so etwas selbst regeln können.

Sach-/Beziehungsbereich

Es ist nützlich, zwischen Sach- und Inhaltsbereichen einerseits und den Beziehungsbereichen andererseits zu trennen, wenn Symptome für Probleme oder Konflikte im Team erkannt und beseitigt werden sollen. Wir machen im TRP die Unterscheidung auch begrifflich. Unterschiede auf der Sach- und Inhaltsebene bezeichnen wir als Sachprobleme, Differenzen auf der Beziehungsebene als Konflikt. Dieses vereinfachte Modell erlaubt nicht nur die Differenzierung nach Ebenen, sondern auch nach Art der Teamstörung, was für die Wahl der Intervention eine kritisch wichtige Voraussetzung ist.

Eine Differenz über das Ziel des Teams kann zum einen auch bedeuten, daß es sich um ein inhaltliches Problem handelt, es kann sich aber zum anderen dahinter ein Beziehungskonflikt verbergen. Beides läßt sich voneinander trennen, und beides muß auch getrennt werden, denn eine inhaltliche Übereinkunft läßt sich meist schneller erzielen als ein Beziehungskonflikt lösen. Dementsprechend erhöht sich die Zahl der Interventionsfelder wie auf der folgenden Seite dargestellt.

Ebenen	Bereiche	
	Inhalt	Beziehung
Umwelt, Kontext	die Teamrolle im Kontext, die Priorität des Teamzieles (zum Beispiel Aufgabenrahmen neu definieren)	das Sozialgeflecht des Teams im Unternehmen (zum Beispiel Mechanismen der Netzwerkorganisation etablieren)
Identität/ Rolle, Mission	das Teamziel/die Aufgabe die Wahrnehmung der Priorität des Teamzieles (neue Aufgabe, Rolle, Auftrag spezifizieren)	die Teamverbundenheit, das Synergiebewußtsein, der Selbstwert des Teams, Akzeptanz innen + außen (zum Beispiel Identitätsprozesse)
Glauben/ Anreiz	die Arbeit das Vertrauen in die Sachkompetenz des anderen (Experten von außen als advisary board)	Zugehörigkeit das Vertrauen in die Beziehungs-, menschliche Kompetenz (zum Beispiel Camp- oder Überlebens- training)
Fähigkeit	die Fachkompetenz, Lösungs-, Strategiemethodik (Benchmarking, neue Strategie)	die Strategie der Zusammenarbeit,Prozesse (zum Beispiel Prozesse und Abläufe standardisieren)
Verhalten	die Lösung von Aufgaben Aktionsplänen (operative Funktionen neu regeln)	das Einhalten von Spielregeln (Normen über Spielregeln [Glaubensebene] oder Spielregeln ändern)

Interventionsfelder

Kontext: Das Team ist Teil der Umwelt

TRP beginnt ihr Screening mit einem Rollenverständnis des Teams aus seiner Zweckbestimmung durch die Umwelt, die Organisation beziehungsweise das Management: Hierzu reichen in der Regel ein oder mehrere kurze Interviews, insgesamt etwa ein Zeitaufwand von einem halben bis einem Coaching-Tag. Dadurch erhält der Coach Informationen, die er nicht im Team bekommen kann, die aber unerläßlich sind, um

- die Ziele und Erwartungen,
- die Integration,
- das Fremdbild über die Teamleistung,
- die zukünftige Weiterentwickling des Umfeldes und des Teams etc.

zu erfahren (Fremdbild des Teams).

Im Team (Selbstbild) stellen sich zuerst dieselben Fragen und erfahrungsgemäß immer (!) Abweichungen bis hin zu latenten Konfliktaufladungen oder manifesten Konflikten. Die Lösung dieser Konflikte zwischen der Ebene der Umwelt und der Ebene der Teamidentität sind für die Teamentwicklung unter Umständen überlebensnotwendig. Um so mehr muß es überraschen, daß Team-Coaching oft genau an der Stelle eine Lücke aufweist. Erste Anzeichen für Störungen zwischen diesen Ebenen sind zum Beispiel, wenn

- das Management keine Zeit hat, die Teamergebnisse zu diskutieren und/oder
- das Team die Entscheidungsschwäche des Managements beklagt,
- die Stimmigkeit zwischen Teamzielen und Umweltzielen in Frage gestellt wird.

Wenn sich das Umfeld eines Unternehmens verändert, verändert sich damit auch das Umfeld der einzelnen Teams im Unternehmen. Sie sind über Netzwerke mit der Außenwelt direkt, über die Anpassungsprozesse im Unternehmen indirekt verbunden. Da in der Regel solche Veränderungen in allen Industriezweigen schneller werden, sind Netzwerkstrukturen mit temporären Teams äußere Symptome dieser Entwicklung geworden: Sie bringen kontextabhängige Teams, Task forces, Projekt Teams usw. zum Leben, die auch wieder aufgelöst werden, wenn der Zweck erfüllt ist oder der Kontext sich ändert.

Um einer solchen „Adhocratie" Orientierung zu geben, werden neue Führungsmodelle notwendig: Unternehmen beginnen zunehmend, auf visionäre und normative Führung zu vertrauen. Traditionelle Bürokratien mit noch relativ stabilen Teams, Arbeitsgruppen und Abteilungen müssen sich zunehmend flexibilisieren. Schlanke Organisationen delegieren und reintegrieren einen Großteil der Bürokratien zurück in selbstverantwortliche Arbeitsgruppen. Sie lösen nicht nur traditionelle Machtstrukturen auf, sondern auch Anreizsysteme, die einen Teil des alten Teamkontextes darstellen. Neue Rollen und Orientierungen verlangen ebenfalls nach Referenzsystemen, die durch Visionen und neue Wertehierarchien gegeben werden können.

Teamidentität

Das Ziel des TRP sollte nie von dem Zweck des Teams getrennt werden. Das heißt, die Verwirklichung der Teamidentität hängt direkt zusammen mit der Erfüllung des Teamzwecks; Teams, die wie zum Beispiel Encounter-Gruppen das Wachstum und die Persönlichkeitsentwicklung als Zweck haben, gewinnen ihre Identität dadurch, daß sie dies leisten. Teams, die den Zweck haben, im Wettbewerb einer Sportart zu gewinnen, haben ihre Identität als Fußball-, Basketball- oder Hockey-Team. Teams, die für die erfolgreiche Führung eines Unternehmens verantwortlich sind, haben ihre Identät als Vorstand, Geschäftsführung oder Managementteam.

Die Zwecke solcher unterschiedlichen Gruppen sind nicht nur andere, auch die Werte, die Strategien und Fähigkeiten, die Mechanismen haben nur sehr wenig miteinander zu tun, auch wenn es für Teams allgemein gültige Grundprinzipien geben mag.

Befindet sich ein Managementteam in der Situation, in der bewußt oder unbewußt unterschiedliche Teamaufgabenstellungen bestehen, ist es vergleichbar einer Fußballmannschaft, in der die Hälfte auf Stürmen, die andere auf Verteidigung spielt. In extremen Fällen unterschiedlicher strategischer Ziele wäre der Vergleich mit einer Sportmannschaft angebracht, bei der die Spieler sich nicht einig sind, ob sie Roll- oder Eishockey spielen wollen.

Teamidentität und Logical Level Alignment

Verschiedene Modelle des Team-Coachings gehen ganzheitlich vor. Sie versuchen, die oberste Ebene der Teamidentität zu entwickeln, aus der sich Werte, Fähigkeiten und Verhalten letztlich ableiten (Logische Ebenen nach Bateson). Die Integration der verschiedenen Ebenen fällt leichter (Logical Level Alignment), wenn die Identität erst bewußt ist. Dazu dient der indirekte Prozeß der „Metapher", über die sich die Identitäten besser ausdrücken lassen als die sachlich nüchterne Identitätsbeschreibung.

CAMP und ganzheitliche Teamentwicklung

Ein damit vergleichbarer, aber doch anderer Prozeß der ganzheitlichen Teambildung stellt das „CAMP-Konzept" dar: Hier werden die Teams vor job- und sachfremde Aufgaben gestellt (Ziele), wie zum Beispiel eine Brücke, ein Holzhaus, einen Hochsitz zu bauen oder etwas Nützliches zur Umweltgestaltung zu tun etc. Das Ziel kann auch Überleben in Stadt, Touristik-, Wald-, Sumpf- oder Seelandschaft sein. Hier werden die Teamentwicklungen nicht systematisch entlang der logischen Ebenen, sondern so, wie sie kommen, vollzogen. Der Bau einer Brücke ist ebenfalls eine Metapher für das Team. Sie wird weniger von der visionären Fantasie bestimmt, wie von dem „hands on", vom Machen und Umsetzen.

Teamwerte und Glaubenssätze

Gemeinsame Werte beziehungsweise Glaubenssätze lassen sich aus den Teamzielen ableiten. Sie werden als Handlungsprinzipien dann instrumental für das Teamziel.

Für ein Fußballteam wird zum Beispiel körperliche Fitness und Leistung zum Wert, und ein Forschungsteam wird zum Beispiel Werte zwischen wissenschaftlicher Methodik und Kreativität wählen. Ist trotz gemeinsamer Zielsetzung keine gemeinsame Wertestruktur vorhanden, zum Beispiel wie und welche Bedingungen zu schaffen sind, um das Ziel zu erreichen, dann wirkt sich das unmittelbar auf die Teammotivation aus. Konfligierende Glaubenssätze machen Teams genauso schizoid wie Einzelpersonen und entsprechend uneffektiv. Sie sind bei einseitiger Machtausübung demotiviert. Die unterschiedlichen Glaubenssätze stellen jedoch eine wichtige Ressource für Synergien im Team dar. Ihre Vereinigung führt in der Regel zu neuen Erkenntnissen und Leistungen. Was Teams glauben und was sie motiviert, das aktiviert ihre Fähigkeiten beziehungsweise ihren Zugang zu der erforderlichen Expertise.

Solche Widersprüche aufzudecken, ist nicht so einfach, weil in Managementteams auch Spiele (Berne) gespielt werden, bei denen Offenheit nicht praktiziert wird. Die Beziehungen haben Muster entwickelt, nach denen zum Beispiel Ziel- oder Entscheidungsprozesse ablaufen. Solche Muster haben Tendenzen, sich zu stabilisieren. Der Coach kann in solchen Fällen „upchunken" zu allgemeineren Werten und Zielen, um die gemeinsame Basis auszutesten, und von dort wieder „downchunken", um die Ebene zu erkunden, auf der die Differenzen beginnen.

Wertehierarchien in Teams ändern sich im Zeitablauf, im Wettbewerb, im Umfeld. In flachen Hierarchien mit zunehmender Delegation wird zum Beispiel der Wert „Vertrauen" wichtiger. In Bürokratien bleibt „Kontrolle" ein hoher Wert. Neue Begriffe signalisieren Veränderungen in der Wertstruktur im Management und in Netzwerken: „Entrepreneurship/Internes Unternehmertum", „TQM-Total Quality Management", „Championship" etc. Auch alte Begriffe, die häufiger genannt werden, deuten auf Veränderungen: Zeit, Selbstverantwortung, Netzwerke, Kooperation usw.

Sind Werte für Teams generalisierbar? Sicher nicht. Für Kooperation und Umgang miteinander aber lassen sich solche Werte immer wieder ganz oben in der Hierarchie finden: Offenheit, Wahrheit, Vertrauen usw. Für die Beziehungen im Team, die Kooperation und den Umgang miteinander wird „Vertrauen" zum Schlüsselbegriff. Es wünschen sich alle Teams, und wenige wissen Vertrauen aufzubauen. Hierzu stehen dem Coach inzwischen Modelle zur Verfügung, die er installieren kann:

- Rapporttechniken des NLP
- DR.-KASSIS-Modell
- Kongruenz, Logical Level Alignment
- 6 KWO (als Abküzung für Kontakt, Kommunikation, Kontinuität, Kongruenz, Klarheit, Konsistenz, Wahrheit, Offenheit)

Teamfähigkeiten und Teamstrategien

Es bilden sich bei funktionierenden Teams Strukturen und Funktionen zur Steuerung (Macht), Kooperation (Arbeitsteilung und Zusammenarbeit) und Leistung (Aufgabenerfüllung) der Teams heraus, für die sich ein Optimum ausbalanciert. Störungen in diesem Dreiecksverhältnis wirken sich nachteilig auf das Teamergebnis aus. Wir nennen diese Mechanismen „Strategien", nach denen Teams funktionieren, wenn sie stabile Fähigkeiten oder Muster darstellen. Strategien für Teams können sich inhaltlich auf die Wege, Schritte, Prioritäten und das sich daraus ergebende Programm beziehen. In diesem Sinne verwenden wir die Begriffe Projektstrategie, Abteilungsstrategie usw. Diese binden die Expertise, Fähigkeiten im Team, wie extern in methodische Systeme und Prozesse ein, die als Ganzheiten Strategien sind.

In Fallstudien wird nachvollziehbar, daß inhaltliche Strategieprozesse teambildende Effekte der Orientierung, Rollendefinierung,

Strukturierung und Veränderung haben. Insoweit wirkt die Abteilungsstrategie auch in die eigene Identität, die sie neu auffüllt.

Die Teamstrategien können sich auf Teamprozesse selbst beziehen: den Ablauf der Schritte, zum Beispiel bei Entscheidungen, Problemlösungen, Kreativität. Auch hierbei handelt es sich um Methoden, Techniken, die aber weitgehend unabhängig von den Inhalten des Teams sind. Sie können unter anderem

- Ressourcen freisetzen und kontinuieren
- Konflikte unterbrechen und verändern
- Programme (auch Strategien) mit nicht erwünschten Resultaten, identifizieren und verändern

Wir sprechen hier von Entscheidungsfindung, Zielfindung, Problemlösung, Kreativität, Projektabläufen, Teamsteuerung usw. Wollten wir den Versuch machen,das Team-Coaching nur auf die Etablierung von Teamstrategien und -fähigkeiten einzuengen, wäre das eine zu starke Begrenzung; denn die primäre Stoßrichtung der Strategie kann Veränderungen der Identität oder im Wertesystem auslösen, ohne die die Strategieveränderung auch nicht klappte. Daß sich alle diese Modelle unmittelbar in teilweise neuem Verhalten niederschlagen, sei erwähnt, weil auch hier die Grenzen im Coaching fließend sind.

Management by Body

Jeden Monat tagte das „Operations Committee (OC)". Ich hatte als Berater das Recht, an diesen Sitzungen ein Jahr lang teilzunehmen. Das für mich erste OC dieses Unternehmens verlief in einer offenen, teilweise humorvollen und kreativen Atmosphäre. Es wurden auch schwierige Themen mit viel Esprit und Ideenreichtum behandelt.

Ich bildete mir damals noch ein, daß dieser Verlauf auch mit mir zu tun hat. Um so mehr wunderte ich mich beim zweiten OC. Ich setzte mich mit einer positiven Erwartung an den riesigen Konferenztisch, begann aber gleich zu Beginn ein

Unwohlsein zu spüren, und tatsächlich lief alles anders. Es begann mit einem verhältnismäßig langen Schweigen, währenddessen die meisten in ihren Unterlagen blätterten. Der Chef – nennen wir ihn Mike – eröffnete schließlich seinen Bericht zur Geschäftslage, präsentierte sich dabei als komplett anderer Mensch als beim ersten OC, sein Körper war nach vorne gebeugt, seine Mundwinkel unsymmetrisch nach unten gezogen, seine Augen stierten zwei Fuß vor ihm auf die Tischplatte. Sein ohnehin schon leicht nach hinten fallendes Kinn schien noch mehr zurückgenommen. Er sprach mit unterdrückter Stimme. Da ich mich zu diesem Zeitpunkt mit NLP beschäftigte und Feinwahrnehmung trainierte, wurde mir noch einiges mehr deutlich: Mike war in einem Problemzustand, wie ihn Bandler und Grinder nicht besser beschreiben konnten – Körper – Augen – Stimme – Atmung, alles paßte zusammen.

Das eigentlich Faszinierende an dieser Beobachtung war für mich die Reaktion der anderen. Sie spiegelten Mike nahezu vollständig wider. Sie saßen nach vorne gebeugt, einige in Richtung Mike verdreht, andere zum Tisch. Die, die zunächst nicht so saßen, nahmen in dem Moment Mikes Haltung an, wenn sie zu sprechen hatten. Da ich nicht an Zufall glaubte, machte ich mir Notizen, um die Konsistenz meiner Beobachtungen zu prüfen. Wie sich später bei weiteren OC herausstellte, war es auch kein Zufall. Die OC-Mitglieder veränderten ihre Körperhaltung in dem Augenblick, als sie Mike eintreten sahen. Das Ganze lief nicht einmal nur unbewußt ab. Einer sagte nur: *„Look at him"* und nahm seine Spiegelhaltung ein.

Der eigentliche Unterschied in solchen Sitzungen war aber das Ergebnis: Kaum Entscheidungen, wenn überhaupt, wenig Vorschläge, keine gute Stimmung.

Ich hatte das Gefühl, keiner wollte sich exponieren, aber es war weniger Kalkül als ein sich wie ein Virus verbreitender Problemzustand des ganzen OC. Die Resultate solcher Sitzungen ließen sich auch aus den Protokollen vergleichen. Es wurden mehr Probleme gewälzt, in der Vergangenheit gerührt, direkt beschuldigend gefragt usw. Die Denkstrukturen hatten sich verändert, und das alles in den wenigen Sekunden nach dem ersten Blick auf Mike. Und Mike und den anderen war nicht bewußt, wie stark die Resultate ihrer OC-Teamsitzungen von Mikes Körpersprache abhingen.

Teamverhalten

Auf der Verhaltensebene (Aktionspläne/Handlungen) äußern sich alle „vorgelagerten" Ebenen. Ein konkretes Verhalten zu verändern, kann von daher eine Intervention auf der Ebene des Verhaltens beinhalten. Üblicherweise werden solche Veränderungen durch Aktionspläne bewirkt, auf die sich die Teams einigen.

Oft werden davon aber große Teile nicht geleistet, was seinen Grund darin hat, daß die Handlungen in dem Aktionsplan nicht in Einklang mit den höheren Ebenen sind. Verhaltensinterventionen sind also fast nie allein ausreichend. So wird zum Beispiel der Team-Coach, der nicht eingehaltene Aktionspläne feststellt, zunächst die Ebene höher checken, nämlich die Strategie (die die Auswahl der Maßnahmen bestimmt oder der Fähigkeiten, die wiederum bestimmen, ob der Verantwortliche überhaupt das, was er leisten soll, auch leisten kann).

Umfeld

Schließlich wird das äußere Umfeld für Teamarbeit wichtig. Welchen Raum, welche Tische, welche Technik schafft welche Bedingungen, auf die das Team reagiert? Wann gibt es welche Pausen? Wann wird was in welchem Umfeld gemacht?
Trainingsgruppen haben es leichter, da sie meist außer Haus stattfinden, so daß man das Umfeld auswählen kann.

Veränderungen zur Teamarbeit in Unternehmen stoßen oft auf feste Gemäuer, die wie Festungen oder Gefängnisse gebaut sind (und gelegentlich unter Denkmalschutz stehen). Hier wird es schwer, Teams im Alltag leben zu lassen. Die neue kommunikationsfreundliche Architektur, die Netzwerke fördert, Kooperation erleichtert und Teamarbeit so erlaubt, daß sie nicht zur Sonderveranstaltung degeneriert, diese Architektur wird erst mal hauptsächlich verlangt. Wenn gebaut wird, entscheiden oft die Ingenieure aus den Bauabteilungen. Dort gibt es kaum „Human Engineers".

Team-Coaching als Mehr-Ebenen-Aufgabe

Team-Coaching ist fast nie beschränkt auf eine Ebene, selbst wenn die einzelnen Interventionen als Beispiele für Arbeit auf der jeweiligen Ebene dargestellt würden.

Der Team-Coach wird seine Aktivitäten, Prozesse und Interventionen auch nicht unbedingt ebenenspezifisch orientieren. Er wird nur auf die höchste Ebene gehen, die jeweils wichtig ist, um den gewünschten Effekt zu erzielen. Manchmal reicht es schon, die Tische und Stühle anders zu stellen, und manchmal reicht es nicht aus, die Identitätsebene zu verändern, weil die Umwelt das zum Beispiel nicht zuließe.

Vision, Mission, Sozioethik:

Steuerung von Teams in Netzwerken

Josef Schmelzer

1. Teamsteuerung

Der klassische Vorgesetzte hat kein Problem damit. „Ich steuere mein Team. Mit jedem Mitarbeiter führe ich regelmäßige Zielgespräche, und ich spare auch nicht mit Lob. Schließlich weiß ich, wie wichtig Motivation ist." So oder ähnlich mag seine Stellungnahme lauten. Wir sagen nicht, daß das falsch sei. Sondern wir sprechen von etwas anderem.

Das Führen eines Teams auf die beschriebene Weise ist die Führung von Mitarbeitern. Wir aber sprechen hier von dem Steuern von Teams.

Ein erster Unterschied zwischen Mitarbeiterführung und Teamführung besteht darin, daß bei Mitarbeiterführung die Menschen in fremdorganisierten Kontexten arbeiten (in denen sie je nach Firmenkultur und Führungsstil engere oder weitere Freiheitsgrade haben). Ein zweiter Unterschied besteht darin, daß bei Mitarbeiterführung explizit oder implizit mit individuellen Zielvorgaben gearbeitet wird, bei Teamführung allenfalls mit Teamzielen. Ein dritter Unterschied ist, daß bei Mitarbeiterführung das Team als Abteilung im Unternehmen behandelt wird, bei Teamführung aber als Unternehmen im Unternehmen (Intrapreneurship).

Will man unternehmerische Teams im Unternehmen steuern, ist ein wesentliches Prinzip das der Selbstverantwortung der Teams und Akteure. Ohne Selbstverantwortung und die zu ihr gehörende Freiheit wird das unternehmerische Prinzip nicht greifen können.

Wie aber kann man dann noch Teams steuern, wenn deren Selbstverantwortung und Freiheit jedem steuernden Eingriff von oben entgegenstehen? Wird ein solches Gebilde nicht unweigerlich in Chaos und Ineffizienz versinken? Werden das Lernen und Umsetzen neuer Inhalte nicht durch das unkoordinierte Nebeneinander selbstverantwortlicher freier Teams verhindert?

Wenn Teamsteuerung trotz dieser Bedenken möglich wäre, wie müßte sie dann aussehen, damit sie überhaupt funktionieren könnte? Was müßte ich als Teamsteuerer tun?

Wenn ich dem einzelnen Team nicht mehr sagen kann, was es tun soll, dann besteht meine einzige Chance in der Teamführung darin, solche Rahmen zu schaffen, daß das Team die Ziele möglichst aus eigenem Streben heraus erreichen will. Und das für eine ganze Schar von Teams. Gleichzeitig.

Dazu müssen die Handlungsenergien, Willensenergien und Sinnsehnsüchte der Mitarbeiter in den Teams geweckt, kultiviert und harmonisiert werden. Identifikation, Selbstwert, Motivation, Leistungswille, Arbeitsfreude, Wir-Bewußtsein sind angestrebte Resultate.

Wie weckt, kultiviert und harmonisiert man Handlungsenergien, Willensenergien und Sinnsehnsüchte der Mitarbeiter? Durch Vision, Mission und Sozioethik, umgesetzt in intelligente Team-Anreizkonzepte.

Teamsteuerung ist, das wird jetzt schon erkennbar, keine rein logische Disziplin, sondern auch in hohem Maße eine kreative Kunst! Eine Kunst übrigens, die bisher keiner von uns in den Betriebswirtschaftskursen auf den Universitäten lernen konnte, sondern die wir in weiten Teilen selbst erfinden und entwickeln müssen.

Das Team bewegt sich in einem Kontext von wirtschaftlicher, ethischer und emotionaler Wertschöpfung, die sowohl nach innen wie auch nach außen wirken und sich gegenseitig verstärken (vgl. Buchner/Schmelzer, 1994).

Um diese Kunst (die nach dem gegenwärtigen Wissensstand die höchste Stufe des Management darstellt!) dem psychologisch oder betriebswirtschaftlich geschulten Manager zu erläutern, greifen wir zu einem Modell.

Wir denken uns ein Unternehmen als eine Pyramide, die aus verschiedenen Ebenen besteht. (Diese Modellmetapher ist den meisten schon bekannt, zum Beispiel die Maslowsche Bedürfnispyramide.) Als Ebenen definieren wir von oben nach unten:

1. Werte/Identität
2. Glauben
3. Fähigkeiten
4. Strategien
5. Verhalten/Maßnahmen
6. Ergebnisse

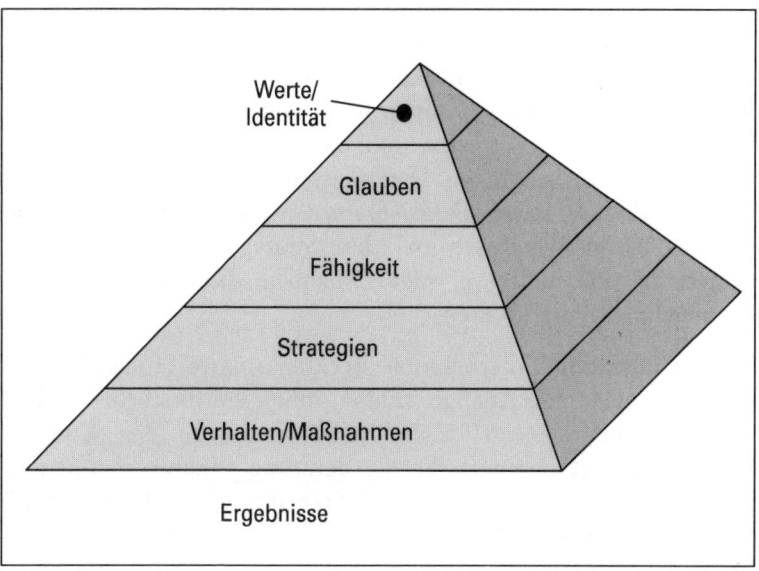

Diese Ebenen bedingen einander in folgender Weise:

5 → 6:   Mein Verhalten/Handeln bewirkt die Ergebnisse.
4 → 5:   Meine Strategie bedingt, welche Handlungen für mich sinnvoll sind.
3 → 4:   Meine Fähigkeiten bedingen, welche Strategien für mich sinnvoll sind.
2 → 3:   Mein Glauben bedingt, welche Fähigkeiten ich entwickle.
1 → 2:   Meine Werte bedingen, für welches Glaubenssystem ich mich entscheide.

Denken wir uns diese Pyramide als dreieckig, dann gibt es drei Linien, die von der Spitze zur Basis führen. An die eine Linie schreiben wir „innen", an die andere „außen" und an die dritte „Zukunft". (Wir können uns auch vorstellen, daß diese drei Linien unterschiedliche Farben haben, zum Beispiel gelb, blau und rot.)

Die meisten Manager kennen aus Erfahrung oder aus der Literatur die Entwicklung, die in den fünfziger und verstärkt in den sechziger Jahren mit der Anwendung von Strategie-Konzepten in den Unternehmen einsetzte. Einerseits brachte die Strategie nichts Neues. Es war nichts in ihr, was ein erfolgreicher Unternehmensleiter nicht auch schon vorher getan hätte. Andererseits wurde der Schwerpunkt der Betrachtungen doch von der Ebene der erfolgreichen Maßnahmen um eine Stufe nach oben gehoben und erfuhr vielfältige Formalisierungen. Den meisten bekannt ist zum Beispiel die Vier-Felder-Matrix (Dogs, Stars, Cash-Cows und Question Marks). Es handelte sich bei den Strategie-Instrumenten um analytische und andere geistige Prinzipien, die eine erstaunliche Überlegenheit entwickelten.

Junge Consulting-Unternehmen steckten smarte Hochschul-Absolventen in dunkle Anzüge, zahlten ihnen ein fürstliches Gehalt und schickten sie mit diesen Instrumenten zu den Kunden. Diejenigen Unternehmen, die die Beratung annahmen und umsetzten, ließen die anderen weit hinter sich. Diese Beobachtung begründete einen ersten Boom des Consulting. Dessen Kern: das Erkennen und Einsetzen neuer überlegener geistiger Prinzipien. Man steuerte im Strategie-Prozeß nicht mehr die Operation direkt, sondern nur noch indirekt, zum Beispiel über die Instrumente der Strategischen Erfolgsfaktoren (SEF), die auch als Kriterium für das intelligente Zusammenfassen von Geschäften in organisatorischen Einheiten genommen wurde.

Wer sich das Vergnügen gönnt und einmal in den Management-Artikeln der sechziger und siebziger Jahre blättert, wird eine interessante Entdeckung machen. Manager, die nach den Ursachen ihrer Erfolgsstories gefragt wurden, nannten: Strategien.

Heute ist mit Strategien nur noch seltener ein entscheidender Vorsprung zu erreichen, weil das Instrument Strategie generisch angewendet wird, also auch von den Wettbewerbern. Durch analytisch arbeitende Consultants sind Vorsprünge kaum noch zu schaffen, allenfalls durch überlegene Kreativität im Strategie-Prozeß.

Kehren wir zurück zu unserer Pyramide und schneiden wir die Ebene Strategie heraus. Wir haben jetzt ein Dreieck mit einem gelben, blauen und roten Eckpunkt. An den „Innen"-Eckpunkt schreiben wir „Ressourcen", an den „Außen"-Eckpunkt schreiben wir „Markt", und an den „Zukunft"-Eckpunkt schreiben wir „Ziel". Jetzt haben wir das klassische Strategie-Dreieck. Und der strategische Plan, das Ergebnis der Strategie-Arbeit, ist die Integration von Ressourcen-Analyse, Marktanalyse und Zielfindung zu einem stimmigen Gesamtkonzept.

Wenn wir uns nun die oberste Ebene der Pyramide anschauen, was würde dann auf der Werte- und Identitätsebene den Kategorien innen, außen und Zukunft entsprechen?

Gibt es so etwas überhaupt? Hat das überhaupt etwas mit Management und Praxis zu tun?

Ist das nicht alles viel zu wolkig und zu blumig, viel zu weich?

Dem kann man zustimmen. Aber was wäre, wenn die weichen Faktoren die harten Faktoren steuerten? Was wäre, wenn entscheidender Vorsprung heute in erster Linie nur noch durch geeignete Trimmung der weichen Faktoren erreichbar wäre?

Zurück zur Pyramide. Auf der Werte-Ebene lauten die Begriffe für die drei Eckpunkte: Mission, Sozioethik und Vision.

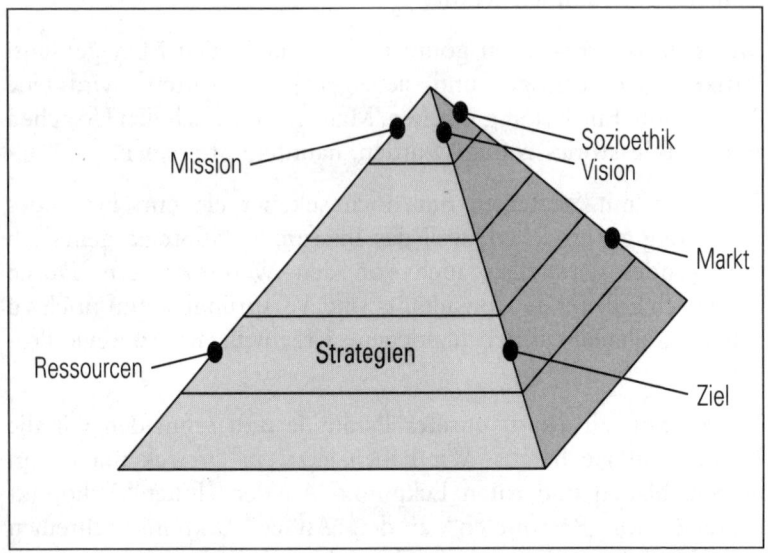

Mission bezeichnet die Werte- und Identitäts-Ressourcen, aus denen heraus das Unternehmen arbeitet. Sozioethik ist der Anspruch und Wertekontext, den die Umwelt an das Unternehmen richtet. Vision ist das Wunschbild der zukünftigen Identität.

Die Teamsteuerung eines Unternehmens durch Integration von Vision, Mission, Sozioethik ist also die indirekteste und zugleich höchste und umfassendste Form der Einflußnahme.

So, wie jede Inkongruenz oder Disharmonie zwischen Ziel, Ressourcen und Markt einen strategischen Plan behindert oder undurchführbar macht, so zahlt ein Unternehmen für jede Inkongruenz zwischen Vision, Mission und Sozioethik zumindest einen Preis in Form von hinderlichen Reibungsverlusten.

Einmal angenommen, es gäbe wirklich so etwas wie die Integration von Vision, Mission, Sozioethik für ein Unternehmen und seine Teams – das könnte doch gar nicht funktionieren. Die Teams müßten doch ganz verschiedene Visionen und Missionen haben (wenn sie auch auf den gleichen oder nahezu gleichen sozioethischen Kontext treffen). Ein Verkaufsteam oder ein Forscherteam oder ein Produktionsteam (einmal unterstellt, daß es diese Teilung im Unternehmen – noch – gibt) müßte doch ganz verschiedene Visionen haben. Also geht das Konzept am Ende doch nicht auf. Das klingt plausibel.

Eine weitere Analogie mag die Funktion von Vision, Mission, Sozioethik veranschaulichen und zugleich eine Antwort geben: die des genetischen Codes. Eine Zelle in Ihrem linken Nasenflügel und eine Zelle in Ihrer Leber haben den gleichen genetischen Code – obwohl ihre Funktionen vielleicht so unterschiedlich sind wie die eines Forschers und eines Verkäufers in einem Unternehmen. So können das Forscher- und das Verkäuferteam den gleichen „genetischen Code" in Form von Vision und Mission haben und kennen.

Wie funktioniert das in der Praxis? Die Leberzelle weiß, daß sie keine Nasenflügel-Zelle ist, und sie verwertet einen anderen, für ihre Rolle relevanten Musterteil des genetischen Codes. Die Zellen „wissen" um ihre unterschiedlichen Aufgaben und handeln danach – im Rahmen des gemeinsamen genetischen Codes.

Hier endet auch die Analogie zwischen den Teams eines Unternehmens und den Zellen eines Organismus. Der genetische Code eines biologischen Organismus ist fix für die gesamte Dauer der Existenz des Organismus. Der „genetische Code" einer Organisation von Teams hingegen kann sich in der Zeit verändern und verändert sich auch tatsächlich.

In diesem Sinne haben unternehmerische Organisationen gegenüber biologischen Lebewesen potentiell grundsätzliche Flexibilitäts- und Effizienzvorteile. Diese zu realisieren bedarf einer spezifischen Vorgehensweise und Kultur.

Elemente davon sind:

- ▶ Wecken und Kultivieren von Sehnsucht nach Sinn und Innovation

- ▶ Wecken des Wir-Bewußtseins und Glaubens in die eigene Kraft

- ▶ Bereitstellen der Möglichkeiten zur Selbst-Befähigung

- ▶ Erlauben und Bereitstellen des Kontextes für Strategie-Entwicklung

- ▶ Bereitstellen des Kulturrahmens für operationale Selbstverantwortung der Teams (und ihrer Mitglieder)

Aus der Veränderungsarbeit, sowohl mit Organisationen als auch mit Individuen, gilt inzwischen als gesichertes Wissen, daß dauerhaft erfolgreiche, fundamentale Veränderungen nur dann erfolgen, wenn sie nicht nur auf der Fähigkeiten-Ebene einsetzen.

Das ist übrigens auch eine Erklärung dafür, warum Seminare, die Wissen vermitteln sollen, oftmals nur schwache und vorübergehende Wirkung für den Arbeitsalltag zeigen. Ein Problem, welches auf der Glaubensebene oder im Selbstbild begründet ist, läßt sich nicht auf der Maßnahmen- oder Strategie-Ebene lösen.

Sie werden bemerkt haben, daß die oben genannten Elemente der Umsetzung von Teamsteuerung in natürlicher Weise den Ebenen der Pyramide unseres Modells folgen.

Die Prozesse, die sich daraus für die praktische Realisierung gestalten lassen, können sehr unterschiedlich sein und hängen auch mit der Ausgangskultur, Branche und Marktsituation des Unternehmens zusammen.

Für den Manager, der von der klassischen Führung zur Teamsteuerung übergeht, ergibt sich übrigens eine interessante Konsequenz:

- ▶ Der Terminkalender entspannt sich, da der Manager sich noch stärker von der Rolle des letztverantwortlichen Obersachbearbeiters entfernt.

▶ Das Dilemma, vor lauter dringlichen Angelegenheiten nicht mehr zu den wichtigen vorstoßen zu können, findet ein Ende.

Der CEO als oberster Kulturwalter des Unternehmens ist in manchen Unternehmen keine ferne Utopie mehr. Und immer mehr Unternehmer begeben sich auf den Weg in diese Richtung und haben Erfolg damit.

Wenn es Ihnen schwerfällt, das mit dem Erfolg zu glauben, dann sammeln Sie einmal für drei Monate alle Artikel aus Wirtschaftsjournalen, in denen erfolgreiche Manager über die Gründe ihrer Erfolge befragt werden. Das Ergebnis wird aufschlußreich für Sie sein.

Teamsteuerung ist nicht mehr die Managementmethode von morgen, sondern die von heute – eher sind die anderen von gestern.

2. Konstruktionsbedingte Interessenparallelitäten

Wer Teams in einem Unternehmen steuern will, braucht ein Steuer. Mit ihm zwingt er die Teams, das zu tun, was sie tun sollen.

Wer Schafe hüten will, braucht einen Hut. Mit ihm hütet er die Schafe.

Diese beiden Doppelsätze haben vergleichbare geistige Tiefe.

Steuerung von Teams bedeutet, die Aufmerksamkeiten und Energien in Richtungen und auf Themenfelder zu fokussieren, die den Zielen des Unternehmens entgegenkommen.

Wie aber kann die Aufmerksamkeit von Teams und ihren Mitgliedern auf bestimmte Themenfelder gelenkt werden? Lassen sie sich überhaupt lenken? Wollen sie sich lenken lassen?

Gerade dann, wenn die Bedingungen des Marktes komplex, regional unterschiedlich sind und daher die konkreten Aktivitäten eines Teams kaum von einer Zentrale her mit der erforderlichen Präzision gesteuert werden können, wird das Thema Selbststeuerung von Teams aktuell.

Aber kann man Teams sich selbst steuern lassen? Sind Teams und ihre Mitglieder nicht viel zu lethargisch? Braucht man nicht gerade deswegen für Teamsteuerung viel und deutlichen Zwang?

Niemand ist lethargisch, außer bei der Verfolgung der Ziele anderer. Wer einmal erlebt hat, wie sich angeblich lethargische Angestellte nach Feierabend beim Altherrenfußball bis über die Leistungsgrenze hinaus fordern, der bekommt schnell Zweifel an der These von der Lethargie. Aber wo liegt dann der Schlüssel?

Wie zwingt mich eigentlich die Natur dazu, ausreichend viel Geschlechtsverkehr zu haben, um mich möglichst gut fortzupflanzen? Wie zwingt mich eigentlich die Natur dazu, ausreichend viel Nahrung aufzunehmen, um nicht wegen Energiemangel zu sterben? Die zwingt mich nicht, aber sie lockt mich. Durch eine würzige Mischung von Leid und Lust.

Die Natur sorgt dafür, daß ich diese Ziele zu meinen eigenen mache. Und schlagartig ist die Lethargie weg. Die Natur hat mich so konstruiert, hat dafür gesorgt, daß ihr Interesse zu meinem wird. Sie hat also eine konstruktionsbedingte Interessenparallelität geschaffen.

Die Wirkung kann optimiert werden, indem die zeitliche Verzögerung zwischen Zielerreichung beziehungsweise -verfehlung und dem Eintreten oder zumindest Sichtbarwerden von Lust beziehungsweise Leid minimiert wird.

Wer einmal an einen Swimmingpool mit jungen Männern denkt, an denen eine junge Frau im Bikini vorbeigeht, der hat sofort ein Bild der Abwesenheit von Lethargie vor Augen. Eben. Denn das Durchführen der angestrebten Handlung ist unmittelbar mit dem Eintreten von starker Lust verbunden.

Wenn Sie es schaffen, die Teams und die Teammitglieder Ihres Hauses als Unternehmer in eigener Sache durch konstruktionsbedingte Interessenparallelität ebenso effizient zu steuern, dann sind Sie ein Meister der geforderten Kunst.

Das Herstellen konstruktionsbedingter Interessenparallelitäten ist nämlich keine analytische Disziplin, sondern eine kreative Kunst. Eine, die sich auch analytischer Methoden zur Optimierung bedienen kann. Manche nützliche Ideen und Hilfsmittel kann man aus der Natur entlehnen, andere aus der Beobachtung erfolgreicher Team-Coachs im Mannschaftssport.

Mit dem Herstellen der Interessenparallelität ist das Wesentliche getan, aber noch längst nicht alles. Einiges mehr kann noch getan werden.

Ziehen wir zum Beispiel Nutzen aus den Künsten und Geheimnissen der Frauen. Sie belassen es nicht einfach dabei, Frau zu sein. Nein. Sie können sich adrett kleiden, apart frisieren, erotisch schminken, geheimnisvolle Blicke zuwerfen. Und sie können es nicht nur, sie tun es auch.

Oder ziehen wir Nutzen aus den Künsten und Geheimnissen von Team-Coachs. Sie belassen es nicht einfach dabei, daß das Team ja von sich aus gewinnen will. Sondern sie helfen dem Team und seinen einzelnen Mitgliedern, die erforderlichen Fähigkeiten zu kultivieren und weiterzuentwickeln. Sie helfen bisweilen mit bei der Optimierung der Teamformation. Sie geben dem Team zusätzliche Impulse bei der Vorbereitung auf das nächste Spiel. Sie helfen und ermutigen das Team im Zielsetzungsprozeß. Sie geben Mut und Ansporn, es nach einem mißglückten Ansatz erneut zu versuchen und nun erst recht erfolgreich zu sein. Und im entscheidenden Moment vor dem Spiel oder in der Halbzeit fällt das entscheidende Wort zur Etablierung von neuem Kampfgeist und Siegeswillen.

Das alles aber nutzt wenig, wenn die Anreize falsch gestellt sind. Der Verkaufsleiter und die Hierarchie im Unternehmen können in diesem Falle predigen und drohen. Sie werden sich die Haare raufen, und sie werden sich verschleißen. Sie werden ihren Arbeitstag zu hohem Anteil in Kontrollen und Kontrollen und Kontrollen verlieren, und sie werden es müssen. Controlling muß um so komplexer sein, je geringer die Parallelität der Interessen in der gewählten oder vorliegenden Konstruktion der Firmenstruktur und -prozesse ist. Und dennoch werden sie in vielen Fällen von den Mitarbeitern nur das Nötige erhalten und nicht das Mögliche – während in idealem Umfeld Unternehmen und Team staunend das anscheinend Unmögliche vollbringen können bei guten Coachs im Kontext konstruktionsbedingter Interessenparallelität. Und genau daran haben wir heute mehr Bedarf als je zuvor.

Wenn Sie Erfolge für wichtiger halten als gute Entschuldigungen, wenn Sie Wert legen auf eine Unternehmenskultur von Selbstverantwortung und Spaß, dann finden Sie in diesem Instrument eine direkt umsetzbare Chance für sich und für Ihr Unternehmen. Nutzen Sie diese jetzt.

Und wenn Sie das Geheimnis des angestrebten Erfolges vor dem Wettbewerb geheimhalten wollen, dann benutzen Sie doch für das Projekt einfach ein internes Codewort. Wie wäre es zum Beispiel mit „Bikini-Kultur"?

Ein Beispiel zum Konzept der konstruktionsbedingten Interessenparallelität

Zur Verdeutlichung des möglicherweise komplex erscheinenden Themas ein praktisches und einfaches Beispiel zum Konzept der konstruktionsbedingten Interessenparallelität: Ein Vertreter, der nach Umsatzprozenten bezahlt wird, wird bei dem Verkaufsleiter auch dann einen Großauftrag durchsetzen wollen, wenn der dabei zu erzielende Preis nicht einmal mehr Deckungsbeiträge für das Unternehmen liefert. Er wird argumentieren, daß es sich hier um einen Einstiegsauftrag handelt und später einmal viel Geld verdient wird. Er wird viel Zeit mit dem Verkaufsleiter verbringen und diesen am Ende vielleicht sogar hassen. Der Verkaufsleiter muß ablehnen und wird sich dem Ansinnen des Verkäufers widersetzen. Denn er muß das Unternehmen vor Verlusten bewahren. Er wird irgendwann über die Uneinsichtigkeit des Verkäufers nachhaltig verärgert sein. Jedenfalls produziert dieser Prozeß einige Reibung im Unternehmen.

Erhält der Verkäufer oder das unternehmerische Verkaufsteam hingegen einen Prozentanteil des produzierten Gewinns oder Deckungsbeitrags als Vergütung, dann wird kein Interesse am Abschluß eines defizitären Vertrages bestehen (außer, wenn wirklich der verheißene Folgeauftrag schon konkret bevorsteht). Vielmehr wird sich die Energie auf die Frage konzentrieren, wie diese im ersten Angang defizitäre Option in einen profitablen Vertrag umgewandelt werden kann (zum Beispiel durch Vereinfachung des Produktes, Verbesserung im Unternehmensprozeß etc.). Hier wird also die Energie produktiv (für das Unternehmen und für das Team!) eingesetzt.

Jetzt ist der Anreiz so konstruiert, daß Parallelität zwischen dem Interesse des Unternehmens und dem des Verkaufsteams besteht.

Literatur

BUCHNER, DIETRICH/SCHMELZER, JOSEF: Netzwerk-Organisation, Der dritte Weg zwischen Bürokratie und Chaos, in Buchner, D. (Hrsg.), NLP im Business, Wiesbaden 1994.

Teamidentitätsprozeß T.I.P.:

Das Angleichen der „Logischen Ebenen"

Sabine Placke-Braun/Martina Schmidt-Tanger

1. Funktionieren Teams?

Bei der Entwicklung oder Leitung von Teams geht es immer um mehr, als nur um bloße Entscheidungen aufgrund klarer Daten und Fakten, denn das könnte ein EDV-System besser und schneller leisten. Teams sind fester Bestandteil des Privatlebens und der Arbeitswelt, und wir wissen, daß sie mehr oder weniger effektiv sein können.

Woran liegt das?

Teams sind unverzichtbar, wenn es darum geht, innovative Ideen zu entwickeln, sie sind ein Pool von Erfahrungen, Erlebnissen, Ideen und Fähigkeiten. Sie sind aber auch das Zusammentreffen von Menschen mit unterschiedlichen Einstellungen, Werten und Persönlichkeiten. Teams können ein breites Spektrum von Ansätzen und Stilen der Problemlösung und Entscheidungsfindung bieten und die gemeinsame Entscheidungsfindung führt zur reibungsfreien Umsetzung des Geplanten.

Teams können aber auch langsam und kostspielig sein. Persönliche Bedürfnisse der Gruppenmitglieder nach Macht, Einfluß und Selbstdarstellung können die Arbeitsergebnisse stark beeinträchtigen. Teams können durch Schwerfälligkeit und überstarkes Harmoniestreben zu Konservatismus neigen, denn der kleinste gemeinsame Nenner ist nicht immer die beste Lösung. Durch Verantwortungsdiffusion (keiner ist richtig zuständig) kommt es zu riskanten Entscheidungen (riskshift) oder zum Gegenteil, zu Trägheit, Enttäuschung und Lustlosigkeit.

Oft wird bei Störungen im Arbeitsleben nicht an der richtigen Stelle nach den Ursachen geforscht. Beispielsweise wird bei Konflikten im Team oder anderen Arbeitsstörungen gern nach der Person, die „schuld ist" gesucht, von der man sich dann trennen muß, oder es werden Konflikte nach außen verlagert, indem Konkurrenzkämpfe oder mangelnde Unterstützung durch andere Teams/Gruppen/Abteilungen beklagt werden.

Statt der zeitaufwendigen und wenig effektiven Methode des Symptomkurierens ist jedoch eine systematische, ganzheitliche Sichtweise einer Gruppe ein Weg, der auf allen Ebenen Informationen berücksichtigt.

2. Das Modell der Logischen Ebenen

Als praxisrelevantes Modell für Veränderungen hat sich das Konzept der Logischen Ebenen erwiesen. Aufbauend auf Arbeiten von Bateson, der das Lernen auf fünf aufeinander aufbauenden Ebenen beschrieb, entstand ein Modell der logischen Ebenen des „Denkens und Seins", welches zur Analyse, Beschreibung und Durchführung von Veränderungsprozessen bestens geeignet ist.

Die fünf sich gegenseitig beeinflussenden und von einander abhängigen Ebenen sind die folgenden:

1 Vision/Zugehörigkeit
2 Identität
3 Werte, Einstellungen
4 Fähigkeiten
5 Verhalten

Eingebettet in einen Kontext, den wir Umwelt nennen, ist auf der untersten Ebene das Verhalten.

Es beschreibt die konkreten Aktionen eines Individuums oder eines Teams und beantwortet die Frage: Was tue ich? Was tun wir?

Die nächst höhere Ebene ist die Fähigkeitenebene auf der Verhaltensweisen als generalisiertes Potential von möglichen Denk-, Fühl- und Verhaltensstrategien zur Verfügung stehen. Während das Verhalten offensichtlich ist, ist damit noch kein Rückschluß auf die vorhandenen Fähigkeiten möglich. Viele Individuen und Teams besitzen mehr Fähigkeiten, als sie in konkreten Situationen aufzeigen.

Die Frage nach den Fähigkeiten lautet: Was kann Ich? Was können wir?

Inwieweit vorhandene Fähigkeiten eingesetzt werden, hängt von der nächsten Ebene, den Einstellungen und Werten ab. Auf dieser Ebene wird die Erlaubnis oder das Verbot für die möglichen Aktionen gegeben. Das heißt, daß sowohl erweiternde, als auch limitierende Einstellungen unsere Verhaltensweisen bestimmen. Hierbei wird die Frage gestellt: Woran glauben wir? Was ist wichtig?

Auf der Identitätsebene werden die „Kern"aussagen erarbeitet und die Frage „Wer bin ich? Wer sind wir?" wird hier beantwortet. Die Frage nach dem Sein führt dann sehr schnell auf die höchste Stufe innerhalb dieses Erklärungsmodells: die Vision, die Zugehörigkeit, das heißt die Frage: Wohin wollen wir? Was ist unsere Aufgabe, Mission?

Auf dieser Ebene geht es um Fragen nach der Zugehörigkeit und unserer Einbindung und Aufgabe.

Jede Ebene beeinflußt die darunterliegenden Ebenen. Dilts verwendet diese „Logical Levels" als „Logical Level Alignment". Es geht hierbei um die Stimmigkeit auf allen Ebenen, die eine Person ausmachen und zur Kongruenz führen.

Dieses „Alignment" verwenden wir auf der Grundlage des Neurolinguistischen Programmierens (NLP) für die Teamentwicklung. Dieser Prozeß wird im nachfolgenden Text näher erläutert.

Orange-modell

3. Veränderungen verstehen lernen

Anthropologen machen die Beobachtung, daß innerhalb einer Kultur manche Dinge leicht geändert werden, andere dagegen äußerst resistent gegenüber Innovationen sind. Mikroveränderungen werden nach einer kurzen Orientierungsphase schnell und ohne großen Widerstand in die bestehenden Arbeitsabläufe integriert und als Verbesserung oder Arbeitserleichterung akzeptiert.

Erfordert die zu implementierende Veränderung jedoch eine Einstellungsänderung oder gar ein Infragestellen der Selbstdefinition, handelt es sich um eine Makroveränderung, für die andere Bedingungen gelten.

Das Modell zeigt, auf welchen Stufen sich Makro- und Mikroveränderungen lokalisieren lassen.

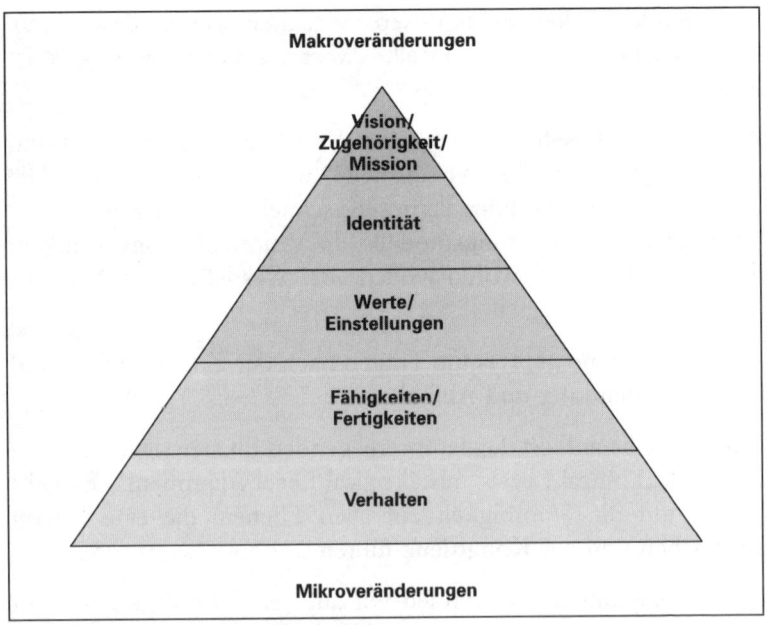

Makro- und Mikroveränderungen

Auf der Ebene der Verhaltensweisen und der Fähigkeiten sind Veränderungen relativ leicht zu erreichen, denn sie bewegen sich innerhalb der bestehenden Werte, Einstellungen und Selbstwahrnehmungen.

Wenn es um das einfache Erlernen von Verhaltensweisen, Bedienungsabläufen, Rechenvorgängen oder ähnliches geht, genügt häufig ein spezielles Fachtraining oder eine On-the-Job-Einführung der neuen Abläufe. Die Teilnahme an einem Computerkurs ist solange kein Problem, wie es jemandem nur um das Erlernen der Fähigkeit geht, einen Computer zu bedienen.

Heftigsten Widerstand erfahren jedoch alle Ideen und Vorschläge, die mit Veränderungen von Bedingungen zusammenhängen, die für „heilig" gehalten werden. Sobald der Eindruck entsteht, bevorstehende Veränderungen berühren etablierte Werte, gewohnte Einstellungen oder Selbstdefinitionen (Identität), ist mit Schwierigkeiten in Form von verdeckter Sabotage bis hin zum offenen Widerstand zu rechnen. Bedeutet zum Beispiel das Bedienen von Computern, daß die gute alte Handwerksarbeit nun nichts mehr wert ist, und damit auch bald der eigene Arbeitsplatz überflüssig wird, werden Ebenen angesprochen, die sich mit einfachem „Gutzureden" nicht mehr erreichen lassen. Die Abflachung der Hierarchien, die häufig den Wegfall von bestehenden Selbstdefinitionen mit sich bringt, zieht ungeahnte Identitätsprobleme nach sich.

Ein Meister, der auf einmal kein Meister mehr ist, geht in die innere Kündigung oder in den Widerstand, obwohl sich an seinem Arbeitsplatz und/oder der Bezahlung nichts geändert hat. „Wer sind wir denn noch", hört man häufig in solchen Fällen. Die Bedrohung von Autonomie und Sicherheit, das Infragestellen geltender Werte und der Verlust von Anerkennung und Selbstwert bilden bei den Makroveränderungen die Inhalte, mit denen sich ein Unternehmen auseinanderzusetzen hat.

Manager, die in führenden Unternehmen für Makroveränderungen verantwortlich waren oder es sind, wissen, welcher Teil des Veränderungsprozesses am einfachsten beziehungsweise am schwierigsten durchzuführen ist. Die neue Vision, die neue Philosophie ist schnell propagiert. Die dafür notwendigen Veränderungen in der Selbstdefinition der Mitarbeiter und die Schaffung der neuen Werte und Einstellungen sind dann der schwierige Teil der Aufgabe.

Um den Wandel nicht nur auf Hochglanzpapier in Form von Unternehmensleitlinien zu dokumentieren, muß es eine Verknüpfung aller Ebenen geben und die Umsetzung muß sich im Handeln eines jeden Mitarbeiters wiederfinden.

4. Der Teamidentitätsprozeß T.I.P.: Ein Team entsteht

Die „logischen Ebenen" sind insbesondere im Rahmen von Teamentwicklung und Teambildung ein wichtiges Instrumentarium. Hierbei handelt es sich sowohl um die Entwicklung und Zusammenführung neuer Teams als auch um die Stabilisierung und Festigung bereits bestehender Teams.

„Kooperation" und „Synergie" sind häufig gebrauchte Begriffe im Zusammenhang mit Teams, seien es Projektteams, Problemlösegruppen, teilautonome Arbeitsgruppen, Quality-Teams oder feststehende Arbeitsteams. Bevor jedoch Teammitglieder oder mehrere Teams miteinander kooperieren oder Synergien hervorbringen, ist es zunächst einmal wichtig, eine Standortbestimmung zu machen und ausgehend vom Ist-Zustand einen Soll-Zustand zu definieren.

Wie entsteht ein Team?

Die nachfolgenden Fragen sollten sich Teams stellen:

1. Identität: Wer sind wir als Team?

2. Vision: Wo wollen wir gemeinsam hin?

3. Werte, Einstellungen: Was ist uns wichtig? Woran glauben wir?

4. Fähigkeiten: Was können wir? Welche Fähigkeiten brauchen wir noch?

5. Verhalten: Was tun wir? Woran merken wir oder andere, daß wir unsere Ziele erreicht haben?

6. Future-Steps: Commitments!

Eine gemeinsame Identität bedeutet auch gleichzeitig eine Zugehörigkeit zum Team zu entwickeln und vom Ich zum Wir zu gelangen. Jetzt muß die Richtung festgelegt werden, das heißt: Was ist eigentlich unsere Aufgabe, und wo wollen wir gemeinsam hin? In den meisten Fällen haben Teams kurzfristige Ziele, aber keine Vorstellung davon, wofür sie ihre Kraft einsetzen, oder, noch schlimmer, jedes Teammitglied verfolgt eigene Ziele.

In diesem Falle haben Unternehmen ein Riesenglück, falls sich die Ziele einzelner zufällig mit den Zielen der Unternehmung decken. Gemeinsame Visionen bedeuten die Bündelung der Energien auf ein in die Ferne gerichtetes Ziel.

Antoine de Saint-Exupéry hat einmal gesagt: „Wenn Du ein Schiff bauen willst, so trommle nicht die Männer zusammen, um Holz zu beschaffen und Werkzeuge vorzubereiten, oder die Arbeit einzuteilen und Aufgaben zu vergeben, sondern lehre die Männer die Sehnsucht nach dem endlos weiten Meer."

Die Motivation wird gesteuert durch eine gemeinsame Vision. Gleichzeitig ist es wichtig, die Werte und Einstellungen der einzelnen zu kennen, um daraus gemeinsame Werte oder auch Spielregeln für das Team abzuleiten. Oftmals fühlen sich einzelne Personen durch Verhaltensweisen anderer brüskiert und unverstanden. Sie sehen nur das, was jemand tut oder nicht tut. Hinter jeglichem Verhalten stehen jedoch unsere Einstellungen und Werte, die unser Verhalten beeinflussen.

Gemeinsame Spielregeln tragen dazu bei, daß reibungslose Abläufe ermöglicht und somit Energien auch wirklich konstruktiv eingesetzt werden können. Um die Leistungsfähigkeit von Teams einschätzen zu können, muß klar sein, welche Fähigkeiten und Fertigkeiten einzelne und auch das gesamte Team besitzen. Hier geht es insbesondere darum, Potentiale zu entwickeln oder eventuell bis jetzt brachliegende Potentiale voll auszuschöpfen. Eine weitere wichtige Frage ist die Frage nach dem Verhalten beziehungsweise nach konkreten Aktionen. Woran erkennt der einzelne, das komplette Team oder auch Außenstehende, wie erfolgreich ein Team ist? Dieses ist nur über gezeigtes Verhalten möglich, das heißt, hier wird die Effizienz und Effektivität eines Teams deutlich. Nur was ich sehen, hören und fühlen kann, mit meinen Sinnen erfahren kann, bietet mir ein Überprüfungskriterium.

Wichtig ist, daß sogenannte Future Steps formuliert werden. Das sind Commitments, die von jedem einzelnen Teammitglied abgegeben werden. Die Commitments werden auf Wohlgeformtheit überprüft, das heißt, sie müssen folgenden Kriterien genügen:

- sinnesspezifisch
- positiv formuliert
- eigeninitiativ erreichbar
- kontextabhängig und
- intentionserhaltend

Hiermit wird der Prozeß überprüfbar und nachfolgende Aktionen können darauf aufbauend geschaltet werden. So entstehen Teams!

5. Ablaufplan zum Teamidentitätsprozeß T.I.P.

Funktionierende Teams brauchen Stimmigkeit.

Die Art der Durchführung dieses Prozesses aktiviert sehr stark die Hirnprozesse der rechten Hemisphäre, die künstlerische und kreative Prozesse steuert. Den Ablauf dieses Prozesses wollen wir mit Firmenbeispielen belegen und nachvollziehbar machen. Wir laden Sie ein zu einem kreativen Prozeß, der gleichzeitig motivierend und spielerisch ist und immer meßbare und überprüfbare Resultate erzielt.

Schritt 1

Gemeinsame Identität: Wer sind wir als Team?

Zweiergruppen: Finden Sie eine gemeinsame Metapher!

Vierergruppen: Finden Sie eine gemeinsame Metapher –
kombinieren Sie beide bisherigen Metaphern,
übernehmen Sie eine der vorhandenen Metaphern,
verändern Sie eine der vorhandenen Metaphern,
erfinden Sie eine neue Metapher!

Achtergruppen: Finden Sie eine gemeinsame Metapher –
kombinieren Sie beide bisherigen Metaphern,
übernehmen Sie eine der vorhandenen Metaphern,
verändern Sie eine der vorhandenen Metaphern,
erfinden Sie eine neue Metapher!

Gesamtgruppe: Finden Sie eine gemeinsame Metapher –
kombinieren Sie beide bisherigen Metaphern,
übernehmen Sie eine der vorhandenen Metaphern,
verändern Sie eine der vorhandenen Metaphern,
erfinden Sie eine neue Metapher!

Bei diesem Schritt ist es wichtig, daß der Abstimmungsprozeß innerhalb der Gruppen solange durchgeführt wird, bis die Gruppe wirklich zu einer gemeinsamen Identität gelangt ist.

Schritt 2

Aufgabe für die Gesamtgruppe:	Füllen Sie Ihre Metapher mit konkreten Inhalten!
Wir sind: (Beispiel)	(flexibel, innovativ, Führungskräfte, Berater, ein Produktionsbetrieb, Dienstleister etc.)

Hierbei ist es wichtig, daß eine ausreichende Anzahl an Punkten gefunden wird, denn diese Inhalte bilden die Grundlage für die nachfolgenden Schritte.

Schritt 3

Aufgabe für mehrere Gruppen:	Zeichnen Sie ein Bild, welches Ihre gemeinsame Metapher wiedergibt! Finden Sie einen Slogan, schreiben Sie ein Gedicht oder schreiben Sie einen Song!

Dieser Schritt bietet Platz für kreative Einfälle zum Thema Kultur.

Schritt 4

Gemeinsame Vision:	Wo wollen wir hin?
Aufgabe für die Gesamtgruppe:	Was steht im Jahr 2007 über Sie in der Zeitung?

Bei diesem Schritt besteht auch die Möglichkeit, eine Phantasiereise in die Zukunft zu machen.

Schritt 5

In drei Gruppen wird folgendes erarbeitet:

1. Gruppe:	Werte, Einstellungen: Was ist uns wichtig? Was glauben, denken wir?
2. Gruppe:	Fähigkeiten: Was können wir? Welche Fähigkeiten brauchen wir noch?
3. Gruppe:	Verhalten: Was tun wir?

Zur Erarbeitung der Werte, Fähigkeiten und des Verhaltens werden die Inhalte aus Schritt 2 herangezogen (Wir sind: flexibel, innovativ, Führungskräfte, Berater). Zu jedem Inhalt werden je nach Gruppe jeweils die obigen Fragen beantwortet, und wenn die Gruppe den Identitätsprozeß sauber geklärt hat, sind die Ergebnisse aus den einzelnen Gruppen auch stimmig.

Schritt 6

Future Pace: Drei Verpflichtungen (Commitments) als Schritt in die Zukunft!

Jeder einzelne: Was tue ich persönlich, um diesen Teamprozeß zu unterstützen?

Jeder Teilnehmer gibt drei Commitments ab, die sich wiederum auf die Inhalte – Schritt 2 – der Identitätsfindung beziehen. Hierbei wird darauf geachtet, daß die Inhalte gemäß des SPECI-Modells formuliert sind:

S = sinnesspezifisch
P = positiv formuliert
E = eigeninitiativ erreichbar
C = contextabhängig
I = intentionserhaltend

Um die Verbindlichkeit der Commitments noch deutlicher zu machen, unterschreibt jeder Teilnehmer seine Commitments.

Durchgeführt wurden diese Workshops in ganz unterschiedlichen Bereichen verschiedener Unternehmen. Wichtig bei der Durchführung ist es, daß alle Teammitglieder an der Erarbeitung dieses Prozesses teilnehmen. Es gibt inzwischen in der Praxis viele funktionierende Teams, mittels derer wir dieses Modell weiter entwickelt haben. Wer glaubt, daß seine Kollegen oder Mitarbeiter nicht motiviert, identifiziert oder nicht kreativ sind, sollte sich unbedingt einen solchen Prozeß gönnen.

Ein Beispiel aus der Praxis: „Die Ratten"

Bei diesem Prozeß ging es darum, eine Gruppe von Abteilungsleitern aus verschiedenen Bereichen und unterschiedlichen Ländern zusammenzuführen, die als Multiplikatoren in ihren Bereichen ein Change-Projekt unterstützen sollten.

Schritt 1

Gemeinsame Identität: Wer sind wir?

In Kleingruppen entstanden folgende Metaphern:

Wir sind ein Wasserflugzeug.
Wir sind Sternspringer.
Wir sind Steuermänner.
Wir sind Marathonläufer.
Wir sind Botschafter.
Wir sind ein Rattenchor.

Gemeinsame Metapher: Wir sind ein Rattenchor.

Schritt 2

Füllen Sie Ihre Metapher mit konkreten Inhalten!
Wir sind ein Rattenchor.

Beispiel: Wir sind im Aufbruch
              Wir sind individuell.
              Wir sind mitreißend.
              Wir sind humorvoll.
              Wir sind kritisch.
              Wir sind überzeugend.
              Wir sind unkonventionell.
              Wir sind vor dem Auftritt etc.

Schritt 3

Diese Gruppe hat ihre Identität mit einem bekannten Song untermauert, gleichzeitig ein Rattenalbum erstellt und auch ein T-Shirt mit ihrem Logo produziert.

Schritt 4

Vision: Wo wollen wir hin? Ein Slogan für die Mission.

Rats around the world

Wo Ratten sind, ist Leben.
Ein neuer Song begeistert die Welt.
Einmal „rat" immer „rat".
„Rätte" sich, wer kann.
Wo wir sind, ist Musik.

Schritt 5

1. Was sind unsere Werte, Einstellungen, Glaubenssätze?

   Beispiel: Es gibt das Chorbuch der positiven Ratten:
   Tabus müssen gebrochen werden.
   Neue Zeiten brauchen neue Lieder.
   Handeln heißt Wandeln.
   Schweigen ist Silber, Singen ist Gold.
   Hör nicht nur zu, sing mit.
   Grenzen sind nicht fest.
   Wer vom Weg abweicht, lernt die Gegend kennen.
   Musik swingt und hält uns zusammen.
   Querdenken ist erlaubt etc.

   Die Glaubenssätze wurden in Form von Sprichworten gebildet.

2. Fähigkeiten: Was können wir?

   Beispiel: Wir können:　　zuhören,
   　　　　　　　　　　　　lernen,
   　　　　　　　　　　　　begeistern,
   　　　　　　　　　　　　miteinander arbeiten,
   　　　　　　　　　　　　neugierig sein,
   　　　　　　　　　　　　kritisch fragen,
   　　　　　　　　　　　　mutig sein,
   　　　　　　　　　　　　improvisieren,
   　　　　　　　　　　　　darstellen.

3. Verhalten: Wir tun:

Beispiel: Wir gehen auf Tournee.
Wir fragen nach.
Wir geben Fehler zu und korrigieren sie.
Wir setzen Ziele.
Wir unterstützen gute Ideen.
Wir vereinfachen Abläufe.
Wir swingen.
Wir helfen uns gegenseitig.

Schritt 6

Future Pace: Commitments

Person 1:   Ich gebe meinen Mitarbeitern direktes Feedback.
Ich stelle kritische Fragen.
Ich initiiere das Projekt XY.

Person 2:   Ich lasse meine Kollegen ausreden.
Ich führe einen Workshop zum Thema XY durch.

Diese Gruppe zeigte sehr viel Energie und Engagement im Umgang mit diesem Thema und ist mit ihrem Projekt nach wie vor aktiv und erfolgreich. Zwischendurch erreichen uns immer wieder „neue Lieder" und „Rattenbriefe".

6. Wozu Teamidentitätsprozesse? Inkongruenzen führen zu Energieverlust

Die Logischen Ebenen können auch als Diagnoseinstrument für bestehende Teams eingesetzt werden. Dabei wird immer wieder deutlich, daß es in vielen Teams Diskrepanzen zwischen den einzelnen Ebenen gibt. Vorhandene Fähigkeiten stimmen nicht mit der gewünschten Identität überein. Einstellungen der Mitarbeiter passen nicht zum Verhalten, Dinge werden getan, die eigentlich nicht den eigenen Werten entsprechen. Es gibt keine gemeinsame Vision oder das Zielleitbild ist meilenweit vom gelebten Verhalten entfernt. Dinge, die sozusagen selbstverständlich sind, passieren nicht, das heißt, das Wort „selbstverständlich" bedingt beim anderen zunächst einmal das „Selberverstehen".

Wie beim Individuum zeigt sich auch im Team oder in Organisationen Inkongruenz. Es fehlt an Energie, an Zusammengehörigkeitsgefühl und an der Überzeugung, alle Ressourcen optimal zu nutzen.

Innerlich „unverbundene" Teams bleiben weit unter ihrer möglichen Leistung. Sie existieren vielleicht recht stabil, werden aber nur für die Verfolgung der eigenen Karriereziele mißbraucht. Auch gegenüber den internen und externen Kunden führt die Unverbundenheit und Gegensätzlichkeit zu fehlender Glaubwürdigkeit und Integrität.

Konflikte, die aus dem Versuch der Verbindung und Integration der verschiedenen Ebenen in Teams resultieren, sind ein häufiges Thema beim Einzelcoaching von Projektmanagern. Die Zerrissenheit, die die Diskrepanz der Ebenen mit sich bringt, ist ein Hauptgrund für den energiereduzierten Zustand der inneren Kündigung, in den sich viele Mitarbeiter begeben.

7. Team-Ressourcen stabilisieren – Unterstützung bestehender Teams am Beispiel von Qualitätsgruppen

Derzeit befassen sich viele deutsche und auch europäische Unternehmen mit dem Thema TQM (Total Quality Management). TQM ist aber nicht nur ein Instrumentarium, sondern eine Philosophie, die von Mitarbeitern in Organisationen gelebt und umgesetzt werden muß. Die Triebfedern sind hierbei die Stimme des Kunden, des Prozesses und der Mitarbeiter. Erst dann entsteht eine Qualitäts-Kultur in Unternehmen. Somit bedeutet TQM eine langfristige Ausrichtung der gesamten Belegschaft und es besteht Einigkeit darüber, daß nicht die Technik, sondern der Mensch im Zentrum der Erfolgsfaktoren steht. Qualitätsverbesserung ist erst dann möglich, wenn sich alle, von der Unternehmensspitze bis an die Basis, ungeachtet ihrer jeweiligen Aufgabe und Funktion, diesem Ziel verpflichtet fühlen. Um eine erfolgreiche Umsetzung zu ermöglichen, müssen von jedem einzelnen Commitments eingegangen werden.

Der Teamidentitätsprozeß stellt hier ein unterstützendes Instrumentarium dar, welches zur Kulturschaffung oder zur Implementierung eines Kulturwandels dient. Visionen, die in Unternehmen entwickelt werden, lassen sich nur verwirklichen, wenn passende Strukturen geschaffen werden. Um Strukturen schaffen zu können, ist es wiederum wichtig, vorhandene Werte und Einstellungen zu kennen beziehungsweise zu überprüfen. Des weiteren ist es wichtig, die Fähigkeiten und Potentiale von Individuen und Teams zu kennen und daraus Verhaltensweisen oder Aktionen abzuleiten.

Ausgehend vom Ist-Zustand wird mittels der Logischen Ebenen der Soll-Zustand definiert. Der TQM-Prozeß soll transparent und überprüfbar werden.

Hierzu werden Workshops durchgeführt. Die Teilnehmer dieser Workshops sind sowohl bestehende Abteilungen und Teams als auch Gruppen, die aufgrund einer internen Kunden-Lieferanten-Beziehung in Abhängigkeit stehen.

Die ideale Gruppengröße liegt zwischen 15 und 25 Teilnehmern. Der Ablauf soll anhand eines in einem Dienstleistungsunternehmen durchgeführten Prozesses verdeutlicht werden.

Hierbei beginnen wir auf der Ebene der Identität: Wer sind wir im TQM-Prozeß? Die Identität wird in Kleingruppen mittels Metaphern erarbeitet.

Beispiel: Wir sind ein Durchlauferhitzer.
Wir sind ein wichtiges Rad im Laufwerk.
Wir sind ein Kraftwerk.

Die Kleingruppen kommen jeweils mit einer in der Gruppe abgestimmten Metapher zurück und erläutern diese kurz im Plenum. Danach werden zwei Gruppen zusammengefaßt, die sich über ihre Metaphern austauschen und deren Aufgabe darin besteht, eine weitere gemeinsame Metapher zu finden. Hierbei kann eine neue Metapher entstehen oder auch eine der Metaphern aus der vorherigen Kleingruppe bestehen bleiben, wenn sie von der Gruppe gemeinsam getragen wird. Der nächste Schritt ist wiederum die Zusammenführung im Plenum und die erneute Bildung größerer Gruppen. Der Prozeß der Identitätsfindung ist abgeschlossen, wenn die Großgruppe sich auf eine Metapher geeinigt hat.

Beispiel: Wir sind ein Gezeitenkraftwerk.

Die Arbeit mit Metaphern bietet den Vorteil, daß nicht so sehr auf der kognitiven, sondern sehr stark auf der emotionalen Ebene gearbeitet wird und somit auch Informationen offener ausgetauscht werden. In diesem Prozeß wird auch sehr stark die rechte Hirnhemisphäre genutzt und dieses wird in Form von Bildern in diesem Prozeß erarbeitet. Die gemeinsame Identität wird gezeichnet und auch mit einem Slogan belegt.

Beispiel: Wir trotzen den Naturgewalten und wollen hier die Stellung halten.

Die Erarbeitung der Identität ist der erste Schritt auf dem Wege zu einer gemeinsamen Kultur. Elemente der Kultur sind Bilder, Gedichte, Lieder, Sprüche und all das, was diesen Prozeß für uns zugänglich und verständlich macht. Ihrer Kreativität sind hierbei keine Grenzen gesetzt.

Gleichzeitig wird nun die erarbeitete Identität mit Inhalten gefüllt:

Beispiel: Wir sind ein Gezeitenkraftwerk!
Wir sind Mittler und Berater.

Wir sind innovativ.
Wir sind Verantwortungsträger.
Wir sind belastbar.
Wir sind zuverlässig.
Wir sind Lieferant und Kunde.

Nach der Definition der gemeinsamen Identität geht es um die Frage nach einer gemeinsamen Vision: Wo wollen wir hin im TQM-Prozeß?

Die Erarbeitung der Vision läßt sich mit folgender Fragestellung gut einleiten: Was steht im Jahr 2007 über Ihre Abteilung, Ihre Gruppe, Ihr Team in einer neu erschienen Zeitung?

Beispiel: Alle europäischen Gezeitenkraftwerke fusionieren. Gebündelte Energien ließen Firma XY zum Marktführer werden. Neugründung von Tochterfirmen weltweit. Dank TQM zum Marktführer. TQM-Toughe-Qualitäts-Manager führen das Unternehmen XY an die Spitze.

Visionen lassen sich nur in teamorientierten Prozessen entwickeln. Sie müssen eine Herausforderung und eine magische Kraft darstellen, die Menschen wirklich motiviert und bewegt, diesen Weg mit vollem Einsatz zu gehen.

Nach der Entwicklung der Identität und Vision geht es darum, die Einstellungen und Werte der einzelnen transparent zu machen und gemeinsame Werte und Normen für die zukünftige Arbeit festzulegen.

Hierzu werden die Inhalte der Identität herangezogen und als vorhandene oder noch zu erstrebende Werte oder Leitlinien definiert:

▶ Was denken wir?
▶ Was ist uns wichtig im TQM-Prozeß?
▶ Woran glauben wir?

Beispiel: Wir sind ein Gezeitenkraftwerk!

Wir sind Mittler und Berater:
Wir verfügen über die notwendige Fachkompetenz.

Wir sind innovativ:
Es ist wichtig, in Forschung und Entwicklung zu investieren.

Wir sind Verantwortungsträger.
Wir sind uns unserer Verantwortung bewußt.
Vertrauen und Kontrolle schließen sich nicht aus.

Wir sind belastbar.
Es ist wichtig, daß wir unsere Energien bündeln.
Synergien durch Teamarbeit.

Wir sind zuverlässig.
Wir planen Termine so, daß wir sie auch einhalten.

Wir sind Lieferant und Kunde.
Es ist wichtig, daß wir uns ständig austauschen.
Informationen sind keine Geheimnisse etc.

Je nach zur Verfügung stehender Zeit kann die Erarbeitung der Glaubenssätze von der Großgruppe gemeinsam oder auch von einer gebildeten Kleingruppe erarbeitet werden. Wird dieser Schritt von einer Kleingruppe erarbeitet, bietet dieses den Vorteil, daß gleichzeitig eine weitere Gruppe die Fähigkeiten und eine Gruppe die Verhaltensweisen erarbeiten kann. Die Grundlage für die Erarbeitung bilden jeweils die Inhalte der Identität.

Bei der Erarbeitung der Fähigkeiten geht es sowohl um eine Sammlung der vorhandenen als auch der noch zu entwickelnden Fähigkeiten:

Was können wir? Welche Fähigkeiten brauchen wir noch?

Beispiel: Wir sind ein Gezeitenkraftwerk!

Wir sind Mittler und Berater.
Wir erkennen die Bedürfnisse unserer Ansprechpartner.
Wir kennen den Prozeßablauf.

Wir sind innovativ.
Wir haben die Fähigkeit kreativ zu sein.

Wir sind Verantwortungsträger.
Wir können uns beispielhaft verhalten.

Wir sind belastbar.
Wir können auch in Krisensituationen ruhig bleiben.

Wir sind zuverlässig.
Wir können Kritik annehmen.

Wir sind Lieferant und Kunde.
Wir kennen die Erwartungen unserer Kunden etc.

Der letzte Schritt innerhalb dieses Prozesses ist die Sammlung der Verhaltensweisen oder Aktionen:

Was tun wir? Woran erkennen andere, daß wir TQM leben?

Hierbei ist es wichtig, daß die konkreten Aktionen sinnesspezifisch überprüfbar sind. (Was sehen, hören, fühlen andere oder wir selbst?)

Beispiel: Wir sind ein Gezeitenkraftwerk!

Wir sind Mittler und Berater.
Das heißt: Wir gehen zu unseren Kunden und beantworten deren Fragen.

Wir sind innovativ.
Das heißt: Wir besuchen innerhalb des nächsten Jahres alle einen Workshop zum Thema Kreativitätstechniken.

Wir sind Verantwortungsträger.
Das heißt: Wir schreiben Checklisten für Arbeitsprozesse.

Wir sind belastbar.
Das heißt: Wir gehen einmal die Woche zum Sport.

Wir sind zuverlässig.
Das heißt: Wir setzen für Projekte feste Termine und diese werden jeweils von einer anderen Person/Gruppe überprüft.

Wir sind Lieferant und Kunde.
Das heißt: Wir nehmen Retouren schnellstmöglich zurück und liefern innerhalb von 20 Tagen das neue Produkt etc.

Verhaltensweisen und Aktionen werden nur durch eine sinnesspezifische Formulierung überprüfbar und meßbar und gerade das ist im TQM-Prozeß besonders wichtig, denn erst durch erfahrbare Aktionen wird ein wirkliches Verständnis erzielt. TQM ist zunächst ein abstrakter Begriff, der hier jedoch mittels der Logischen Ebenen soweit heruntergebrochen wird, daß die Fragen: „Was ist TQM? Was heißt das eigentlich für mich als Mitarbeiter/Team oder Gruppe?", endgültig beantwortet werden können.

Funktionierende Unternehmen oder Organisationen brauchen Stimmigkeit, und funktionierende Teams sind hierfür die Basis. Diese Unternehmen zeigen eine enorme Leistungsfähigkeit und nichts, was zum Erfolg beitragen könnte, fällt durch die sonst sehr engen Maschen der betriebsinternen Wahrnehmung. Die Offenheit für optimale Denk-, Entscheidungs- und Handlungsstrategien ist vorhanden. Stimmige Organisationen kennen den Zustand, mit dem richtigen Produkt, zur richtigen Zeit am richtigen Ort zu sein. Alle Mitarbeiter arbeiten in Übereinstimmung mit den Unternehmenszielen, haben Verständnis und tun das, was getan werden muß mit wirklicher Überzeugung, um ein erfolgreiches Funktionieren zu ermöglichen.

Der Teamidentitätsprozeß T.I.P. ist unsere Weiterentwicklung auf der Grundlage der „Logischen Ebenen". Es ist ein Instrument, das Standortanalysen erlaubt, Selbstreflexion fördert, Schwachstellen behebt, Ressourcen weckt, Zugehörigkeitsgefühle ermöglicht und Spaß macht.

CAMP:

Kinästhetische Teammetapher

Susanne Gebhardt

Wer überholen will, muß aus der Normalspur heraus" – und draußen waren sie tatsächlich, die 18 Manager eines großen international tätigen Konzerns der Automobilzuliefererbranche, draußen in der freien Natur im Nordschwarzwald.

Sichtbares Ergebnis des mehrtägigen Lebens und Arbeitens im Freien: zwei Hochsitze zur Wildbeobachtung aus einer stabilen Holzkonstruktion. Nicht sichtbares Ergebnis: unter anderem ein gewachsenes Zusammengehörigkeitsgefühl über organisatorische Grenzen hinweg, mehr Offenheit und Vertrauen im Umgang miteinander und die Erkenntnis, daß eine andersartige Umgebung und ungewohnte Herausforderungen essentielle Fähigkeiten des einzelnen wecken und vertiefen.

Und dies wird in Zeiten, die gekennzeichnet sind durch rasante Veränderungsprozesse in allen Bereichen sowie tiefgreifende Struktur- und Anpassungskrisen für Unternehmen, Teams und Einzelpersonen zunehmend wichtiger. Diese Tatsache führte mich als Unternehmensberaterin und Team-Coach zu den Fragen:

▶ Wo gibt es neue Lernfelder, auf denen Menschen beziehungsweise Teams losgelöst vom betrieblichen Alltag neue Orientierungen und Verhaltensmöglichkeiten experimentell erfahren, erproben und erwerben können?

▶ Wie kann die Grenze rein kognitiver Lernansätze überschritten werden?

▶ Wie kann ein neuer Bezugsrahmen für einen Lernprozeß entstehen, in dem die erworbenen Erfahrungen zum einen unmittelbar und konkret sind, aber andererseits auch abstrahiert, das heißt auf ihre allgemeingültigen Gehalte überprüft werden können?

▶ Wie kann ein Umfeld geschaffen werden, das in ganzheitlicher Weise die unterschiedlichsten Lebenssituationen miteinander verknüpft, und in dem es ständig erforderlich ist, verschiedene und oft konkurrierende Rollenanforderungen und -interpretationen zu integrieren?

Als Antwort auf diese Fragen entstand 1992 das Winner's Edge-CAMP als innovatives Instrument der betrieblichen Personal- und Organisationsentwicklung. Dafür steht ein erfahrungs- und erlebnisorientiertes Projekt, welches inhaltlich an der Schnittstelle zwischen Persönlichkeitsentwicklung und Teamprozessen angesiedelt ist.

Warum ist CAMP eine kinästhetische Teammetapher? Kinästhetisch bedeutet im weitesten Sinne körperlich wahrnehmbar beziehungsweise erfahrbar. Kinästhetisches Lernen über Kooperation im Team bedeutet zum Beispiel im CAMP, die körperliche Erfahrung zu machen, daß ich einen schweren Balken nicht allein tragen kann, sondern nur mit mehreren Personen zusammen. Klassische Schulungen im Seminarraum sprechen Menschen meist primär auf der auditiven Ebene an, das Sprechen und Zuhören stehen dort im Vordergrund. In gelungenen Seminaren kommt professionelle Visualisierung der Themen und Gruppenprozesse durch den Trainer/Moderator hinzu, um einen weiteren wichtigen Sinneskanal, das Sehen, zu aktivieren. CAMP spricht den „ganzen Menschen" mit seinen fünf Sinnen an und ermöglicht damit ganzheitliches Erleben und Lernen. Die intensive körperliche Erfahrbarkeit des Lernprozesses, das heißt seine kinästhetische Repräsentation, ist die Besonderheit des CAMPs – visuelle, akustische und sogar olfaktorische Eindrücke runden die Erfahrung ab.

CAMP ist eine Metapher für Teamarbeit, ein „Realitätsspiel", in dem Menschen indirekt und unbewußt viele Dinge lernen, die sie in ihrer täglichen Zusammenarbeit brauchen. Hierfür bildet CAMP analog die Prozeßstrukturen des Arbeitsumfeldes ab.

Schwerpunkte des CAMPs

Konkrete Zielsetzungen und inhaltliche Schwerpunkte des CAMPs sind:

▶ Faszination, Freude und Begeisterung am Tun an sich entstehen zu lassen, wodurch Leistung und Arbeitsqualität gleichermaßen steigen.

▶ Ein Klima von Offenheit, Ehrlichkeit und gegenseitigem Vertrauen zu entwickeln, um das persönliche Potential und die Synergien im Team voll zur Entfaltung zu bringen.

▶ Rechtfertigungen, Schuldzuweisungen und Gleichgültigkeit beim Umgang mit Problemen und Konflikten abzubauen, indem eine selbstverantwortliche Lebenseinstellung auf der Basis von Commitments als fundamentales Erfolgsprinzip entwickelt wird.

▶ Menschen und Teams zu einer positiven und optimistischen Einstellung zum Wandel zu inspirieren und vernetztes Denken in komplexen Zusammenhängen zu fördern.

▶ Kreativ neue Herausforderungen anzugehen und damit einen Schritt von der Erstarrung zur Flexibilität zu tun.

▶ Sensibilität und Respekt vor den persönlichen Grenzen und den Grenzen anderer Menschen zu entwickeln, indem Grenzerfahrungen ermöglicht werden.

▶ Den Kreis der Gewohnheiten zu verlassen und Neuland zu beschreiten, wodurch Mut und Risikobereitschaft, Stolz und Selbstvertrauen geschaffen werden.

Zentrale Bausteine des CAMP-Konzepts:
Natur, Projektaufgabe und Spielregeln

Um diese Ziele zu erreichen, heißt CAMP zunächst: „Raus aus dem Seminarraum, rein in die Natur!" Natur macht ehrlich und konfrontiert den einzelnen unmittelbar mit seinen Stärken und Schwächen; Natur begeistert, fasziniert und fordert uns, fordert auch unseren Respekt und verantwortlichen Umgang mit ihr; Natur liegt für die Mehrheit der „Schreibtischtäter" längst außerhalb des Gewohnten, bietet ungewohnte, oft neue Erlebnismöglichkeiten abseits des Normalen, weckt den in uns schlummernden „Neandertaler". Im CAMP ist deshalb die Natur Rahmen und Trainingsmedium zugleich. Arbeiten und Essen im Freien, handwerklicher Umgang und Auseinandersetzung mit natürlichen Materialien wie zum Beispiel Holz, Schlafen in Zelten oder in einer Hütte.

Selbstverständlich gibt es auch Aufgaben: Die sogenannte „Projektaufgabe" gilt es von der Gruppe innerhalb einer festgelegten Zeit (in der Regel vier bis sechs Tage) komplett zu bewältigen. Kriterium hierfür ist die Fertigstellung, wobei alle zur Verfügung stehenden Ressourcen optimal zu nutzen sind! Die Projektaufgabe steht im CAMP für die eindeutige Definition des gemeinsamen Teamziels. Projektaufgabe kann zum Beispiel konkret heißen: Bau einer Brücke, Bau von Hochsitzen, Anlage eines Biotops, Restaurierung einer Berghütte, Pflanzen von Bäumen oder Reben, Bau eines Floßes oder eines Abenteuerspielplatzes – der Kreativität sind keine Grenzen gesetzt, und die Verantwortung der Gruppe für die selbstorganisierte Verpflegung aller Teilnehmer gehört in jedem Fall dazu.

Wichtig und bestimmend für die Auswahl der Projektaufgabe ist:

▶ Sie bietet den CAMP-Teilnehmern Identifikationsmöglichkeiten, das heißt alle sind mit Begeisterung und Motivation dabei. Ideal ist, wenn das fertige „Produkt" Symbolkraft besitzt wie zum Beispiel eine Brücke als Symbol für die Zusammenführung zweier Teams stehen kann.

▶ Sie stellt eine echte Herausforderung dar auf allen Bereichen des Denkens und Handelns, angefangen von physischen bis hin zu psychischen und intellektuellen Anforderungen; sie ist nur von der Gruppe gemeinsam zu bewältigen.

▶ Das fertige Ergebnis, das heißt das erreichte Ziel, ist von allen Teammitgliedern kinästhetisch, visuell und auditiv wahrnehmbar.

▶ Sie beinhaltet Komplexität, das heißt sie ist in Arbeitsschritte zerlegbar, damit die Gruppe arbeitsteilig vorgehen kann.

▶ Sie ist realistisch, das heißt sie ist mit Anstrengung fertigzustellen.

▶ Das fertige Produkt ist dauerhaft sinnvoll, das heißt es gibt einen von allen Gruppenmitgliedern anerkannten Verwendungszweck dafür. Dies ist nicht nur unter ökologischen Gesichtspunkten wichtig, sondern auch für die Motivation der Gruppe.

▶ Sie fordert psychische, soziale und kreative Fähigkeiten von den Teilnehmern, das heißt sie ermöglicht ganzheitliche Erfahrungen und ganzheitliches Lernen.

Natürlich wird die Projektaufgabe vor Beginn des CAMPs gemeinsam vom Team-Coach mit der Gruppe vorbereitet und geplant; dazu gehört zum Beispiel die Beschaffung von Werkzeug, Ausrüstung und Verpflegung für mehrere Tage genauso wie die Abstimmung mit und die Genehmigung durch die örtlichen Ansprechpartner (Ordnungsamt, Revierförster, Polizei etc.). Die gemeinsame Vorbereitung des CAMPs mit einer Projektgruppe aus dem Teilnehmerkreis fördert Neugier, Interesse, Motivation und Identifikation und ist somit ein wichtiger Teil des Teamprozesses – ebenso wie die abschließende Nachbereitungsphase. Dadurch wird CAMP zum Lernprozeß und ist nicht Fremdkörper, Episode im Leben. Die entsprechende Würdigung möglicher Einwände und Bedenken aus Sicht der Teilnehmer gehört ebenfalls in die Vorbereitungsphase. So ist die Atmosphäre während der Planungsphase gekennzeichnet durch eine positive gespannte Erwartungshaltung aller Teilnehmer und des Team-Coachs.

Im CAMP gelten für die Durchführung der Projektaufgabe ein paar essentielle Spielregeln, zu denen sich alle Teilnehmer commiten:

▶ Ein klarer Zeitrahmen, der die Projektaufgabe strukturiert und zeitlich limitiert.

▶ Tägliche Auslosung der Rollen der Teilnehmer im Rahmen des allgemeinen Organisationskonzeptes, welches die Gesamtgruppe in aufgabenbezogene Projektteams unterteilt (zum Beispiel mehrere Bauteams, ein Serviceteam). In jedem Projektteam gibt es einen Teamleiter. Daher ergeben sich im rollierenden Prinzip täglich wechselnde Zusammensetzungen der unterschiedlichen Teams. Die Teilnehmer haben dadurch den Vorteil, sich und andere in unterschiedlichen Rollen erleben zu können, sowie ihre Flexibilität und Integrationsfähigkeit zu überprüfen.

▶ Tägliche Wahl des „Tagesleiters", der für jeweils einen Tag „ergebnisverantwortlich" ist. Ihm obliegt auch, je nach Aufgabenstellung, die Schaffung eines speziell geeigneten Organisations- und Führungskonzeptes für das CAMP, welches zum Beispiel Grundsätze und Werte der Zusammenarbeit, Informations- und Entscheidungsstrukturen sowie Arbeitsorganisation und Motivation umfaßt.

Beispiel für eine Projektaufgabe aus einem CAMP

Aufbauend auf den noch „zu Hause" durchgeführten Vorgesprächen im Kreise des „Planungskomitees" machen sich die Manager eines großen Automobilzuliefererkonzerns, angekommen im CAMP, frisch ans Werk. Als Basiscamp dient eine einsam gelegene Wanderhütte, die einen großen Schlafsaal mit Etagenbetten, einen kombinierten Eß- und Versammlungsraum sowie eine Miniküche mit Propangaskochern, die von „Speedy", dem Siebenschläfer, bewohnt wird, umfaßt. Waschgelegenheit bietet die Wasserpumpe am Brunnen vor der Hütte, die jeweils in den frühen Morgenstunden vor dem Erwachen der männlichen Kollegen von den beiden weiblichen „Campern" frequentiert wird. Bei den in dieser Jahreszeit morgendlichen maximal 10 Grad Außentemperatur wahrlich eine erfrischende Angelegenheit! Wer hier den prospektüblichen Standard eines Fünf-Sterne-Erlebnisurlaubs mit integriertem und wohlabgefedertem Überlebenstraining in der goldenen Sänfte erwartet, würde sich angesichts solcher äußerer Bedingungen enttäuscht sehen. Die Teilnehmer jedoch sehen dies nicht als Mangel an Komfort, sondern im Gegenteil als integralen Bestandteil eines vor ihnen liegenden Abenteuers.

Der erste Abend dient dem Vertrautwerden mit der Umgebung, der Vereinbarung der Spielregeln sowie der Auslosung der Rollen für den folgenden Tag. In diesem Fall besteht die Projektaufgabe darin, aufbauend auf einer bereits vom Forstamt vorbereiteten Grobskizze in der zur Verfügung stehenden Zeit zwei Hochsitze zu errichten, die an zwei unterschiedlichen Standorten im Waldgelände auf einem Holzgerüst in jeweils ca. zwölf Meter Höhe eine wettergeschützte Kanzel bieten (als handwerklicher Berater steht uns zeitweilig ein erfahrener Jagdaufseher zur Verfügung). Zu diesem Zweck bilden wir drei Teams: Bauteam I, Bauteam II sowie ein Service- und Verpflegungsteam, die sich noch am ersten Abend zur ersten Teamsitzung treffen. Die Teamleiter moderieren den Teambildungsprozeß und die Detailplanung der Teamaufgaben.

Am nächsten Morgen treten 16 Männer und zwei Frauen in Arbeitskleidung an. Äußerlich sichtbares Zeichen der Verbundenheit miteinander: die blaue Baseballmütze mit Firmenemblem. Der erste volle CAMP-Tag beginnt mit dem Fällen und Entrinden der markierten Bäume. Spätestens jetzt zahlt sich das Training im Umgang mit Motorsägen und Schäleisen aus, welches in der Vorbereitungsphase stattfand. Anschließend wird das Baumaterial zu den Bauplätzen transportiert. Nachdem so schon der erste Tag vergangen ist, beschäftigt wohl jeden die bange Frage: „Werden wir es schaffen, oder wird die Zeit nicht reichen?" Manch einer glaubt schon zu diesem Zeitpunkt, die Grenzen seiner körperlichen Leistungsfähigkeit erreicht zu haben. Abends werden wiederum neu die Rollen und Teams für morgen ausgelost. Einige sind ein bißchen traurig darüber, wenn das Los entschied, daß sie am folgenden Tag nicht wieder an „ihre" Baustelle dürfen.

Der nächste Tag beinhaltet die Konstruktion der Tragegerüste für die Kanzeln sowie den Bau der erforderlichen Leitern. Bei der Aufrichtung der ca. acht Meter hohen Tragegerüste werden wir von den Mitgliedern der örtlichen Freiwilligen Feuerwehr tatkräftig unterstützt.

Der dritte Tag beinhaltet den Bau der Kanzeln sowie das Auflegen der Dächer in doch recht luftiger Höhe. Einigen wird allein bei Anblick der Kollegen, die dort in ca. zwölf Meter Höhe unter schwierigen Umständen werkeln, recht mulmig in der Magengegend. Doch spätestens seit einem „Mini-Unfall" am ersten Tag ist allen bewußt, daß die Sicherheit der Teilnehmer an erster Stelle steht. Und so ist es für die Kanzelbauer selbstverständlich, sich gegenseitig mit Seilen zu sichern und im wahrsten Sinne des Wortes Verantwortung zu übernehmen. Verantwortung für das eigene Leben ebenso wie für das Leben des Kollegen. Eine fundamentale Erfahrung, die ungeheuer zusammenschmiedet!

Am Abend des dritten Tages werden die fertigen Hochsitze feierlich vom gesamten Team eingeweiht und die mit Liebe handgeschnitzten Gedenktafeln angebracht. Ein besonderer Dank geht nochmals an die Mitglieder der Service- und Verpflegungsteams, die mit liebevoller Fürsorge und kreativen kulinarischen Ideen die Bauarbeiter bei Kräften hielten. Obwohl die Blasen an den Händen und die Schulterschmerzen von der ungewohnten körperlichen Belastung nicht wegzudiskutieren sind, drückt sich in diesem Augenblick Begeisterung, Stolz und tiefe Zufriedenheit in den Gesichtern aller aus angesichts der gelungenen und fertigen Hochsitze. Was zu Beginn kaum jemand für möglich gehalten hatte, nämlich daß die Projektaufgabe innerhalb des gesetzten Zeitrahmens zu erfüllen sei, ist nun dank der Anstrengung aller dennoch vollbracht. Und nach dem letzten Abend voller Singen, Abschiedsessen, Tanzen, Feiern und Lobesreden spürt wohl jeder auch ein bißchen Wehmut.

Reflexionsphasen am Abend

Erst der vierte Baustein, die Reflexionsphasen am Abend, machen das CAMP-Konzept rund: Neben der Natur, der Projektaufgabe und den Spielregeln bilden die Reflexionsphasen am Abend den vierten wichtigen Baustein des CAMP-Konzeptes. In den abendlichen Auswertungen werden die Tageserlebnisse und -erfahrungen besprochen und reflektiert. Ein Blick in die Runde zeigt dabei stets müde und gleichzeitig lebendige Gesichter, in denen sich Anstrengung und Turbulenz, aber auch Begeisterung und Stolz auf das Geleistete widerspiegeln. Ziel der vom Coach moderierten Besprechungen am Abend ist es, gemeinsam in der Gruppe die positiven Erlebnisse des Tages dauerhaft zu ankern, sich gegenseitig Feedback zu geben und vor allem Parallelen und Transfermöglichkeiten der CAMP-Erfahrungen zum betrieblichen Alltag zu erkennen.

Themenbezogene Kurzvorträge, Gruppenübungen, Spiele und Einzelarbeiten runden die abendlichen Plenumsgespräche ab. Im Ganzen ist der Tagesablauf im CAMP gekennzeichnet durch einen hohen Grad an Einbindung aller in unterschiedliche Gruppenaktivitäten, was an die Integrationsfähigkeit und -bereitschaft des einzelnen intensive Ansprüche stellt.

So mag es vielleicht zunächst überraschend klingen, daß die kurze „Freizeitphase" nach dem Abendessen und der Tagesreflexion, bevor man sich zum Schlafen in den Schlafsaal oder die Zelte zurückzieht, keineswegs genutzt wird, um mit sich allein zu sein. Vielmehr drückt sich die Begeisterung der Teilnehmer für das im CAMP neu entstandene Gemeinschaftsgefühl in ausgelassenen

„Spontanfeten" bis zum frühen Morgen oder auch in intensiven, vertrauensvollen Vier-Augen-Gesprächen aus, die meist ein neuer Grad an Offenheit auszeichnet. In diesem Rahmen mag auch schon so manches vor sich hergeschobene, bisher ungeklärte Problem oder Konfliktgespräch auf Kollegeneßene, so manches „unfinished business" geklärt worden sein.

Typische CAMP-Situationen

Durch diesen spannungsreichen Wechsel von Aktion und Reflexion entstehen im Verlauf des CAMPs typische Situationen, die das Lernen und die Entwicklung der Teilnehmer fördern:

▶ Situationen, in die sich kaum jemand einmal von selbst begeben würde, daher aber auch kaum die beglückende Erfahrung machen würde, daß Menschen weit mehr zu leisten in der Lage sind, als sie sich selbst und anderen zugetraut hätten.

▶ Situationen, die Selbstmanagement und Führung unter ungewohnten und oft völlig neuen Umfeldbedingungen erfordern, wo Irritation Kreativität freisetzt, wo alte Denkmuster bewußt gemacht und überprüft werden, wo die üblichen Abwehr- und Verdrängungsmechanismen nicht mehr greifen.

▶ Situationen, die Grenzerfahrungen und auch subjektiv erlebte Angst und Gefahr beinhalten, die es nötig machen, mit Unsicherheit und Streß bewußt umzugehen, die zwingen, die „Maske fallen zu lassen", in denen aber auch gerade dadurch erlebt werden kann, daß Verantwortung, Offenheit, Ehrlichkeit und ein unmittelbares Feedback Grundlagen einer dauerhaft erfolgreichen und emotional befriedigenden Zusammenarbeit sind.

▶ Situationen, die keinen aufgesetzten Planspielcharakter haben, sondern einen hohen Grad an Ernsthaftigkeit und Realitätsnähe. Situationen, die tief in der Erinnerung bleiben und sich nachhaltig im „emotionalen Gedächtnis" verankern.

▶ Situationen, die das natürliche Bedürfnis der meisten Menschen nach Neugier, Abenteuer und Spannung erfüllen und damit die Herzen der Menschen erreichen und nicht nur die Köpfe, ohne dabei im mindesten oberflächlich und rein freizeitorientiert zu sein.

Vier Tage CAMP – und was bleibt?

Stellvertretend für viele andere CAMP-Teilnehmer beschreiben die verantwortlichen Manager des Automobilzulieferers die Resonanz einige Monate danach wie folgt:

> „Wir haben Teamgeist und optimal funktionierende Teamarbeit live erlebt und nicht nur über Wir-Gefühl geredet. Seitdem ist eine tolle Entwicklung in der Zusammenarbeit passiert, wir haben häufigere und bessere Kontakte untereinander, es gibt mehr Offenheit und Vertrauen im Kollegenkreis, und die Arbeitsatmosphäre ist seit diesem Erlebnis locker und unverkrampft. Der Schulterschluß ist vollends gelungen, das Zusammengehörigkeitsgefühl ist gewachsen. Wir können heute unsere Beziehungen bewußter gestalten und sind in schwierigen Situationen in der Lage, uns gegenseitig aufzubauen und uns Motivation und Kraft zu geben. Wir fühlen uns als Einzelpersonen stärker verantwortlich für den Teamerfolg. Der Transfer der CAMP-Erfahrungen ist außerordentlich hoch – bis zu 80 Prozent ist in der Praxis umsetzbar."

Und zu den Reaktionen im Kreis der Kollegen, die nicht dabei gewesen waren:

> „Es gab nirgendwo negative Reaktionen, doch die Erfahrung ist für Außenstehende, für Nicht-Dabeigewesene, schwer nachvollziehbar. Wenn wir davon berichten, sehen wir in ungläubige und staunende Minen."

So repräsentiert das CAMP weit mehr als Lagerfeuerromantik und Pfadfinderidylle, obwohl allein die Schönheit und Faszination des Draußenlebens wohl jeden begeistert. Wer sein Hauptaugenmerk vorwiegend auf spektakuläre Aktivitäten à la Überlebenstraining legt, liegt innerhalb des CAMP-Konzeptes vollständig falsch. Der Nutzen von CAMP als Instrument zur Persönlichkeits-, Team- und Managemententwicklung liegt vielmehr in der Identifikation und Vermittlung von Schlüsselqualifikationen, indem Schlüsselerlebnisse auf kinästhetischer Ebene geschaffen werden, die einen wesentlich tiefergehenden Veränderungesprozeß bei den Teilnehmern einleiten, als es rein auf die kognitive, intellektuelle Ebene reduzierte Ansätze vermögen. Dies ist mit den herkömmlichen Methoden der Aus- und Weiterbildung nur schwer zu erreichen.

Anwendungsbereiche des CAMP-Konzepts

Die Anwendungsbereiche des CAMP-Konzeptes im Rahmen der Personal- und Organisationsentwicklung sind vielfältig. CAMP vermittelt Qualifikationen, die bei der Teamentwicklung unverzichtbar sind. Reorganisationsprozesse, deren vordringliches Anliegen immer das Zusammenführen von Menschen sein muß, lassen sich gezielt begleiten und positiv gestalten. Nur wer sich selbst kennt, wer seine eigenen Stärken und Schwächen auch unter ungewöhnlichen Bedingungen erfahren und verarbeitet hat, ist in der Lage, andere Menschen sowohl in ihrer Gleichartigkeit, aber vor allem auch in ihrer Andersartigkeit wahrzunehmen, zu tolerieren, zu schätzen und in Teamprozesse zu integrieren.

Neben der Förderung von Teamprozessen hat sich CAMP auch als spezieller Ansatz von Assessment-Center bewährt. Die außerordentlich große Bandbreite von Verhaltensmöglichkeiten, die den Teilnehmern im Rahmen eines CAMPs offensteht, bietet der für die Beobachtung und anforderungsbezogene Auswertung geschulten Führungskraft eine ungleich größere Basis für Personalentscheidungen. Gerade im Hinblick auf Integrationsfähigkeit beziehungsweise -möglichkeit neuer Mitarbeiter in bereits bestehende Teams beziehungsweise bei deren Neuzusammenstellung wird die Gefahr von kostenintensiven Fehlentscheidungen in der Personalauswahl minimiert. Darüberhinaus bietet CAMP auch eine reizvolle Alternative zu klassischen Incentive-Veranstaltungen, zum Beispiel im Rahmen von Vertriebswettbewerben. Viele Unternehmen haben erkannt, daß es nicht reicht, die „Gewinner" in rein rezeptiver touristischer Konsumhaltung zu belassen. Hier bietet CAMP die Chance, Lernen, Erlebnis und Incentive auf faszinierende Weise miteinander zu kombinieren.

Vor allem in Zeiten knapper werdender Ressourcen in vielen Organisationen bietet der CAMP-Ansatz die Möglichkeit, die Durchführung von Projekten im Rahmen der Personal- und Organisationsentwicklung auch unter Kostengesichtspunkten zu optimieren. Denn CAMP lebt nicht davon, daß es in einer spektakulären und möglichst exotischen Umgebung stattfindet. Es „funktioniert" ebenso im Schwarzwald wie im outback von Australien. Der eigentliche Benefit resultiert aus der wesentlich größeren Dichte und Vielfalt der Lernerfahrungen und vor allem dem deutlich höheren Grad persönlicher Betroffenheit der Teilnehmer im Vergleich zum klassischen Seminar. Es wird also gleichzeitig mehr, vielschichtiger, persönlichkeitsbezogener und intensiver gelernt. In jedem Fall leistet CAMP einen wichtigen strategischen Beitrag zur Zukunftssicherung eines Unternehmens im Hinblick auf die Erschließung von Ressourcen und Potentialen der Mitarbeiter.

CAMP beginnt dort, wo klassische Seminarmethoden an ihre Grenzen stoßen, und folgt der Erkenntnis: „Wer überholen will, muß aus der Normalspur heraus."

Vertrauen:

Die Basisressource im Team

Martina Weidlich

Vertrauen ist die Basis jedes erfolgreichen Team-Coachings und jeder erfolgreichen Teamarbeit. Diese Vertrauensbasis ist durch persönliches Engagement von Ihnen als Führungskraft, sowie von den Teammitgliedern aufzubauen. Da Vertrauen eine der wichtigsten Ressourcen innerhalb der Teamarbeit darstellt, kann nicht oft genug auf die Wichtigkeit hingewiesen werden, diese bewußt zu nutzen und zu pflegen.

Für Sie als Coach bedeutet dies, konkret als Vorbild zu agieren, dem Team und sich selbst gegenüber Vertrauen aufzubauen, dieses zu pflegen und das Vertrauen des Teams auch zu geniessen.

Dieser Prozeß wird maßgeblich von Ihrer individuellen Einstellung zu sich selbst und zu anderen beeinflußt. Vom Selbstwert über das Selbstvertrauen sind es nur wenige Schritte zum Vertrauen auch zu anderen Menschen. Weit mehr als in jeder anderen interaktiven Handlung mit Mitarbeitern werden Sie als Führungskraft in diesem Vertrauensprozeß mit Ihren eigenen persönlichen Einstellungen und Vorstellungen konfrontiert:

▶ Die eigene „Landkarte": Welche eigene Landkarte zum Thema Vertrauen haben Sie selbst als Führungskraft? Welche innere Vorstellung haben Sie über sich und über Vertrauen?

▶ Die Einleitung des Vertrauensprozesses: Welche Voraussetzungen benötigen Sie, um den Vertrauensprozeß einzuleiten? Welche kommunikativen Hilfsmittel sind sinnvoll, um den Prozeß anzustoßen?

▶ Die Mittel der Vertrauensbildung: Welche Möglichkeiten der Prozeßsteuerung haben Sie als Führungskraft?

Die eigene Landkarte

Welche persönliche Grundeinstellung, welche eigene Landkarte zum Thema Vertrauen haben Sie selbst?

Die Fähigkeit, vertrauen zu können, ist das wichtigste Element im Prozeß der Vertrauensbildung. Da jede Fähigkeit innerlich mit: „Ich kann oder ich kann nicht" definiert wird, kommt es also darauf an, ob Sie glauben, daß Sie vertrauen können. Dieser Glaube ist eines der bedeutensten Mittel für Sie als Coach oder Führungsperson, den Vertrauensprozeß im Team zu beeinflussen.

Dieser Glaube, ob „ja, ich vertraue/nein, ich mißtraue", diese innere Einstellung ist bei jedem Menschen vorhanden und je nach Erfahrungen unterschiedlich ausgeprägt.

Viele der grundlegendsten Erfahrungen als Kleinkind, Jugendlicher und Erwachsener haben mit dem Thema Vertrauen gewinnen und Vertrauen verlieren zu tun. Diese Erfahrungen prägen uns als Persönlichkeiten nachhaltig und haben großen Einfluß auf unser Privat- und Geschäftsleben.

Da jede persönlich gemachte Erfahrung in unserem Gedächtnis abgespeichert wird, entstehen Einstellungen beziehungsweise innere Landkarten zum Thema Vertrauen.

Der Begriff Landkarte ist deshalb gewählt, weil sich die unterschiedlichen Erfahrungen als Modelle der Realität wie verschiedene Landschaften zusammenfügen, ohne die eigentliche Realität, das Land, zu sein.

Unser Gehirn zieht vergangene Erfahrungen zu Rate, um in ähnlichen Situationen Vergleiche zu ziehen. Dieser Vergleich vollzieht sich meist unbewußt, manchmal auch bewußt. Aus diesem Vergleich entsteht die Bewertung der jeweiligen Ist-Situation.

Aus diesem Grund ist es für Sie als Führungskraft sinnvoll, Ihre eigene innere Landkarte besser zu kennen, um Ihren Anteil am Teamprozeß verstehen und steuern zu können.

„Nur wer sich selbst vertraut, kann auch anderen trauen."

Diese Verbindung zwischen Selbst-Vertrauen und Fremd-Vertrauen wird oft unterschätzt, nicht wahrgenommen oder gar geleugnet.

Ihre eigene innere Landkarte

Ihre eigene innere Landkarte spiegelt Ihre Vorstellungen, Grundeinstellungen und Denkmuster zum Thema Vertrauen wider. Um ein plastisches Bild davon zu erhalten, stellen Sie sich bitte folgendes vor:

Sie befinden sich in einen Raum zusammen mit einem konkret definiertem Team und erleben eine Situation, die mit Vertrauen zu tun hat. Wie nehmen Sie diese Situation wahr? Welches innere Bild haben Sie dazu? Was hören Sie in dieser Situation? Welches Gefühl bekommen Sie dazu?

Bitte notieren Sie sich jetzt den „typischen Satz", das „Zitat", welches in einer solchen Situation typisch wäre, wie zum Beispiel „Trau-Schau-Wem" oder „Trau keinem über dreißig", „Vertrauen ist gut − Kontrolle besser".

Ihre „Vertrauenssätze":

_____

_____

_____

_____

Bitte lesen Sie sich diese Zitate nochmals in Ruhe durch. Beantworten Sie bitte folgende Fragen in bezug auf Ihre Zitate:

▶ Welches Grundprinzip liegt diesem Zitat zugrunde?
  a) eher Vertrauensvorschuß
  b) eher Mißtrauen

▶ Welches mögliche Verhalten könnte ein solches Grundprinzip nach sich ziehen?
  a) sehr vorsichtig
  b) eher vorsichtig/zaghaft
  c) eher offen
  d) völlig unvoreingenommen

▶ Wenn Sie sich in ein solches Verhalten nach einem Kommunikationsprinzip einordnen sollten, wo würden Sie sich eher einordnen?
  a) Ich bin o. k. – Ihr seid o. k.
  b) Ich bin nicht o. k. – Ihr seid o. k.
  c) Ich bin o.k. – Ihr seid nicht o. k.
  d) Ich bin nicht o. k. – Ihr seid nicht o. k.

Welche Hinweise erhalten Sie aus Ihren Antworten in bezug auf Ihren persönlicher Glauben an Vertrauen zu sich selbst und zu anderen?

Notizen: _____

_____

_____

Die eigene Landkarte und das Team

Das Maß des Vertrauens an das Team ist oft der Spiegel des eigenen Selbst-Vertrauens. Dieser Zusammenhang macht es interessant und sinnvoll, die eigene innere Landkarte noch genauer zu erforschen. Um das Bild Ihrer inneren Landkarte weiter zu verfeinern, stellen Sie sich bitte jetzt Ihr konkretes Team bildhaft vor.

Welches Bild haben Sie von Ihrem Team?
(Sie können auch gerne ein konkretes Bild/eine Landkarte zeichnen!)
Welche Situation sehen Sie?

Welche Personen befinden sich in diesem Bild?
Wen haben Sie vielleicht auf den ersten Blick vergessen?
Wo sehen Sie sich selbst im Bild?
Haben Sie sich von Anfang an im Bild gesehen?

Wenn Sie sich ein genaues Bild von Ihrem Team gemacht haben, achten Sie jetzt bitte auf folgende Details:

Wie sprechen Sie miteinander?
Welcher Umgangston herrscht vor?
Sind alle am Gespräch beteiligt?
Welche Stimmung ist im Team?
Wie fühlen Sie sich als Coach oder als Teammitglied?

Um die Vertrauens-Landkarte in ihren Details weiter zu verfeinern, betrachten Sie einmal als aufmerksamer Beobachter Ihr Team und sich selbst als Coach von außen.

Notieren Sie in Stichpunkten:
Welcher Grundgedanke trägt das Team?
Welcher größte, gemeinsame Nenner verbindet das Team?

_____

_____

_____

_____

Ist-Team-Situation

Da die derzeitige Situation im Team die Grundlage des weiteren Handelns darstellt, ist es sinnvoll, diese nochmals genau zu analysieren und so viele Detail-Informationen wie möglich daraus zu gewinnen.

Beschäftigen Sie sich jetzt bitte mit der derzeitigen Ist-Situation (ob real gelebt oder vorgestellt) und beschreiben Sie diese Ist-Situation möglichst genau. Damit auch sprachlich deutlich wird, daß es sich um Ihre persönliche Sichtweise handelt, beginnen Sie bitte jeden Satz mit einer individuellen Stellungnahme, wie zum Beispiel:

Meiner Meinung nach ist das Team ...
Ich empfinde den Umgangston als ...
Ich sehe die Zusammenarbeit als ...

Ihre Beschreibung der Team-Ist-Situation:

_____

_____

_____

_____

Bitte lesen Sie ihre obigen Antworten nochmals durch und fügen diese als weitere Ergänzung in Ihre innere Landkarte ein. Möglicherweise werden Sie feststellen, daß der eine oder andere Aspekt sich wiederholt. Dies kann bedeuten, daß Ihre innere Vorstellung von Vertrauen sich in der Ist-Team-Situation widerspiegelt und Ihren persönlichen Anteil daran deutlich macht.

Soll-Team-Situation

Aus der Gegenwart entwickelt sich die Zukunft. Ebenso soll sich aus der Ist-Situation nun gedanklich die optimale Soll-Situation entwickeln. Nehmen Sie sich einen Augenblick ganz bewußt Zeit, und visionieren Sie.

Stellen Sie sich Ihr Team und sich selbst einmal in der Zukunft vor und machen Sie sich ein Ideal-Bild. Eine Mannschaft, die bereits Vertrauen aufgebaut hat und sehr vertrauensvoll miteinander umgeht. Erleben Sie in Ihrer Vorstellung, wie dieses Team schon einige schwierige Situationen gemeistert hat, die in einer Atmosphäre von Vertrauen erfolgreich gelöst worden sind.

Optimieren Sie Ihr Team durch Ihre Vision von Team-Vertrauen und finden Sie einen entsprechenden Weg der Realisierung. Um Informationen über den Unterschied zwischen Ist und Soll herauszufiltern, beantworten Sie sich bitte selbst folgende Fragen und notieren Sie sich in Stichpunkten Ihre Antworten.

Das ideale Team

Wie sehen Sie sich jetzt selbst als Coach oder Mitglied im Team?

_____

Wie sehen Sie Ihre Mitarbeiter/Kollegen jetzt?

_____

Welche Mitarbeiter haben sich wie verändert?

_____

Wie wird jetzt miteinander gesprochen?

_____

Welche zusätzlichen organisatorischen und kommunikativen Hilfsmittel sind fest installiert?

_____

Welche Aufgaben haben Sie übernommen?

_____

Wie genau nehmen Sie diese Aufgaben wahr?

Welche Aufgaben haben Sie zusätzlich deligiert beziehungsweise weitergegeben?

Wie fühlen Sie sich als Coach/Teammitglied jetzt?

Sie werden im Vergleich mit Ihrer Beschreibung der vorherigen Ist-Situation möglicherweise Unterschiede feststellen, die Ihnen sicherlich Ideen für Veränderungen in Ihrem Team und Ansätze für zukünftige Schritte in Richtung des anvisierten Idealzustandes bieten können.

Die optimale Soll-Situation hat möglicherweise auch im Teamgeist eine Veränderung bewirkt.

Welcher Leitgedanke zum Thema Vertrauen, ob offen ausformuliert oder in stiller Vereinbarung, könnte in Ihrem Team jetzt vorhanden sein?

Bitte vergleichen Sie auch hier mit dem Leitgedanken der Ist-Situation und ziehen Sie daraus Hinweise zur Optimierung des Teams.

Da Sie als Coach oder Teammitglied Mitverantwortung für das Vertrauen innerhalb des Teams tragen, wird sich Ihnen vielleicht die Frage nach Ihren persönlichen Leitgedanken für Ihre Arbeit stellen. Welche Leitgedanken haben Sie, Ihre Ziele der Vertrauensbildung und Vertrauenspflege erfolgreich zu erreichen. Formulieren Sie bitte:

Ich bin ...

Ich glaube, daß ... ...

_____

_____

_____

_____

Bitte wählen Sie den für Sie wichtigsten Leitsatz aus und überprüfen Sie Ihn anhand von nachstehenden Checkpunkten. Falls notwendig, verändern Sie bitte die Formulierung. Diese Checkpunkte helfen Ihnen, Ihren Leitsatz zu optimieren.

▶ Ist der Leitsatz positiv formuliert?

▶ Ist er von Ihnen selbst erreichbar, unabhängig von anderen?

Bitte klären Sie für sich selbst:

▶ An was werden Sie genau merken, daß Sie Ihr Ziel erreicht haben?

Bitte ergänzen Sie gegebenenfalls:

▶ In welchem Zusammenhang, in welchem Kontext möchten Sie mit wem Vertrauen haben?

▶ In welchem Kontext möchten Sie mit wem, wann vorsichtig sein?

Ihr neuer Leitsatz, kontextbestimmt und selbst erreichbar:

_____

_____

_____

_____

Den Vertrauensprozeß einleiten

Spielregeln

Normalerweise werden in Teamprozessen von der Gruppe unbewußt „ungeschriebene Gesetze" gebildet und das Team reguliert so seine Mitglieder. Um diesen Prozeß bewußt zu machen, ist es für den Coach und die Teammitglieder empfehlenswert, gemeinsam Spielregeln zu vereinbaren.

Spielregeln für ein Team sollten nicht von einer einzigen Person bestimmt werden, sondern müssen, um effektiv zu sein, vom ganzen Team entwickelt und getragen werden.

Die Entwicklung der Spielregeln

Welche Spielregeln sollen für Ihr Team gelten?

1. Laden Sie alle Teammitglieder ein und legen Sie Ihre Ziele und die Ziele des Unternehmens so detailliert wie möglichst offen.

2. Fragen Sie, welche Vorstellungen das Team hat, diese Ziele zu erreichen.

3. Sprechen Sie die Kommunikation im Team an:
   Wie wollen wir miteinander umgehen, um die Aufgabe optimal zu erfüllen?

4. Sammeln Sie die Spielregeln des Teams während des Prozesses auf Flipchart.

5. Lassen Sie die wichtigsten Regeln vom Team auswählen.

6. Stellen Sie Gemeinsamkeiten des Teams fest, und verdichten Sie sie auf sechs bis sieben Regeln.

7. Finden Sie gemeinsam konkret überprüfbare und einforderbare Vereinbarungen und Formulierungen (achten Sie auf den Beginn der Formulierung mit „ich" als Personalpronomen).

8. Lassen Sie die Gruppe den entsprechenden Kontextrahmen festlegen.

9. Halten Sie bitte das Resultat – also die Spielregeln – auf einem Flipchart beziehungsweise schriftlich, für alle zugänglich und einsichtig fest.

10. Holen Sie sich von allen Teammitgliedern (und von sich selbst) ein kongruentes Ja zu den Spielregeln.
    Lassen Sie die Spielregeln unterschreiben. Gehen Sie als Vorbild voraus und unterschreiben ebenfalls.

Achten Sie darauf, daß nur ein eindeutiges Ja die persönliche Verpflichtung der Spielregeln gegenüber zeigt.

Ein „Jein" ist ein Nein – genauso ein „Ja mit Zusatzklausel".

Hier ein Beispiel möglicher Spielregeln eines Teams:
- Ich spreche Konflikte mit den Beteiligten umgehend und offen an.
- Ich gehe aktiv auf den anderen zu.
- Ich lasse die Persönlichkeit des anderen unangetastet.
- Ich bin bereit zuzuhören.
- Ich bin offen für Kritik.

Bedenken Sie bitte, daß die Desinformation der Mitarbeiter über Rollen/Ihre Funktionen etc. die Quelle von Mißtrauen im Team sein kann. Sprechen Sie aus diesem Grunde offen über Ihre Teamaufgaben.

Pygmalion

Wir kreieren uns unsere Realität selbst, und das bedeutet:

Das Positive erwarten heißt auch, das Positive zu bekommen!

Durch die positiven oder negativen Erwartungen an das Team, an den einzelnen Mitarbeiter und an die Aufgabe haben Sie als Führungskraft/Coach oder Teammitglied die Möglichkeit, Einfluß auf die Leistung des Teams zu nehmen.

Je nach dem, ob Sie davon ausgehen, daß das Team die Aufgabe nicht bewältigen kann – also negative Erwartungen an das Ergebnis beziehungsweise die Personen richten –, wird das Ergebnis unter der möglichen Leistung liegen. Häufig wird die Frage an die Führungskräfte gestellt:
Weshalb denken Sie so über Ihr Team/Ihre Mitarbeiter?
Eine der üblichen Antworten hierauf:
„Ist es nicht besser, ganz wenig zu erwarten, um nicht enttäuscht zu werden?"

Vordergründig mag diese Einstellung verständlich sein, doch diese Haltung zeugt von Mißtrauen gegenüber den Fähigkeiten des anderen beziehungsweise des Teams und zeigt sich sehr häufig auf der nonverbalen Kommunikationsebene. Diese nonverbalen Äußerungen üben einen stärkeren Einfluß aus als die eigentlich inhaltlichen Aussagen.

Es kann passieren, daß Sie über Ihre Stimmlage, die Art des Augenkontakts, des Gesichtausdrucks und die Körperhaltung unbewußt Ihrem Team/Ihrem Mitarbeiter signalisieren:
„Ich traue Euch nichts/wenig zu." oder
„Ob Ihr das wohl könnt, bezweifle ich."
Die Reaktion des Teams und das Ergebnis werden negativ besetzt sein.

Aber auch die von vorneherein positive Erwartung hat auf der nonverbalen Kommunikationsebene ein Höchstmaß an Einfluß auf die Leistungen des Teams/des Mitarbeiters. Gute Ergebnisse bestätigen sich von selbst.

Diese sich selbst erfüllende Erwartung nennt man den „Pygmalion-Effekt".

Für Sie als Führungskraft/Coach stellt sich die Frage: Welche dieser Erwartungen an das Team sind für den Vertrauens-Prozeß effektiver?

Die Kommunikationsforschung hat untersucht, daß Führungskräfte immer Erwartungen an die Mitarbeiter zum Ausdruck bringen. Im Laufe der Zeit beginnen die Mitarbeiter, sich dann je nach der postiven oder negativen Erwartung der Führungskraft zu richten und sich entsprechend zu verhalten.

Bei einer negativen Erwartungshaltung beginnt der Teufelskreis. Hierbei erfährt die negativ besetzte Erwartung Ihre Bestätigung und der Pygmalion-Effekt rechtfertigt automatisch die entsprechend kritische Einstellung dem Team/Mitarbeiter gegenüber.

„Habe ich doch gleich gewußt, das wird nichts!!!" „Wenn man sich nicht gleich um alles selbst kümmert!!!" Diese Sätze sind typisch für eine negative Grundeinstellung, welche von vorneherein das negative Ergebnis provoziert.

Daraus kann man ableiten, daß Sie in der Regel die Leistung von Ihrem Team erhalten, welche Sie als Erwartung bewußt oder unbewußt von vorneherein bereits hatten.

Übung:

Gehen Sie bitte Ihr Team noch einmal gedanklich durch und machen sich pro Mitarbeiter Kurznotizen im Hinblick auf positive Erwartungen. Bitte achten Sie darauf; es gibt keine „keine Erwartungen". Hinter „keine Erwartungen" könnte die Erwartung stehen:

„Ich erwarte, daß du reibungslos funktionierst."

Welche positiven Erwartungen habe ich?

Name: _____

Name: _____

Name: _____

Name: _____

Name: _____

Fassen Sie nun Ihre Erwartungen an die einzelnen Mitarbeiter nochmals in eine allgemeingültige Erwartung an Ihr Team zusammen.

Welche positiven Erwartungen habe ich an das Team?

-
-
-

Überlegen Sie bitte jetzt, welche Hilfestellungen, die in Ihrer persönlichen Macht liegen, Sie dem Team anbieten können.

Welche Hilfsmittel werde ich wie vermitteln?

-
-
-

Kooperationskonzepte

Das Vertrauen in Teamarbeit wird oft durch die Konkurrenz der Mitarbeiter untereinander beeinflußt. Wettbewerb kann das Team in zwei Richtungen beeinflußen:

▶ Konstruktiv-produktiv, wenn zum Beispiel Teammitglieder um bessere Ideen und Problemlösungen wetteifern.

▶ Destruktiv-unproduktiv, wenn zum Beispiel Teammitglieder Lösungen gegenseitig verhindern wollen.

Das Gewinner-Gewinner-Modell

Wenn ein komplettes Team mit der positiven Einstellung das Ziel erreichen will und allgemeines Vertrauen das Fundament dieses Teams bildet, werden gemeinsame Lösungen kreiert, effektiv diskutiert und schließlich optimiert.

Es entwickelt sich ein konstruktiver Wettbewerb mit einem gemeinsamen Ziel und der Freude, dieses Ziel zusammen zu erreichen. Dieser konstruktive Wettbewerb schafft Synergien und läßt neue gemeinschaftliche Lösungen entstehen.

Das Team schafft Neues, einen „Mehrwert", den sich die einzelnen Teammitglieder „teilen", alle gewinnen.

Das Gewinner-Verlierer- = Verlierer-Verlierer-Modell

Dieses Teammodell ist daran zu erkennen, daß die einzelnen Mitglieder sehr viel Energie darauf verwenden, zu beweisen, daß sie als einzelner besser sind als andere Teammitglieder.

Die Energie, die zur Lösung einer Problemstellung verwendet werden könnte, verpufft in den Versuchen, zu beweisen, daß die Lösung der anderen nicht funktioniert. Anstelle gemeinsam nach der Optimierung der Lösungsvorschläge zu suchen, wird danach getrachtet, den Vorschlag oder eine Entscheidung des anderen nicht durchkommen zu lassen.

Das als Gewinner-Verlierer angelegte Konkurrenzverhalten endet in 90 Prozent der Fälle in einem Verlierer-Verlierer-Spiel. Besonders deutlich für Sie als Coach wird dies bei Anzeichen von negativen Kommunikationsmustern wie zum Beispiel: Schuldzuweisungen, Killerphrasen, Rechtfertigungen, destruktive Kritik, sowie sich besser stellen als andere.

Das Ergebnis eines solchen Team-Verhaltens sind Entscheidungshemmnisse, hohe Fluktuation und hohe Krankheitsstände. Dieses Gewinner-Verlierer-Modell verhindert Vertrauensbildung und produziert Mißtrauen.

Übung:

Schaffen Sie Gewinner-Gewinner-Situationen.
Einer muß den ersten Schritt tun, um vom Konkurrenzdenken zur Synergie zu gelangen. Lösungen, Ideen und Vorschläge schaffen Mehrwert.

Bitte notieren Sie:
Welche Verlierer-Verlierer-Situationen fallen Ihnen jetzt ein? (Konkret/Stichworte)
-
-
-

Welche Position haben Sie? Welche Position hat der andere?
-

Welches gemeinsame Ziel haben Sie?
-

Was könnten Sie gemeinsam tun, um dieses Ziel zu erreichen?
-

Worauf könnten Sie sich im Hinblick auf die Zielerreichung einigen?

■

Welchen Schritt wollen Sie als erstes tun, um die Gewinner-Gewinner-Situation zu erreichen?

■

Diese Übung können Sie ebenfalls mit Ihren Mitarbeitern durchführen.

Um das Gewinner-Gewinner-Modell zu etablieren, ist darauf zu achten, daß die Leistung des Teams an das gesamte Team honoriert wird. Sei es als ausgesprochenes Lob, in der Vergütung (gleicher Prozentanteil am Erfolg für alle) oder in der Art der Incentives (gemeinsamer Ausflug/Reise/Büroausstattung etc.). Das Gewinner-Gewinner-Modell bedarf einer gerechten Verteilung des Gewinns, um sich erfolgreich durchzusetzen.

Mittel der Vertrauensbildung: 6 KWO

Natürliche Autorität baut sich auf Vertrauen auf, und die Chance für eine erfolgreiche Führung steigt, je mehr Vertrauen die Geführten der Führungskraft entgegenbringen. Der Wert „Vertrauen" setzt sich in Charisma um.

Die Herausforderungen an Führungskräfte werden in der nächsten Zeit noch weiter zunehmen. Ein immer schneller werdender äußerer Wandel wird ein konstantes, vertrauenaufbauendes Verhalten erschweren.

Aus diesem Grund ist es wichtig, den Faktor „Zeit" zu berücksichtigen und diesen in die Vertrauensbildung mit einzuplanen. Die Modelle zur Vertrauensbildung sind in der Formel 6 KWO zusammengefaßt und beschreiben die Mechanismen, nach denen sich

Vertrauen bildet. Anhand dieser Kriterien kann der Vertrauensprozeß im Team beobachtet und gecoacht werden.

Die 6 KWO lauten:

- Klarheit
- Kontakt
- Kommunikation
- Kontinuität, Konstanz
- Kongruenz
- Konsistenz bei Vereinbarungen
- Wahrheit
- Offenheit

Diese Mechanismen sind dann effektiv, wenn sie in ein gemeinsames Wertesystem eingebunden sind und ein entsprechender Führungsstil im Unternehmen gelebt wird.

K 1 = Klarheit

Um Vertrauen aufzubauen, benötigen die Teammitglieder Klarheit über die Ziele, die Inhalte sowie die Kommunikationsprozesse.

Die Strukturen von Teamprozessen (zum Beispiel ZIAKA, Disney, Mitarbeitergespräche etc.) klar zu beobachten und den Teammitgliedern zu vermitteln (auch visuell auf Flipchart etc.) schafft Vertrauen in den gemeinsamen Prozeß und in die Person, die den Prozeß steuert. Klarheit gibt Sicherheit.

K 2 = Kontakt

Ein guter zueinander Kontakt besteht aus dem Erkennen von Ähnlichkeiten und wird durch das Zitat: „Gleich und gleich gesellt sich gern" treffend ausgedrückt. Diesen gleichen „Wellenklang" nennt man „Rapport".

Der Rapport ist eines der wichtigsten Elemente der Vertrauensbildung und hat für Führungskräfte und Teammitglieder gerade in schwierigen Situationen besondere Bedeutung (siehe Modell „DR. KASSIS").

Die Führungskraft stellt sich am Anfang auf die „Wellenlänge" des Mitarbeiters ein, indem er dessen Verhalten auf unterschiedliche Weise spiegelt und so Kontakt herstellt. Hierdurch ensteht Vertrauen, welches die Basis zur weiteren Kommunikation sein wird.

K 3 = Kommunikation

Achten Sie einmal darauf, wie häufig Sie Kontakt mit unterschiedlichen Personen in einem Team haben, zum Beispiel: Blickkontakte, Körperkontakte, Bestätigungen, Fragen, Telefonanrufe, Treffen usw.

Dabei wird Ihnen bewußt, wie groß die Unterschiede in den Häufigkeiten sind. Möglicherweise nehmen sie einige nur während offizieller Team-Meetings, andere fast ständig wahr. Zeichnen Sie jetzt bitte für jeden Mitarbeiter eine Vertrauensskala. Sie werden wahrscheinlich einen direkten Zusammenhang zwischen „Vertrauen haben" und „Kontakthäufigkeit" feststellen.

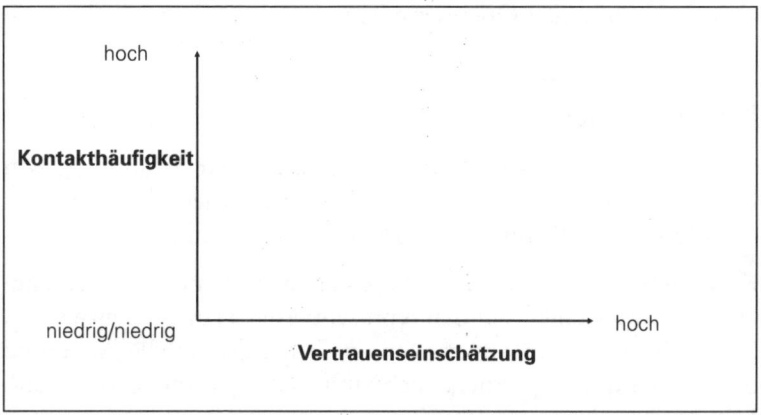

Symphatie und Antipathie gegenüber Mitarbeitern sind auch bei Führungskräften vorhanden. Gute Kommunikatoren haben Techniken entwickelt, mit denen Sie objektiv wahrnehmen, auf welchem Kanal der andere empfängt oder sendet, um unabhängig von Sympathien guten Rapport herzustellen.

Dazu beobachten Sie mit Ihrer Feinwahrnehmung und hören Sie genau hin, wie und was der Gesprächspartner sagt. Die Intensität, Aufmerksamkeit und Zuwendung in einer Kommunikation geben Ihnen Aufschluß über die Art und Weise des Kontakts.

K 4 = Kontinuität

Kontinuität ist eine Bedingung für Vertrauen, die sich im schnellen äußeren Wandel immer schwerer erfüllen läßt.

Kontinuität heißt „Fortsetzung" von Ähnlichkeiten – sei es die Kontinuität von Verhalten, Anforderungen oder von Werten (zum Beispiel Prioritäten, Strategien, Firmenphilosophie).

Kontinuität ist in Veränderungsprozessen nicht mehr nur durch Worte, Tun und Verhalten sicherzustellen; die neue Ebene der Kontinuität in Unternehmen sind die Werte, Visionen und Ziele, also eher normative Orientierungen.

K 5 = Kongruenz

Der Begriff der „Kongruenz" wird auf die Übereinstimmung von Reden und Handeln auf einer inhaltlichen verbalen Ebene und der entsprechenden Körpersprache/Mimik angewandt.

Kongruenz umfaßt ebenfalls die Übereinstimmung von persönlichen Wertesystemen mit den repräsentierten Managementwerten. Jeder von uns kennt Situationen, in denen die verbale Äußerung unseres Gesprächspartners nicht mit seiner Körpersprache und Mimik übereinstimmt. „Danke, es läuft prima" – Diese Aussage mit einem niedergeschlagenen Blick und holpriger Stimme vermittelt ist nicht kongruent.

Diese Inkongruenz wird unbewußt vom Gesprächspartner wahrgenommen und als ein Zeichen der Unglaubwürdigkeit erkannt. Dies zieht einen Vertauensverlust nach sich, der Unsicherheit und Mißtrauen auslösen kann.

Die Feinwahrnehmung der Menschen reicht aus, Unstimmigkeiten wahrzunehmen und in „Gefühle, Glauben und Gewißheiten" zu verwandeln: „Ich fühle, da stimmt was nicht." „Ich glaube, der verschweigt mir etwas." „Ich weiß, daß er lügt."

Eines der gößten Vertrauensprobleme ist die Inkongruenz zwischen dem, was ein Manager von anderen fordert, und dem, wie er sich selbst verhält.

K 6 = Konsistenz bei Vereinbarungen

Die Haltbarkeit, also das Einhalten einer einmal getroffenen Vereinbarung hat einen sehr hohen sozialen und gesellschaftlichen Wert und ist für die Vertrauensbildung ein wichtiges Element („Commitment").

Für Sie als Führungskraft stellt sich die Frage der Konsistenz um so häufiger, desto mehr Entscheidungen und entsprechende Vereinbarungen Sie eingehen möchten oder müssen.

Hier helfen kleine Regeln:

▶ Machen Sie nur Commitments, die Sie auch einlösen können.

▶ Treffen Sie nur Commitments, wenn Ihnen die Prämissen dafür klar sind.

▶ Informieren Sie rechtzeitig über Veränderungen und begründen Sie diese.

W = Wahrheit und O = Offenheit

Wahrheit und Offenheit sind Prinzipien, die als Grundlage für jedes Zusammenleben gelten und Prozesse im Team entscheidend steuern.

Beide Prinzipien gehören zusammen und sind doch unterschiedlich zu bewerten und zu handhaben.

Wahrheit ist immer subjektiv das, was wir „wahr-nehmen". Denn das, was wir wahrnehmen, hängt von unserer Landkarte, den Filtern und Modellen ab, die wir vor unsere Wahrnehmung schalten. Insoweit heißt „Wahrheit" in Teams eine subjektive „ichbezogene, eigene Wahrheit" zu vermitteln.

1. Wahrheit, die für mich auch nach nochmaliger Überprüfung wichtig ist zu vermitteln.

2. Wahrheit, die für den anderen ebenfalls wichtig sein kann.

Es gilt also zuerst abzuklären, welche subjektive Wahrheit die meine ist (siehe eigene Landkarte), bevor ich den anderen gegenüber wahrhaftig sein kann.

Offenheit sollte nicht im Sinne der totalen Transparenz in allen Bereichen oder allen Empfindungen gegenüber mißverstanden werden. Offenheit ist kontext-spezifisch, aber konsequent anzuwenden. Die zwei grundlegenden Überlegungen, denen Sie sich als Coach stellen sollten, sind:

▶ Was ich vom Team wissen muß, sollte ich erfahren.

▶ Was außerhalb des Teamzweckes liegt, muß mich nicht kümmern.

Das Konzept „6 KWO" umfaßt nicht alle, aber die wichtigsten Prinzipien für Vertrauen. Vertrauen aufzubauen klingt möglicherweise etwas mühsam und technisch. Funktionieren wird es nur, wenn derjenige, der die 6 KWOs praktiziert, diese Prinzipien integriert, das heißt sie „kongruent" in seine Identität und Wertehierachie einbezieht. Das ist letztlich der Schlüssel für Vertrauen.

Teamprozesse:

Ressourcen trennen, aktivieren und zielorientiert bündeln

Frank Frenzel

1. Probleme als Chancen: Das energetisierende Lösungsszenario

Ein Problem ist (k)ein Problem – es kommt auf die Formulierung an

Nach allem, was wir heute wissen, sind „Tatsachen" (vielfach auch als „objektive Tatsachen" bezeichnet) keinesfalls objektive Tatsachen. Eine „Tatsache" entsteht erst dadurch, daß ich ein ganz bestimmtes Ereignis in einem speziellen Rahmen betrachte und ihm dadurch eine persönliche Bedeutung verleihe.

Das Ereignis, daß ich im Augenblick kein Geld besitze, wird dann zu einer möglicherweise bedrohlichen „Tatsache" für mich, wenn ich den Nichtbesitz von Geld innerhalb meines Betrachtungsrahmens mit einem Wertverlust meiner Person gleichsetze und dadurch erst zu einer „objektiven Tatsache" mache.

In der Zusammenarbeit von Führungspersönlichkeiten und Teams kann es schon an dieser Stelle der Problemdefinition zu entscheidenden Differenzen kommen, die wertvolle Energien binden und das Entstehen von Konflikten fördern. Doch selbst wenn sich Führungspersönlichkeit und Team darauf geeinigt haben, in der Beschreibung eines beliebigen Sachverhaltes wirklich ein Problem im Sinne einer Tatsachendefinition zu sehen, ist nicht sichergestellt, daß diese Definition als Chance genutzt und das Problem tatsächlich gelöst wird.

Von entscheidender Bedeutung sowohl für das weitere Vorgehen der Führungskraft als auch für das Ergebnis des Problemlösungsprozesses ist die Problemformulierung, die eine Führungskraft wählt.

Unabhängig von dem zu beobachtenden Sachverhalt kann sich die Führungspersönlichkeit auf ganz unterschiedliche Aspekte des gemeinsam zu lösenden Problems fokussieren. Der Fokus, den die Führungspersönlichkeit jeweils gewählt hat, wird in der sprachlichen Formulierung des Problems deutlich. Die gewählte Problemformulierung hat im folgenden einen entscheidenden Einfluß auf den Energiefluß der Gruppe.

Energetisierende Problemformulierungen ...

Die positive Führungspersönlichkeit wird verhindern wollen, daß bei Problemlösungen im Team Schuldzuweisungen, Ängste oder Rechtfertigungsstrategien aufkommen, die in Bedrohungen, Angstbeißen oder gegenseitige Sabotage münden können. Jede dieser Handlungen für sich führt zu einer sofortigen Senkung des Energieniveaus in der Gruppe und zu einer gedanklichen Blockade der Teammitglieder durch die Aktivierung ihrer Streß- und Abwehrmechanismen.

Sie ist statt dessen daran interessiert, eine Atmosphäre zu schaffen, die von Offenheit, Toleranz und Vertrauen geprägt ist und es dadurch allen Teammitgliedern ermöglicht, ihre Energien auf die Lösung des Problems zu konzentrieren.

Deshalb achtet die positive Führungspersönlichkeit darauf, Probleme in einer zielorientierten, das heißt problemüberwindenden Sprache darzustellen:

Gedankliche Ausrichtung: Hin zu oder weg von?

Sie wird nicht so sehr die negativen Aspekte des Problems aufgreifen, das heißt die Aspekte des Problems, die ohnehin vermieden werden sollen (Strategie: „Weg von", „vermeiden"), sondern sie wird sich und ihr Team auf das Positive ausrichten, auf das, was erreicht werden soll. Die bedeutet: Das Team schaut nicht mehr paralysiert auf den Punkt, von dem es weg will (Umsatzeinbruch, Verlust), sondern energetisiert auf den Punkt, den alle gemeinsam erreichen wollen, das Ziel, zu dem sie hinmöchten, zum Beispiel: Umsatzsteigerung, Sicherung von Wettbewerbsvorteilen (Strategie: „Hin zu", „erreichen").

Zeitliche Perspektive: Vergangenheit oder Zukunft?

Statt die Entstehung des Problems aus vergangenen Fehlern oder Fehlentscheidungen zu dokumentieren, konzentriert sich die positive Führungspersönlichkeit auf die Zukunft, in der das Problem gelöst sein soll. Dies ist insbesondere dann wichtig, wenn einzelne Teammitglieder ihre eigenen Energien und die Energien der Gruppe durch Schuldzuweisungen zu blockieren drohen. Daher fragt die positive Führungspersönlichkeit nicht danach, was von wem in der Vergangenheit alles falsch gemacht wurde, sondern danach, was heute und zukünftig anders getan werden kann, damit die anstehende Aufgabe für alle Beteiligten zufriedenstellend gelöst wird.

Handlungsperspektive: „Wie?" statt „Warum?"

Die positive Führungspersönlichkeit wird darauf achten, bei ihren Fragen lösungsorientiert vorzugehen. Sie wird fragen: „Wie können wir dieses Problem lösen?" (Lösungsorientierung) anstelle von: „Warum konnte es zu diesem Problem kommen?" oder: „Wer hat an diesem Umstand schuld?" (Problemorientierung).

Mit diesem gedanklichen Programm schafft die positive Führungspersönlichkeit Energien und Befähigung für alle Teammitglieder, Probleme anzufassen und zu lösen.

... und ihre Umsetzung in der Praxis

Der 39jährige Norbert M. arbeitet als Regionalleiter in der Außendienstorganisation eines großen pharmazeutischen Unternehmens. Zu seinen Aufgaben gehören unter anderem das Management der Mitarbeiterumsätze in den Bezirken und die Begleitung einzelner Mitarbeiter bei Gesprächen mit Ärzten, deren Verschreibungsverhalten bezüglich einzelner Präparate deutlich rückläufig war. Außerdem ist er Leiter des gesamten Außendienstteams in seiner Region. Er hält Kontakt zu allen Mitarbeitern seiner AD-Struktur und trifft in regelmäßigen Abständen Zielvereinbarungen mit ihnen.

Er wendet sich an einen Coach, weil es ihm in letzter Zeit immer schwerer fällt, in den monatlichen Meetings gemeinsam mit seinen Mitarbeitern zu Zielvereinbarungen zu kommen. Er könne nicht verstehen, berichtet er dem Coach, weshalb die Mitarbeiter nicht mehr so „mitziehen" würden wie früher.

Der Coach nimmt an einem solchen Meeting teil. Dabei fällt ihm auf, daß Norbert M. besonders häufig Fragen benutzt, die den Gesprächspartner auf die Vergangenheit orientieren: „Warum konnte dieses Umsatzziel nicht erreicht werden?" – „Wieso konnten Sie sich nicht an unsere Argumentationsstrategie halten?" – „Was für ein Problem haben Sie diesmal gehabt?" – „Was hätten Sie denn bei dem Gesprächspartner besser machen können?"

Des weiteren bemerkt der Coach, daß Herr M. Fragen stellt, die besonders geeignet sind, bei seinen Mitarbeitern Schuldzuweisungen und Angstreaktionen zu produzieren („Da kann ich nichts dafür, diesmal lag es nicht an mir! – Die Zeiten sind eben für alle schlechter geworden, mehr kann ich da auch nicht tun."): „An wem lag es, daß wir diesen Arzt an die Konkurrenz verloren haben?"

„Wir müssen auf jeden Fall verhindern, daß die Umsätze weiter rückläufig sind!"

Gerade die letzte Äußerung kann als ein typisches Beispiel einer Vermeidungsreaktion („weg von") dienen. Vermeidungsreaktionen orientieren unser Denken auf all die Dinge, die wir eigentlich nicht erreichen wollen. Da wir jedoch ständig an sie denken, anstatt uns mit energetisierenden Gedanken an das Ziel zu beschäftigen, das wir erreichen möchten, ist die Wahrscheinlichkeit, das negativ definierte Ziel auch zu erreichen, sehr viel größer – schließlich haben wir ja einen Großteil der Zeit damit zugebracht, uns die Katastrophe in allen Details vorzustellen.

Der Coach entschied sich, das Team-Coaching mit einem Einzel-Coaching zu beginnen, in dessen Verlauf Herrn M. dieser Umstand bewußt wurde. Durch Hinterfragen seiner bisherigen Kommunikationsstrategien in Problemsituationen gelang es dem Coach auch, ihn auf nützliche Alternativen zu seinen bisherigen Strategien hinzuweisen und ihn dieses neue Wissen handlungsbezogen erleben zu lassen (Future-Pace) – zuerst nur in der Phantasie, später auch in realen Situationen im Meeting mit seinen Mitarbeitern.

Kernstück der gemeinsamen Arbeit mit dem Coach war ein Zielszenario für Teams und Gruppen, das schließlich unter Mitarbeit des Coachs in einen strukturierten Projektablauf für Herrn M. und seine Mitarbeiter transformiert wurde.

Zielszenario für Teams und Gruppen – Bündeln der Teamenergie

Die Wahrnehmungen von Individuen können sehr unterschiedlich sein: Während Herr M. eher vergangenheits- und problemorientiert war, wäre es für seine Mitarbeiter möglicherweise hilfreich gewesen, ziel- und zukunftsorientiert vorzugehen. Die Wahrnehmung von Individuen kann sich hinsichtlich ihrer Ausprägung, ihrer Zeitorientierung, ihres Inhaltes und ihrer Form unterscheiden. Mit dem *Zielszenario* lassen sich diese Unterschiede kennenlernen und nach unterschiedlichen Prioritäten bewußt nutzen, um mehr über das Problem und mögliche Lösungen zu wissen. Die unterschiedlichen Wahrnehmungskurven der Teammitglieder hinsichtlich des Problems werden hier nicht gegeneinander gestellt und bewertet („Wer hat recht?" – „Welche Sicht der Dinge ist richtig, welche falsch?"), sondern als Potential genutzt: Je unterschiedlicher die Betrachtungsweisen eines Problems sind und je stärker ich diese Unterschiede nutze, desto größer wird mein verfügbares Potential an Lösungsalternativen.

Allein die Akzeptanz unterschiedlicher Blickwinkel durch die Führungskraft führt meist schon zu einer spürbaren Steigerung der Teamenergie und zu einer Synchronisation aller Beteiligten auf einer höheren Wahrnehmungsebene. Diese kann zum Beispiel in der Orientierung auf ein gemeinsames Ziel bestehen, wobei der Weg dorthin durchaus noch Gegenstand weiterer Überlegungen sein kann. Der Gewinn besteht in diesem Fall darin, die Teamenergie durch eine energetisierende Zielformulierung zu bündeln und für die weitere Arbeit zu nutzen, anstatt sie schon im Vorfeld durch Detaildiskussionen abzubauen.

Themen sammeln

Geben Sie den Teammitgliedern Kärtchen und Filzschreiber und lassen Sie jeden individuell für sich pro Karte einen Punkt notieren. Achten Sie darauf, daß Sie eine Zielfrage gestellt haben: „Was genau können wir tun, um zu diesem Ziel zu kommen?"

Die Vorteile dieser Vorgehensweise: Sie

▶ ist weitgehend anonym (schriftlich) und dissoziiert vom einzelnen Teammitglied,

▶ gibt jedem die Chance, seine Punkte einzubringen,

▶ nutzt die unterschiedlichen Wahrnehmungskurven aller Beteiligten,

▶ bündelt die Teamenergien und schafft dadurch Synergien.

Themen präzise hinterfragen und sortieren

Während einige Mitglieder Ihres Teams noch schreiben, können Sie bereits beginnen, die Karten einzusammeln und an die Präsentationswand zu heften. Bei Karten, die ungenaue Formulierungen oder Negativformulierungen beinhalten, können Sie mit Fragen aus dem Präzisierungsmodell zu detaillierteren Angaben kommen. Sie können schon an dieser Stelle mit einem zielorientierten Hinterfragen einzelner Beiträge beginnen und den Inhalt der Karten entsprechend ändern: „Was müßte denn geschehen/was wäre aus Ihrer Sicht der Dinge optimal, um dieses Ziel zu erreichen?" – „Was genau ist denn mit diesem Punkt gemeint?"

Der Coach ging dabei folgendermaßen vor:

Die Formulierung: „Die Ärzte haben kaum noch Zeit für uns" (negative Generalisierung) wird zunächst konkret und positiv formuliert: „Ich möchte mit bestimmten Ärzten mehr Gesprächszeit haben". Der Coach präzisiert diese Aussage durch die Fragen: „Welche Ärzte sind das?" und „Wieviel Zeit wäre denn sinnvoll, um das Ziel zu erreichen?". Als diese Frage geklärt ist, hakt der Coach weiter nach: „Welche Möglichkeiten kennen Sie denn oder können Sie sich vorstellen, einen bestimmten Arzt dazu zu bewegen, Ihnen diese Zeit zur Verfügung zu stellen?" (Orientierung auf Eigenverantwortlichkeit). Durch die Lösungsorientierung entwickelt das Team schon an dieser Stelle eine Reihe von Ideen: Neue Medien, Direct-Mailing, hohe fachliche Qualifikation, neue Dienstleistungen des Außendienstmitarbeiters etc.

Der Coach nutzt jetzt das Team, um die Karten thematisch zu sortieren. Welche Karte gehört zu welcher anderen? Er nutzt den Raum, um Nähe oder Unabhängigkeit der einzelnen Beiträge zueinander zu visualisieren.

Herr M. würde später aus den einzelnen Karten thematische Gruppen (Wolken/Klumpen) an der Präsentationswand bilden und Grenz- oder Verbindungslinien zwischen den einzelnen Bereichen ziehen. Ihm wird deutlich, daß es dem Coach bis jetzt vor allem darum ging, möglichst viele Vorschläge und Ideen zu sammeln.

Dadurch kann erstens jedes Teammitglied mit seiner Sicht der Dinge zu Lösungsansätzen beitragen und zweitens entstammen die späteren Ergebnisse dadurch einer sehr breiten Informationsbasis.

Dies bedeutet, daß die Teammitglieder vorwiegend divergent arbeiten, das heißt all ihre kreativen Ansätze entwickeln und über möglichst viele unterschiedliche Lösungsansätze nachdenken können. Wichtig ist dabei, daß der Coach im Lösungsbereich bleibt!

Themenkreise ergänzen

Im dritten Schritt nimmt der Coach sich die Zeit, die den Themengruppen zugrundeliegenden Gemeinsamkeiten mit dem Team zu erarbeiten: „Was ist die Gemeinsamkeit aller Punkte dieser Gruppierung?" und „Wie läßt sich daraus ein übergeordnetes Ziel oder Konzept ableiten?"

Er nutzt die Energie der Gruppe, indem er das Stichwort (Lösungsansatz) über die jeweilige Kartengruppe schreibt, das innerhalb des Teams die größte Zustimmung findet.

Bei unterschiedlichen Lösungsansätzen nutzt er die Teamenergie, indem er die Teammitglieder nicht nach den Unterschieden, sondern nach den Gemeinsamkeiten der vorgetragenen Ansätze befragt: „Nun sagen Sie ‚X' und Sie sagen ‚Y'. Wenn wir annehmen, daß es eine Gemeinsamkeit zwischen diesen beiden Ansätzen gibt, welche könnte das denn sein? Was können denn beide Ansätze zur Lösung unseres Problems beitragen?"

Für Herrn M. wird deutlich, daß es an dieser Stelle darum geht, das gesamte Team als Ressource zu nutzen und dadurch möglichst genaue Informationen zu den unterschiedlichsten Lösungsansätzen zu bekommen. Des weiteren stellt er erleichtert fest, daß der Teamprozeß effektiver abläuft, wenn er lediglich als Moderator tätig ist. Seine Aufgabe besteht darin, den Gesprächsverlauf zu strukturieren und nicht darin, einzelne Beiträge zu bewerten oder sich anderweitig inhaltlich zu engagieren.

Problem-/Lösungskreise auswählen

Der Coach gibt nun jedem Problem-/Lösungskreis eine Nummer (1-n) und ermittelt dann, wie viele der Kreise für die Weiterentwicklung und die Lösung des Problems kritisch sind. Er gibt jedem Teammitglied die Möglichkeit, mit Klebepunkten zu wählen, welchen Problemkreis er als den wichtigsten ansieht. Dazu läßt er erst alle Teammitglieder die jeweiligen Nummern auf die Klebepunkte schreiben, wartet, bis alle damit fertig sind, und läßt die Teammitglieder dann an der Moderationswand punkten.

Eine hohe Punktzahl bei einer Gruppierung bedeutet eine hohe Wahrscheinlichkeit, die Teamenergie für diesen Punkt zu aktivieren. Gleichzeitig überlegt er sich, inwieweit Minderheiten-Voten bei einzelnen Punkten erfolgskritisch für das Ergebnis sein könnten. Dazu fragt er im Zweifelsfall jedes Teammitglied nach seiner Zustimmung. Sollte jemand (verbal oder nonverbal) nicht zustimmen, so erkundigt der Coach sich durch Fragen aus dem Präzisierungsmodell: „Wie könnten wir denn das, worum es Ihnen geht, mit diesem Ziel verbinden? Was ist denn Ihr Ziel, und wie können wir hier erreichen, daß Sie sich in unserer Zieldefinition wiederfinden?"

Für Herrn M. wird deutlich, daß der Coach nun begonnen hat, das Team von einer Vielzahl möglicher Lösungsansätze zu einer begrenzten Anzahl zu führen. Dabei nimmt er die Bewertung nicht selbst vor, sondern überläßt sie dem Team. Dadurch kann sich später jedes Gruppenmitglied in den Teamergebnissen wiederfinden.

Gewählte Problem-/Zielkreise weiter klären

An dieser Stelle folgt der Coach der Energie im Team: Er beginnt mit den Kreisen, die die meisten Punkte bekommen haben, und läßt diese Themen in Kleingruppen bearbeiten. Die einzelnen Teammitglieder wählen aus, in welcher Gruppe sie gern arbeiten möchten.

Sie bekommen die Aufgabe, alle Karten des dazugehörigen Kreises zu diskutieren und zu analysieren. Dabei haben sie die Möglichkeit, alle ihnen verfügbaren Daten und damit möglichst viele (auch unterschiedliche) Aspekte des Zieles einzubringen. Sollten weitere Arbeiten einzelner Teammitglieder zu einem späteren Zeitpunkt notwendig sein (Expertisen, Schreibtischarbeit), so hat es sich als sinnvoll erwiesen, dafür bereits jetzt einen Aktionsplan zu erstellen.

Die Zielfragen lauten auch hier wieder:
„Was können wir tun, um ... ?"
„Was ist sinnvoll, um ... zu erreichen?"
„Welche Bedeutung könnte dieser Vorschlag bezüglich unseres Zieles haben?"

Gerade dann, wenn die Diskussionen in den Kleingruppen sich im Kreis zu drehen scheinen, fragt der Coach nach: „Was ist denn das Ziel, das erreicht werden soll?" – „Könnte es nicht sein, daß beide hier diskutierten Ansätze zu diesem Ziel führen?" – „Was könnten denn die Gemeinsamkeiten dieser beiden Ansätze sein?" – „Ergibt sich daraus möglicherweise noch eine dritte Möglichkeit, die wir bisher noch nicht bedacht haben?" usw.

Dabei überprüft der Coach auch immer wieder die Wohlgeformtheit der Fragestellungen beziehungsweise der Zielformulierungen (siehe SPEZI/Zielformulierung) und gibt als Moderator den Teammitglieder Hilfestellung bei der Anwendung des Präzisionsmodells.

Als wichtigste Erkenntnis aus dieser Phase der Teamarbeit nennt Herr M. später seine Funktion als Moderator bei der Konkretisierung einzelner Lösungsansätze durch das Team. Während es im ersten Teil des Teamprozesses darum ging, eine möglichst breite Basis an Ideen für die spätere Auswahl zu schaffen, geht es nun darum, Ideen auf ihre konkrete Umsetzbarkeit hin einzeln zu überprüfen. Der Coach stellt an dieser Stelle die Fragen:

„Wie genau müßten wir denn vorgehen, wenn wir durch diese Idee das Ziel erreichen wollen?"

Die Teammitglieder arbeiten hier vorwiegend konvergent, das heißt, sie verfolgen bereits eine ganz bestimmte Idee und überprüfen sie auf ihre unterschiedlichen Realisierungsmöglichkeiten.

Problemlösung einleiten, Prozeß in Gang setzen

In dieser Phase läßt der Coach mit den Ergebnissen der Gruppenarbeit die Zusammenhänge der Problemkreise auf der Moderationswand sichtbar werden und stellt operative Verknüpfungen her: „Was leitet sich woraus ab?" oder: „Was ist Bestandteil eines größeren Zusammenhanges?"

Nachdem er diese Vorarbeit geleistet hat, kann der Coach die Erkenntnisse aus jeder einzelnen Gruppe und den ihr zugeordneten Karten einzeln in einen Zielprozeß transformieren (zum Beispiel ZIAKA, Disney-Strategie etc.).

2. Ressourcen trennen und verstärken: Das Disney-Modell

Zielerreichung als beziehungsorientierte Kommunikationsaufgabe

Die Tatsache, daß langfristig effektive Problemlösungen nicht so sehr von der „Richtigkeit" der getroffenen Entscheidung, sondern von der Möglichkeit der Führungspersönlichkeit, diese Entscheidungen gemeinsam mit einem Team umzusetzen, abhängen, ist aus den unterschiedlichsten Führungstheorien bekannt und für viele Führungspersönlichkeiten theoretisch ein „alter Hut".

Die praktische Umsetzung dieser Erkenntnis kann jedoch aus den unterschiedlichsten Gründen Schwierigkeiten bereiten.

Dennoch: Nicht nur die Ergebnisse einer Konferenz oder des wöchentlichen Meetings, sondern auch der langfristige berufliche

Erfolg einer Führungspersönlichkeit hängen von den Fähigkeiten der Führungspersönlichkeit ab, ein energetisiertes und befähigtes Team zu schaffen.

Ein solches Team kann um so eher entstehen und aufrechterhalten werden, je stärker die Führungspersönlichkeit das Team nicht nur „führt", sondern mit dem Team in einer Weise kommuniziert, die alle Mitglieder des Teams zu eigenem Handeln ermutigt.

Insofern ist die Führungspersönlichkeit nicht selbst für die Problemlösung zuständig, sondern vielmehr dafür, alle bei den Mitarbeitern vorhandenen Ressourcen so zu bündeln, daß eine Zielerreichung möglich wird. Oft sind in einem Team alle Ressourcen, die zur Lösung des anstehenden Problems benötigt werden, bereits vorhanden – allzu häufig jedoch wird es aus den unterschiedlichsten Gründen versäumt, dieses Potential auch zu nutzen.

Eine in diesem Sinn verstandene Führungspersönlichkeit ist eher „Coach" ihrer Mitarbeiter, als Führungskraft. Ein Coach weiß, daß häufig nicht die „sachliche" Seite eines Problems eine Lösung erschwert, und behält deshalb die beziehungsorientierte, emotionale Seite der Kommunikation besonders im Blick.

Was tun Sie, wenn

– persönliche oder technische Probleme die Produktivität des Teams herabsetzen?
– strategische Abteilungs- oder Unternehmenstransformationen anstehen, für die es noch keine bekannten Lösungstrategien gibt?
– einzelne Teammitglieder Neuerungen gegenüber äußerst skeptisch sind und den Veränderungsprozeß „bremsen"?
– die Suche nach neuen Lösungen, wettbewerbsfähiger zu werden oder die Qualitätsstandards zu halten, eher zögerlich stattfindet?
– Einigkeit über das Ziel besteht, aber große Unklarheit über sinnvolle Umsetzungsmöglichkeiten?

Viele Führungspersönlichkeiten haben bei der Lösung solcher alltäglichen Aufgaben immer wieder die Erfahrung gemacht, daß wohlmeinende Absichtserklärungen im Sinne einer allgemeinen Klimaverbesserung im Team allenfalls Maßnahmen von kosmetischem Wert sind, die von den Mitarbeitern in der Regel auch als solche verstanden werden. So verflüchtigt sich der Zauber kommunikativer Absichtserklärungen oft schon nach einer Nacht (oder wenige Tage nach einem teuer bezahlten Seminar) und hinterläßt bestenfalls die Erkenntnis, daß auch Verbesserungen auf der weniger „greifbaren" Beziehungsebene durchaus von handfesten, strukturierten Problemlösungsansätzen unterstützt werden dürfen.

Ein solcher Ansatz, der sich besonders für gemeinsam zu erreichende Ziele in Projektgruppen und Teams eignet, wird im folgenden vorgestellt.

Folgende Anwendungsbeispiele sollen dabei im Vordergrund stehen:

- die Suche nach neuen Ideen (große oder kleine),
- die Suche nach neuen Lösungen, um wettbewerbsfähiger zu werden,
- die Verbesserung von Leistungen,
- die Einhaltung oder Verbesserung von Qualitätsstandards,
- das gemeinsame Festlegen neuer Prioritäten für eine Produkt- oder Firmen-Stragie.

Der hier vorgestellte Ansatz bietet eine Fülle von Möglichkeiten durch die Integration unterschiedlicher Bausteine: Er verwendet nicht nur Ansätze aus den Bereichen Kreativität und Moderation (zum Beispiel das ZIAKA-Modell), sondern darüber hinaus auch Erkenntnisse aus dem Neurolinguistischen Programmieren (NLP) – unter anderem die Disney-Strategie.

Außerdem ist er ablauforientiert und stützt sich auf einige wenige klar strukturierte Bausteine. Deshalb ist er im praktischen Umgang mit Teams leicht zu handhaben.

Ressource-Zustände am Beispiel des „Disney-Modells"

Als genialer Schöpfer von Mickymaus, Donald Duck und Goofy war Walt Disney schon zu Lebzeiten eine Legende. Nur wenige Menschen wissen allerdings, daß er nicht nur der Schöpfer genialer Comic-Figuren war, die heute mehr denn je Jung und Alt begeistern, sondern auch eine ganz außergewöhnliche Arbeitstechnik benutzte, die zu einer Reihe von Innovationen technischer und organisatorischer Art beim Filmemachen führte. Disney hatte die Fähigkeit, ein Projekt von sehr unterschiedlichen Wahrnehmungspositionen aus zu betrachten.

Einem seiner Mitarbeiter erschien es rückblickend so, als habe er nicht mit einem, sondern mit mindestens drei Disneys zusammengearbeitet: Mit dem Träumer Disney, dem Kritiker Disney und dem Realisten Disney.

Was macht diese Tatsache so interessant? Disney hat es offenbar verstanden, diese drei Perspektiven, von denen anzunehmen ist, daß sie durchaus in Konflikt miteinander standen, so zu integrieren, daß sie einander nicht behinderten, sondern sich ergänzten.

Er wußte sowohl seine Visionen und Träume hinsichtlich eines Projektes, als auch deren technische Realisierbarkeit (Zeichnungen, Kosten, Zeit) und die daraus resultierenden Optimierungsmöglichkeiten seiner ursprünglichen Idee als *getrennte Ressource-Zustände* zu würdigen. Diese Fähigkeit wurde eine der Grundlagen seines weltweiten Erfolgs.

Dreamer-Ressource und Verstärker

Wann immer Walt Disney ein neues Projekt realisieren wollte, nutzte er zuerst alle eigenen kreativen Fähigkeiten und die seiner Mitarbeiter.

Er legte großen Wert darauf, die gesamte kreative und visionäre Energie von Träumen und Ideen zu nutzen – deshalb forderte er nicht nur sich selbst, sondern auch seine Mitarbeiter auf, immer neue Ideen zu entwickeln. Je mehr Ideen er hatte, desto besser schien ihm die Voraussetzungen zur Verwirklichung eines Projektes. Disney war einer der ersten, der ein Bonussystem für die Ideen und die Kreativität seiner Mitarbeiter einführte.

In dieser Phase waren Ideen gefragt: „Wie können wir dieses Ziel erreichen?" – „Was können wir tun, um dieses Ziel zu erreichen?" Die Denk- und Arbeitsweise Disneys wies jedoch eine weitere Besonderheit auf: So berichten seine Mitarbeiter, daß er eine Filmsequenz nicht nur aus der ersten Wahrnehmungsposition, sondern auch aus der zweiten erleben konnte. Die erste Position entspricht der Ich-Position als Zuschauer im Kino, der die Zeichentrickfigur als außenstehender Betrachter auf der Leinwand sieht. In der zweiten Wahrnehmungsposition dagegen versetze ich mich in einen Menschen oder eine Figur hinein und erlebe die Welt aus ihren Augen. Dadurch ist es möglich, Ideen zu generieren, zu denen ich aus der ersten Wahrnehmungsposition keinen Zugang habe.

Von Disney ist zum Beispiel bekannt, daß er die Stimme der Mickey Mouse stets selbst spielte, und sich dabei sogar so bewegte, wie es eine Mickey Mouse seiner Ansicht nach tat. Dadurch konnte er von zusätzlichen Ideen profitieren, zu denen er aus der ersten Wahrnehmungsposition keinen Zugang gehabt hätte.

Die Strategie Walt Disneys funktionierte unter anderem deshalb so gut, weil er es sich (bewußt oder unbewußt) erlaubte, zu unterschiedlichen Zeiten unterschiedliche Perspektiven und Wahrnehmungspositionen nacheinander (das heißt als getrennte Ressourcen) wahrzunehmen. Damit hatte jede Perspektive der Betrachtung ihre Berechtigung zu ihrer Zeit – und dadurch war auf elegante Art und Weise eine Würdigung aller vorhandenen Ressourcen und Denkmuster sichergestellt.

Wahrnehmungspositionen repräsentieren das Prinzip, die Dinge unterschiedlich wahrnehmen zu können, von der Vergangenheit in die Zukunft zu wechseln, andere Perspektiven einnehmen zu können, Überblick und Einblick zu haben.

Alte Programme verhindern oft neue Perspektiven, indem Führungskräfte zum Beispiel in bekannten Mustern denken („Das ging bei uns noch nie" – „So etwas ist hier nicht durchführbar" etc.) sich selbst erfüllende Prophezeihungen beschwören („Auch diesmal wird es wieder nicht funktionieren.") oder allzuviel Energie in die Erfüllung tatsächlicher oder vermeintlicher Erwartungen investieren. Solche Denkprogramme erleichtern einerseits das Leben, weil auf bekannte Erfahrungen zurückgegriffen werden kann. Andererseits erweisen sie sich gerade dort als hinderlich, wo Kreativität und Innovation gefordert sind.

In der Nutzung unterschiedlicher Perspektiven aller Teammitglieder als Ressource liegt einer der größten und produktivsten Energien einer Gruppe. Die Energie unterschiedlicher Perspektiven kann genutzt und in den Dienst des gemeinsamen Zieles gestellt werden. Führungskräfte, die unterschiedliche Perspektiven als Störung ausgrenzen, verschenken oft gerade die Betrachtungsweise, die den entscheidenden Anstoß zur Lösung einer Aufgabe geben könnte.

Beispiele unterschiedlicher Perspektiven sind:

▶ Von der Vergangenheit in die Gegenwart – von der Gegenwart in die Zukunft („Bisher hat es so nicht funktioniert – was können wir denn heute schon tun, damit es in Zukunft funktioniert?").

▶ Von der Problemorientierung zur Zielorientierung („Wie könnten wir denn die Schwierigkeiten, die es bisher offensichtlich noch gibt, lösen?" – „Was wäre denn, wenn gerade diese Idee eine Möglichkeit wäre?").

▶ Von mir zum anderen („Wie wäre es denn, dieses Problem einmal vom Standpunkt des anderen, aus seinen Augen zu betrachten?").

Modelle zur Umsetzung unterschiedlicher Perspektiven sind zum Beispiel:

- Problemszenarien mit verschiedenen Personen,

- Einnnehmen von Metapositionen,

- Repräsentation von Zukunft zum Beispiel durch Phantasierei-
sen oder Visionen,

- neue Betrachtungsrahmen um eine Aufgabe setzen (Reframing),

- kreative Vorbilder zu nutzen: „Welche Personen kenne ich, die
besonders kreativ sind? Was tun diese Personen, um diese
Fähigkeit zu aktivieren? Wie handeln sie, wenn sie kreativ
sind?" (zweite Wahrnehmungsposition),

- eigene kreative Erfahrungen nutzen: „In welchen Situationen
ist es mir denn besonders leicht gefallen, Ideen zu entwickeln?
Was habe ich in diesen Situationen getan?".

Folgende persönliche Überzeugungen und Verhaltensweisen kenn-
zeichnen die Fähigkeit zum Perspektivenwechsel:

- ich kann oder ich lerne zu können, sowohl die Gesamtheit
einer Aufgabe, als auch ihre Details zu beachten,

- durch meine Bemühungen gelingt es mir immer häufiger, mich
in andere Menschen hineinzuversetzen (zweite Wahrnehmungsposition),

- Alternativen bereichern mich,

- ich betrachte die Welt immer häufiger aus unterschiedlichen
Blickwinkeln – und ...

- ich gestehe jedem Menschen seinen Standpunkt zu – gerade
dann und gerade weil er sich möglicherweise von meinem
eigenen unterscheidet.

Realist-(Macher-)Ressource und Verstärker (Chunking Down)

Disney war davon überzeugt, daß er und sein Team keine der Visionen umsetzen konnten, bevor sie nicht in konkrete Arbeitsschritte übersetzt worden war. Daher betrachtete er die Vision zum Beispiel einer bestimmten Szene des Films unter dem folgenden Aspekt: Wenn wir diese Szene (Vision) genau so umsetzen, wie sie uns derzeit vorschwebt, in welche einzelnen Arbeitsschritte müßten wir sie dann zerlegen? So kam Disney von Schlüsselszenen (zum Beispiel dem Auftreten einer Figur) über die einzelnen Bewegungen der darin auftretenden Figuren (etwa das Heben des Arms) bis hin zu 32 einzelnen Bildern der Figuren pro Sekunde (Start irgendeiner Bewegung einer Figur bis zum Ende der Bewegung).

Auch in diesem zweiten Zustand ging es noch nicht um eine Bewertung der bis dahin geleisteten Arbeit, sondern einzig und allein um eine detaillierte und exakte Feststellung aller erforderlichen Umsetzungsschritte, die sich aus der Vision ergaben.

Kritiker-Ressource und Verstärker (Metaposition)

Erst in seinem dritten Ressource-Zustand bewertete Disney die Ideen.

„Was ist gut, was ist schlecht?"
„Wie können wir uns selbst beraten?"
„Was könnte nach dem derzeitigen Erkenntnisstand weiter verbessert werden?"

Dabei betrachtete Disney alle bis dahin gewonnenen Erkenntnisse aus einer dritten Position, die wir Metaposition nennen – das heißt aus den Augen einer Person, die nicht an diesem Projekt beteiligt war. Wie würde ein Außenstehender, der nicht von der visionären Energie des Projektes „angesteckt" ist, dieses bei nüchterner Betrachtungsweise beurteilen? Die Metaposition ist als Position zu verstehen, von der aus ich sowohl die erste, als auch die zweite Wahrnehmungsposition aus einer kritischen Distanz beobachten kann.

Disney nutzte alle ihm zur Verfügung stehenden Ressourcen, indem er sich entweder selbst gedanklich in die Metaposition begab oder aber eine tatsächlich außenstehende Person um einen Kommentar bat.

In seinem Kritiker-Zustand überprüfte er auch, ob das fertiggestellte Produkt sowohl den Ansprüchen der Realist-(Macher-)Ressource, als auch denen der Dreamer-Ressource genügte. Für die Realist-(Macher-)Ressource beantwortete er: „Wie wirkt dieser Film nun auf mich? Bin ich mit der technischen Realisierung der Szenen zufrieden? Sind Aufbau und Abfolge der einzelnen Szenen stimmig? Läßt sich die erzählte Geschichte aus den montierten Bilderfolgen klar erkennen?"

Für die Dreamer-Ressource stellte er sich die Fragen: „Ist dieses Produkt nun tatsächlich so geworden, wie wir es in unserer Vision gesehen haben? Fühle ich das, was ich durch die Vision fühlte, auch jetzt, wenn ich den Film sehe?" (Erste Wahrnehmungsposition). „Würde ich mich als Figur in dem Film tatsächlich so bewegen, würde so reden und handeln?" (Zweite Wahrnehmungsposition).

Diese Schritte wiederholte er solange mit seinen Mitarbeitern, bis alle wirklich zufrieden waren und das Projekt als realisiert betrachteten.

Implikationen für die Führungspersönlichkeit

Bei aller Genialität des Denkens wies Disneys Arbeitsweise doch einen entscheidenden „Schönheitsfehler" auf: Die drei Zustände mögen für Disney persönlich durchaus nach einer gewissen inneren Systematik ineinander übergegangen sein – für seine Mitarbeiter jedoch waren die Übergänge der einzelnen Zustände oft nicht klar erkennbar, so daß einer von ihnen rückblickend feststellte, man habe eigentlich oft nicht gewußt, in welchem der drei Zustände Disney in eine Besprechung gekommen sei.

Das nachfolgend beschriebene ZIAKA-Modell nutzt die Denkstrategie Disneys, hat sie jedoch um einen entscheidenden Punkt erweitert: Es bietet Führungspersönlichkeiten die Möglichkeit, die drei Ressourcezustände bewußt innerhalb des Teams wahrzunehmen und zu trennen. Dadurch kann die Führungspersönlichkeit die Problemlösung klar strukturieren und diese Prozeßstruktur allen beteiligten Teammitgliedern bewußt – und damit transparent und nachvollziehbar machen.

Die Führungspersönlichkeit hat heute ähnliche Möglichkeiten, wie Disney zu seiner Zeit. Jedes einzelne Teammitglied hat seine persönlichen Ressourcen, die von der Führungspersönlichkeit kombiniert und zu unterschiedlichen Zeitpunkten für das gemeinsam definierte Ziel genutzt werden können. Dies gilt gerade dann, wenn in Teams unterschiedliche Ressourcen zur gleichen Zeit vorhanden sind, die sich gegenseitig neutralisieren oder lähmen können. Ideen werden bewertet, bevor sich die ganze visionäre Kraft im Team entwickelt hat oder bevor überhaupt klar ist, was die Konsequenzen ihrer Umsetzung sind.

Die gegenseitige Neutralisierung von Ressourcen findet in vielen Teams sowohl zeitlich als auch personenbezogen statt. Der Kreative im Team würde vom gleichzeitig agierenden Kritiker oder Realisten (Macher) in seiner Ideenproduktion gehindert oder diese würde gar erstickt. Der Realist, der handeln will, würde den gleichzeitig agierenden kreativen Visionär, der ständig neue Ideen produziert, als Störung seiner Arbeit empfinden. Dies sind nur einige Beispiele dafür, welche ungeheuren Energien und Fähigkeiten Führungspersönlichkeiten in Teams mobilisieren können, wenn es ihnen gelingt, Problemlösungsstrategien klar zu strukturieren und die entsprechenden Ressource-Zustände voneinander getrennt ablaufen zu lassen.

Ziel- und Kommunikationsprozesse in Teams, die nicht klar strukturiert sind (bewußt oder unbewußt), erzeugen Konfusion bei den Mitarbeitern, schwächen das Vertrauen des Mitarbeiters in die Führungspersönlichkeit und führen zu einer Senkung des Energielevels in der Gesamtgruppe.

Disney-Ablauf

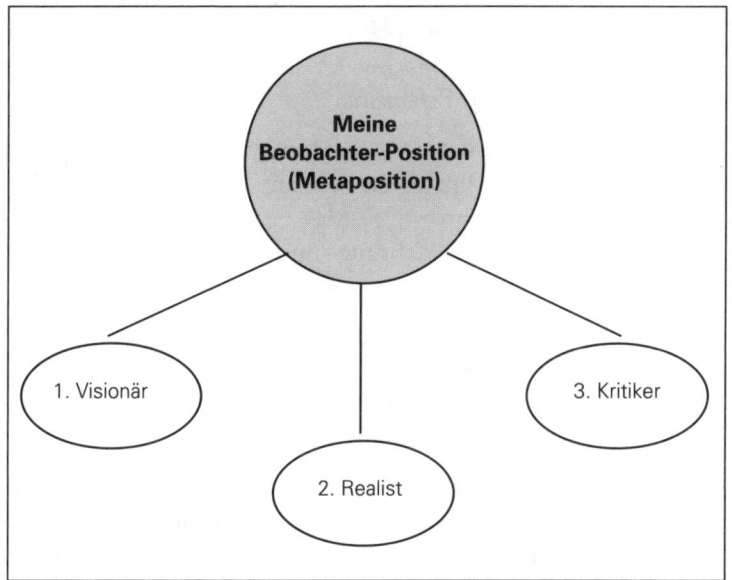

Unterschiedliche Wahrnehmungspositionen als Team-Ressource nutzen

Suchen Sie sich aus der Metaposition drei unterschiedliche Positionen im Raum.

- Wo könnten Sie besonders gut träumen?

- Wo wären Sie ein hervorragender Realist (Macher)?

- Von wo aus könnten Sie Pläne besonders gut kritisieren?

2. Verbinden („Ankern") Sie die jeweilige Ressource mit der dazugehörigen Position im Raum.

- Erinnern Sie sich an eine Zeit, zu der Sie besonders gut Visionen erstellen und Ideen generieren konnten – begeben Sie sich in die Träumerposition und erleben Sie dieses Gefühl noch einmal.

- Denken Sie an eine Situation, in der es Ihnen besonders gut gelang, Visionen in kleinere Teilschritte zu chunken und daraus Aktionpläne zu entwickeln – begeben Sie sich in die Realist-(Macher-)Position und vergegenwärtigen Sie sich diese Erfahrung.

- Wann haben Sie die Erfahrung gemacht, ein Vorhaben konstruktiv kritisieren zu können? Wo haben Sie schon einmal ein unterstützendes Feedback gegeben? Denken Sie an diese Erfahrung und begeben Sie sich in die Kritikerposition.

3. Begeben Sie sich in die Dreamerposition und definieren Sie ein für Sie persönlich attraktives Ziel. Erleben Sie dieses Ziel aus der zweiten Wahrnehmungsposition, das heißt als eine Person, die in dem „Film" mitspielt.

4. Gehen Sie nun in die Realist-(Macher-)Position und überprüfen Sie von dort aus, welche einzelnen Schritte nötig wären, um Ihr Ziel zu erreichen. Wie kann Ihre Vision konkret umgesetzt werden, welche Einzelaktivitäten sind nötig?

5. Gehen Sie jetzt in die Kritikerposition und stellen Sie fest, ob Sie mit dem bisher erreichten zufrieden sind. Brauchen Sie möglicherweise noch zusätzliche Zwischenschritte? Fehlt irgendetwas? Betrachten Sie die bisher gewonnenen Erkenntnisse aus der ersten und der zweiten Wahrnehmungsposition.

6. Begeben Sie sich nochmals in die Dreamerposition und integrieren Sie alle Informationen, die Sie aus den anderen Positionen mitgebracht haben, in ihre Vision.

7. Wiederholen Sie die Schritte 4, 5 und 6 so lange, bis Sie wirklich zufrieden sind.

3. ZIAKA – Der Ziel-Lösungs-Prozeß

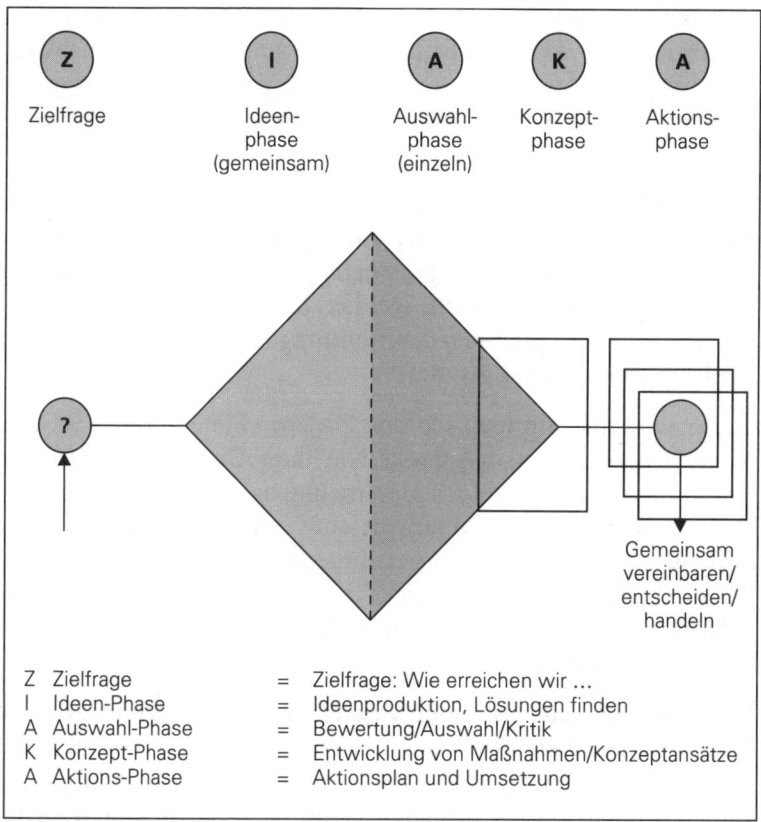

ZIAKA – Ressourcenorientierter Lösungsprozeß für Teams (Ablaufschema)

Ein Blick auf die praktischen Erfahrungen so mancher Führungs-persönlichkeiten mit Beratern in seinem Unternehmen zeigt, ein wenig zugespitzt, etwa folgendes: Der Berater kommt, unterhält sich mit dem Vorstand und den Bereichsleitern, untersucht Unternehmens- und Umweltdaten und liefert dann ein umfangreiches Strategienpapier ab.

Der Vorstand verabschiedet die neue Strategie und ordnet ihre Durchführung an. Diese Art der Implementierung gleicht einem Bombenabwurf. Die natürliche Reaktion auf einen Bombenabwurf besteht darin, alles wieder so aufzubauen, wie es war. Gleiches gilt für den Umgang mancher Führungspersönlichkeit mit ihren Team-Ressourcen.

Der ZIAKA-Prozeß geht ökologisch und respektvoll mit den Ressourcen der Teammitglieder um. Ziel des ZIAKA ist eine vom Moderator induzierte und gesteuerte Nutzung der vorhandenen Team-Ressourcen. Dadurch werden unterschiedliche Denkprogramme (Metaprogramme) der Teammitglieder synchronisiert und infolgedessen optimal genutzt.

Dabei wird die Stratgie, die zur Zielerreichung führt, von den Menschen erarbeitet, die direkt von ihrer Umsetzung betroffen sind – den Mitarbeitern des Unternehmens, die das Team bilden. Diesem Team können Mitarbeiter aus verschiedenen Bereichen und Hierarchiestufen des Unternehmens angehören. Eine von den Teammitgliedern selbst entwickelte Strategie kann dadurch von jedem einzelnen Teammitglied in seinem Umfeld mitgetragen und implementiert werden.

Der Coach ist nur als Moderator tätig. Er sorgt dafür, daß der Prozeß strukturiert und hierarchiefrei abläuft und ist für die Trennung der einzelnen Ressourcezustände der Teammitglieder verantwortlich. Dieses Verfahren bietet noch einen weiteren entscheidenden Vorteil: Dadurch, daß die Führungspersönlichkeit mit am Konferenztisch sitzt, lassen sich Zweifel, Einwände, Unsicherheiten oder Fragen bezüglich einzelner Punkte sofort klären.

Nutzen/Anwendungsbereiche

ZIAKA läßt sich bei allen Arten von kreativen Lösungsprozessen einsetzen. Zusätzlich kann das Modell bei der Vorbereitung von

Gruppenentscheidungen sehr nützlich sein. Geht es darum, Ziele, Vorgehensweisen oder Konzepte innerhalb des Unternehmens oder der Organisation zu erarbeiten (Strategische Transformationen des Unternehmens, Umorganisierung des Außendienstes, Neustrukturierung von Mitarbeitern etc.), ist ZIAKA ein wertvolles Hilfsmittel.

Somit ist ZIAKA überall dort anwendbar, wo Menschen miteinander auf kreative Art und Weise zu neuen Lösungen kommen möchten.

Methodenbeschreibung

ZIAKA greift auf die Ressourcen zurück, die in jedem Team vorhanden sind. Aus der Praxis der Teamarbeit weiß jede Führungspersönlichkeit, daß die vorhandenen Ressourcen zeitweilig oder während der gesamten Besprechung bisweilen unkoordiniert und in eher zufälliger Abfolge aktiviert werden (siehe Beispiel im Kasten).

Methodisch ist ZIAKA so aufgebaut, daß der Moderator mit dem Team Spielregeln vereinbart, die sich in jeder Phase des Prozesses ändern. In der Phase der Problempräsentation gibt es andere Spielregeln als in der Phase der Zielfestlegung, für die Phase der Ideenproduktion greift das Team auf andere Strategien zurück als in der Bewertungs-, Konzept- oder Aktionsphase.

Voraussetzung dafür ist die Position des Moderators. Er hat die Aufgabe, das Team in die einzelnen „States" zu führen (Induktion), diese zu ankern und präzise zu steuern. Als Prozeßbegleiter ist er auch dafür zuständig, Beiträge der Teilnehmer einzelnen „States" zuzuordnen und gegebenenfalls voneinander zu trennen.

Eine weitere wichtige Aufgabe des Coachs besteht in Beziehungsklärungen zwischen den Teammitgliedern. Da für das ZIAKA-Modell unterschiedliche Hierarchiestufen des Unternehmens ein Team bilden können, hat der Coach die wichtige Aufgabe, für eine hierarchiefreie Zusammenarbeit der Teammitglieder zu sorgen.

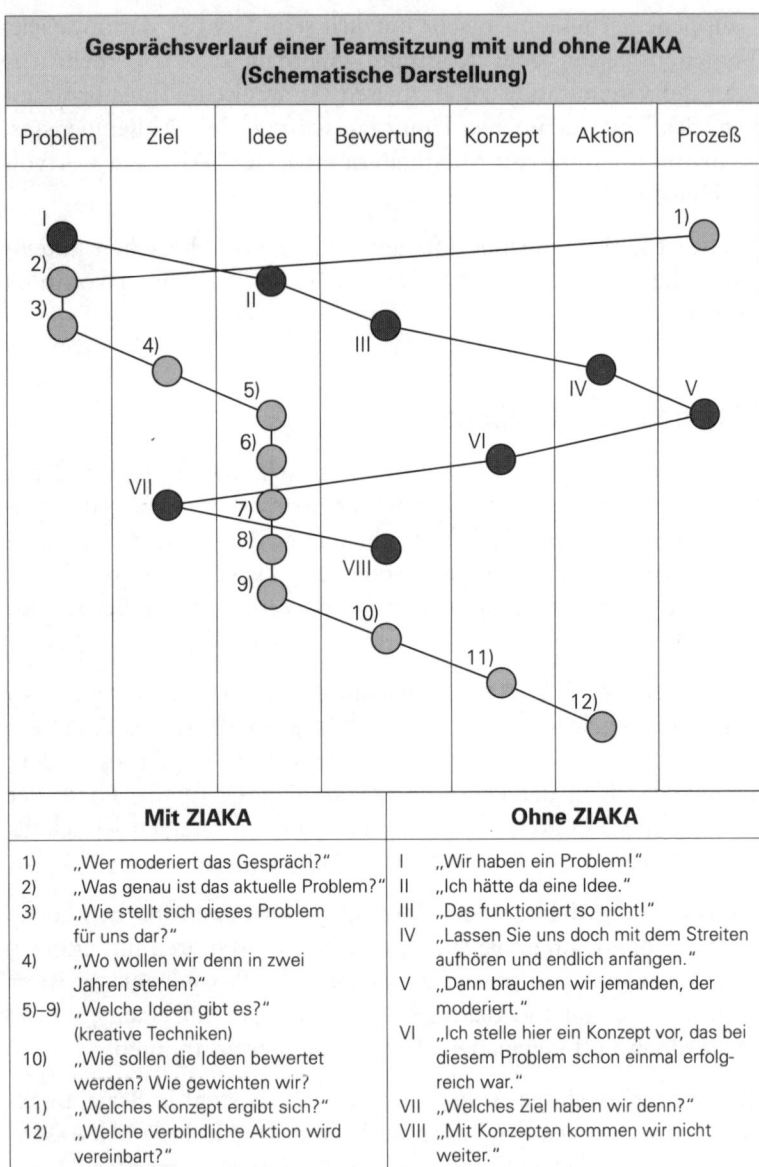

Gesprächsverlauf einer Teamsitzung mit und ohne ZIAKA
(Schematische Darstellung)

Problem	Ziel	Idee	Bewertung	Konzept	Aktion	Prozeß

Mit ZIAKA	Ohne ZIAKA
1) „Wer moderiert das Gespräch?"	I „Wir haben ein Problem!"
2) „Was genau ist das aktuelle Problem?"	II „Ich hätte da eine Idee."
3) „Wie stellt sich dieses Problem für uns dar?"	III „Das funktioniert so nicht!"
4) „Wo wollen wir denn in zwei Jahren stehen?"	IV „Lassen Sie uns doch mit dem Streiten aufhören und endlich anfangen."
5)–9) „Welche Ideen gibt es?" (kreative Techniken)	V „Dann brauchen wir jemanden, der moderiert."
10) „Wie sollen die Ideen bewertet werden? Wie gewichten wir?	VI „Ich stelle hier ein Konzept vor, das bei diesem Problem schon einmal erfolg-reich war."
11) „Welches Konzept ergibt sich?"	VII „Welches Ziel haben wir denn?"
12) „Welche verbindliche Aktion wird vereinbart?"	VIII „Mit Konzepten kommen wir nicht weiter."

Phasenweise getrennt ablaufende ZIAKA-Teammoderation

Dieses Ziel erreicht er, indem er Regeln für die gemeinsame Zusammenarbeit aller Teammitglieder mit dem Team vereinbart. Außerdem ist er ständiger Beobachter und Moderator der Beziehungsprozesse innerhalb des Teams.

Phase 1: Zielfrage (Zielzustand, Zielrepräsentation)

Ziel

▶ Zielpräsentation sollte keine Ergebnisse/Lösungen/Konzepte darstellen, sondern die Gruppe mit Fragen und Problemaspekten zur Ideenproduktion anreizen.

▶ Einsatz offener und handlungsauslösender Fragen als starker motivationaler Anreiz für die Gruppe („Was gewinnen wir denn, wenn es uns gemeinsam gelingt, das Ziel zu erreichen?" – „Auf welche Art wird jeder von Ihnen von diesem Ziel profitieren?" – „Wo wollen wir denn in fünf [zwei, zehn] Jahren hinsichtlich dieses Ziels stehen?").

Generelles

▶ Ca. 10 bis 20 Prozent der Gesamtzeit (fünf bis zehn Minuten reichen aus)

▶ Zieldarstellung
   – positiv formuliert (Wo wollen wir hin?)
   – zukunftsorientiert formuliert
   – handlungsauslösend durch „Wie"-Fragen („Was genau können wir tun, um …?")

Ablauf

▶ Coach oder Teammoderator/Führungspersönlichkeit begrüßt die Gruppe und klärt die Zielfrage.

▶ Experte oder Coach präsentiert zwei bis drei Charts als Hintergrundinformation.

▶ Coach übernimmt wieder für kurze, klärende Fragen zur Zielformulierung (SPEZI-Modell).

▶ Gegebenenfalls sammelt er zusätzliche Zielaspekte und visualisiert sie (Zielrepräsentation).

▶ Coach integriert Einwände gegen die Zielfrage.

Techniken
▶ Präsentation
▶ Präzise Fragetechnik
▶ Zielrepräsentation
▶ Einwandintegration

Praxis

Die Umsetzung des ersten Schrittes wird am Beispiel des Außendienstteams von Norbert M. gezeigt: Norbert M. präsentierte kurz Zahlen zum Verschreibungsverhalten von Ärtzen aus zwei Bezirken seines Gebietes. Nach der Bestimmung des Ist-Zustandes („Wo stehen wir heute?") stellt der Coach Zielfragen, die die Teammitglieder auf die Zukunft orientieren: „Wo möchten Sie in zwei Jahren hinsichtlich der drei ausgewählten Präparate stehen?". Er fordert jedes Teammitglied auf, sich vorzustellen, wie es sein wird, wenn dieses Ziel erreicht ist.

Hier ist zu beobachten, wie wichtig die Trennung der einzelnen Denkprogramme ist.

Teilnehmer 1: „Wir können ja nicht die gesamte Struktur verändern, da wird die Geschäftsführung nicht mitmachen." (Programm: Bewertung)

Coach: „Was wäre denn, wenn wir jetzt erst einmal ein Ziel definieren, das für alle hier im Team eine hohe Anziehungskraft hat und uns dann in einem wei-

	teren Schritt überlegen, wie genau wir dorthin kommen möchten?" (Programm: Ziel)
Teilnehmer 2:	„Ja, schön und gut, aber es sollten dann schon sehr konkrete Ziele sein, die ich sofort in meine praktische Arbeit integrieren kann." (Programm: Aktion)
Coach:	„Natürlich, und nun sagen Sie mir bitte aus Ihrer praktischen Erfahrung heraus ein Ziel, das für Sie attraktiv genug wäre, um es möglichst schnell in Ihre praktische Arbeit zu integrieren."

Dieses kurze Beispiel macht die Rolle des Coachs sehr deutlich: Seine Aufgabe besteht nicht darin, die Beiträge einzelner Teilnehmer inhaltlich zu verifizieren oder zu falsifizieren (es wäre ja in diesem Beispiel durchaus denkbar, daß größere Veränderungen auf den Widerstand von Vorgesetzten stoßen), sondern einzig und allein darin, methodisch darauf zu achten, daß das Ziel der jeweiligen Phase erreicht wird, indem die Teammitglieder den Spielregeln entsprechend (zum Beispiel „positive Zielformulierung", Denkprogramm „hin zu") arbeiten.

Wie das Delta zwischen Ist und Ziel geschlossen werden kann, zeigen die nächsten Schritte.

Phase 2: Ideen und Lösungsansätze (Kreative Ressource)

Ziel

▶ Möglichst viele unterschiedliche Ideen und Lösungsansätze finden und entwickeln.

Generelles

▶ ca. 30 Prozent der Gesamtzeit
▶ Teamvorteil (Synergieeffekt durch Ressourcenbündelung) nutzen
▶ alle Ideen mit Nummern visualisieren

Spielregeln

▶ keine Kritik (auch keine nonverbale)

▶ Quantität geht vor Qualität

▶ maximal 60 Sekunden sprechen

▶ auch ungewöhnliche, ausgefallene oder absurde Ideen sind erlaubt

▶ Teilnehmer werden vom Coach in ihre kreative Ressource (Disney-Position 1, Dreamer) versetzt und generieren Ideen aus dieser Ressource

▶ Coach „ankert" die kreative Ressource bei den Teilnehmern und kann sie dadurch später wieder abrufen (Ankern = Verbinden eines Ressourcezustandes mit einem Bild, einem Geräusch, einer Körperhaltung oder einer Berührung, die dadurch zum Auslöser des Ressourcezustandes werden können).

Techniken/Übersicht (falls Ideenfluß abreißt)

▶ Anker für kreative Ressource abrufen

▶ kreative Vorbilder/Mentoren benutzen

▶ eigene kreative Erfahrungen aktivieren – wie können mir diese Erfahrungen augenblicklich weiterhelfen?

▶ Neu-/Umformulierung der Zielfrage:
  - alle Zielformulierungen zu Wie-Fragen zusammenfassen und möglichst bildhaft formulieren (zum Beispiel „Kontakte verbessern – wie genau soll das denn geschehen?" – eventuell Metaphern kreieren)
  - Teammitglieder zu Umformulierungen anregen, um viele unterschiedliche Aspekte des Ziels zu erfassen
  - alle Formulierungen numerieren
  - jedes Gruppenmitglied wählt eine bis zwei Formulierungen individuell aus

- die Formulierung mit den meisten Stimmen wird ausgewählt und weiterbearbeitet (die Energie der Gruppe konzentriert sich hier!)
- je nach geplanter Zeitdauer werden eine bis vier Problemneuformulierungen weiterverfolgt

▶ Assoziationsprinzip/Brainstorming

▶ Analogieprinzip

▶ Bisoziationsprinzip

▶ präzise Fragetechniken/Metamodell (siehe Seite 270)

▶ Metaprogramme/Denkmuster (siehe Seite 269)

▶ Reframings (siehe Seite 270)

▶ Mentoring

▶ Tranceinduktionen

▶ Sternengucken

▶ Rätsel

▶ Denkaufgaben

▶ Märchen, Metaphern

Praxis

Der Coach kennzeichnet diese Phase eindeutig als Phase der Ideensuche. Träumen oder „Spinnen" ist damit ausdrücklich erwünscht. Der Coach numeriert und visualisiert die Ziele und achtet außerdem darauf, daß keine Bewertungen durch Herrn M. („So etwas gab es ja noch nie.") oder andere Teammitglieder erfolgen. Als der Ideenfluß nach vielen Ideen dünner wird, fragt er nach: „Was könnten wir denn sonst noch tun?" – „Welche Idee kann uns denn noch näher an unser Ziel heranbringen?".

Der Coach greift dabei auch auf kreative Vorbilder zurück, die für die Teilnehmer als Mentoren fungieren können. Während sich Disney fragte:

„Wie würde Mickymaus sich in dieser Szene bewegen oder sprechen?" fragt der Coach hier: „Wie macht es denn die Firma X, die in diesem Marktsegment so erfolgreich ist?" – „Was könnte denn für uns so interessant sein, daß wir daraus etwas lernen können?".

Er fordert die Teammitglieder außerdem auf, sich in die zweite Wahrnehmungsposition (in diesem Fall die Sicht des Arztes) zu begeben: „Was will denn der Arzt für sich und seinen Patienten?" – „Was könnte denn für ihn eine Veränderung sein, die es ihm ermöglicht, unser Präparat häufiger zu verschreiben?"

Teilnehmer 1:   „Mir fällt dazu wirklich nichts mehr ein ... "

Coach: „Denken Sie einmal über die folgende Aufgabe nach: Ein Gefangener hat zwei Wärter. Einer von ihnen lügt immer, der andere dagegen sagt immer die Wahrheit. Jeder der beiden bewacht eine Tür. Hinter der einen Tür wartet die Freiheit, hinter der anderen der Tod. Der Gefangene hat nur eine Frage. Wie muß er fragen, um in die Freiheit zu kommen?" (Aktivierung der kreativen Ressource des Teilnehmers).

Phase 3: Auswahl der Ideen/Lösungsansätze (Kritiker-Ressource)

Ziel
▶ Auswählen der geeigneten Lösungen
▶ Verdichten der Lösungsansätze
▶ Prioritäten festlegen
▶ Gemeinsamkeiten feststellen

Generelles

▶ ca. 10 Prozent der Gesamtzeit;

▶ jedes Teammitglied wählt die Ideen aus, die es für wichtig hält (Individualarbeit);

▶ die gewünschte Anzahl der Ideen mit hoher Priorität vorher vom Team erfragen und, falls gewünscht, Auswahlkriterien thematisieren (sammeln und aufschreiben, jedoch nicht bewerten oder diskutieren, da jedes Teammitglied bei der Auswahl seine eigenen Kriterien verwendet);

▶ alternativ hierzu ist auch ein Verfahren möglich, bei dem das Team vorher gemeinsam die Kriterien thematisiert und nach ihrer Bedeutung ordnet (siehe Beispiel).

Coach: „Wir haben die Kriterien ‚Veränderungstempo‘, ‚Veränderungsinvestition‘ und ‚Veränderungsqualität‘. Wie ist die Gewichtung dieser drei Kriterien innerhalb dieser Gruppe? Schreiben Sie bitte Ihre Gewichtung jeweils neben die drei Punkte."

Ablauf

▶ Gleiche Anzahl von Klebepunkten an jedes Teammitglied verteilen und jeden bitten, die Nummer der jeweils gewählten Idee auf einen Klebepunkt zu schreiben (pro Idee maximal einen Punkt vergeben).

▶ Erst dann, wenn alle Teammitglieder ihre Auswahl beendet haben, klebt jeder seine Punkte an die jeweilige Idee (Hintergrund: Hierarchiefreiheit, Vermeidung der gegenseitigen Beeinflussung oder der Beeinflussung des Teams durch Führungspersönlichkeiten; außerdem: Bewegung, Spaß, „Verkörperung").

Praxis

In dieser Phase ruft der Coach die Kritikerressourcen im Team ab. Er fordert die Teammitglieder auf, die bis dahin gesammelten Ideen zu bewerten. Durch Fragen hilft er den Teilnehmern, die Ideen sowohl aus der ersten, als auch aus der zweiten Wahrnehmungsposition und zusätzlich aus der Metaposition zu beurteilen. („Wie könnte der niedergelassene Arzt diese Veränderung unserer Außendienststruktur wahrnehmen?" – „Was könnte eine an diesen Veränderungen unbeteiligte Person darüber denken?" usw.)

Die Anzahl der Klebepunkte, die eine Idee auf sich vereinigen konnte, bestimmt dann ebenso über ihre weitere Umsetzung wie die Wertigkeit des der Idee zugeordneten Kriteriums. Dadurch kann eine Idee nicht nur durch die Häufigkeit ihrer Wahl durch das Team, sondern auch durch die vorher festgelegten Kriterien von Wichtigkeit oder Priorität für die weitere Arbeit ausgewählt werden.

Phase 4: Konzeptansätze entwickeln (Gestalter-Ressource)

Ziel
▶ Konzeptansätze entwickeln
▶ Ideen gemeinsam sichtbar machen
▶ Gemeinsamkeiten finden

Generelles
▶ ca. 30 Prozent der Zeit,
▶ Wichtig: Ideen erst punkten, dann verdichten/zusammenfassen (Gruppen).

Prozeß

▶ die Ideen mit den meisten Punkten umrahmen;

▶ andere Ideen, die sich unter diesen Punkt subsummieren lassen, mit in den Rahmen schreiben;

▶ Namen für diese Rahmen finden (Liste der am häufigsten gewählten Rahmen auf Flipchart visualisieren/generalisieren);

▶ alle häufiger gepunkteten Ideen ausarbeiten;

▶ Minderheitenvotum für einzeln gepunktete Ideen erbitten (Würdigung, Integration – Minderheiten ernst nehmen!).

Praxis

Ausgehend von den am höchsten bewerteten (gepunkteten) Ideen, die er umrahmt, fragt der Coach bei den Teammitgliedern ab, welcher der anderen Punkte ihrer Meinung nach inhaltlich noch in diesen Rahmen hineingehört („Was gehört denn Ihrer Meinung nach noch zu dem Punkt ‚Imageverbesserung'?" – „Welche von den anderen Punkten hier haben denn noch etwas mit der Verbesserung der Kommunikation zwischen Pharmaaußendienst und Arzt zu tun?"). So entsteht durch Zusammenfassungen, Zuordnungen und Umbenennungen ein strukturiertes Konzept, dessen Oberpunkte im Fall von Herrn M. die folgenden waren:

1. Schaffung einer Netzwerkstruktur für den Pharmaaußendienst;

2. Identifikation und regelmäßige Betreuung der wissenschaftlichen Meinungsführer (Opinion Leader) durch ein Scientific-Relations-Team;

3. Zielgruppen-/Präparatespezifizierung;

4. Imageverbesserung des Außendienstes;

5. Qualifizierung der Mitarbeiter;

6. Effektivitätsverbesserung in der Kommunikation zwischen Pharmaaußendienst und Arzt (Kontakt, Vertrauen).

Dabei können die unter einem Konzeptpunkt zusammengefaßten Unterpunkte durchaus schon die Qualität konkreter Aktionen besitzen und somit einen Weg darstellen, den übergeordneten Konzeptpunkt zu erreichen. Der Coach geht in dieser Phase nicht nach systematischen Kriterien, sondern nach Gruppenkriterien vor. Dies bedeutet für den Coach, jeweils die konzeptionelle Abstraktionsebene (Chunk-Level) zu wählen, auf der sich auch die Gruppe gerade befindet.

Zur Erinnerung: Die Aktionen, die sich aus der Teamarbeit ergeben, sollen von jedem Teammitglied später in seinen Bereich getragen und dort von ihm implementiert werden. Deshalb ist es von großer Wichtigkeit, daß sich jedes Teammitglied in dem erarbeiteten Konzept wiederfindet.

So entsteht ein Konzept, das ein „Selbstläufer" innerhalb der einzelnen Bereiche ist und auf motivationale Anreize von außen verzichten kann.

Phase 5: Aktionsplan erstellen (Macher-Ressource)

Ziel

▶ Detaillierte Maßnahmenkonzepte in konkrete Aktionen umsetzen.

Generelles

▶ ca. 10 Prozent der Zeit;

▶ Aktionspläne und Konkretisierungen (Chunking Down) von Konzepten;

▶ einzelne Chunks werden nach Zeitperioden geordnet, zum Beispiel in „Projekte", „Projektteile" und „Projektabläufe".

Prozeß

▶ Liste von Maßnahmen erstellen;
▶ nach Perioden (zum Beispiel 1, 2, 3, 4) sortieren;
▶ Aktionsplan erstellen: Was ist bis wann und von wem zu tun?;
▶ Vereinbarung.

Vereinbarung

▶ Vereinbarungen können nur mit Anwesenden getroffen werden.

Praxis

Vor der Durchführung operationalisiert der Coach das Konzept mit dem Team. An dieser Stelle nutzt er die im Team vorhandenen Macher-Ressourcen. Für einige Konzeptpunkte trifft er konkrete Vereinbarungen mit einzelnen Teammitgliedern. („Das Image des Außendienstes gegenüber dem Arzt soll verbessert werden. Was müßte denn ganz konkret getan werden, um den Punkt ‚Imageverbesserung' für den Arzt nachvollziehbar umzusetzen?" – „Als Einzelschritte sind hier das Erstellen eines standardisierten Fragebogens und die Ausarbeitung eines strategischen Konzeptpapiers genannt." – „Wer von Ihnen übernimmt den Fragebogen, und wer kümmert sich um das Konzeptpapier?" – „Bis wann sollen diese Schritte erledigt sein?").

Bei anderen Konzeptpunkten (etwa dem Punkt „Schaffung eines Scientific-Relations-Teams zur Verbesserung der Kommunikation zwischen Pharmaaußendienst und Arzt") ist es effektiv, den ZIAKA-Prozeß in einem anderen, in der Regel kleineren Team zu wiederholen. Dabei wurde dieser Konzeptpunkt dann zum neuen Ziel für das kleinere Team.

Dadurch ergab sich eine Abfolge verketteter Prozesse, die hinsichtlich ihrer Ausrichtung auf das ursprüngliche Oberziel einen zunehmenden Detaillierungsgrad aufwiesen. Anders ausgedrückt: Ähnlich wie Disney und seine Mitarbeiter ein Projekt von Szenen über Bewegungen bis hin zu einzelnen Bildern herunterchunkten, kam das Team von Herrn M. durch das Detaillieren zu immer genaueren Aktionsplänen.

Wichtig ist in dieser Phase vor allem die Behandlung von möglichen Einwänden der Teammitglieder durch den Coach. Die Schwierigkeit für den Coach: Oft sind Einwände einzelner Teammitglieder gar nicht erkennbar, weil sie nicht geäußert werden. Deshalb ist hier nicht nur eine gute Beobachtungsgabe des Coachs (Wahrnehmung nonverbaler Einwandsignale) gefragt, sondern auch seine Fähigkeit, das Team gedanklich in den Zustand der Durchführung der Aktionen zu versetzen (Future-Pacing).

Deshalb schickt der Coach sein Team mit dem Aktionsplan auf eine kleine gedankliche Reise in die Zukunft und läßt die Teammitglieder die Umsetzung des Planes aus der ersten Wahrnehmungsposition erleben. „Haben wir jetzt zu den Punkten, die wir erarbeitet haben, die volle Zustimmung jedes einzelnen? Wie wird das sein, wenn Sie diese Aktionen tatsächlich umsetzen? Was werden Sie noch an dem Tag tun, an dem dieser Punkt umgesetzt wird? An welche operativen Routinen binden Sie diesen Punkt an? Welchen Nutzen wird Ihnen das bringen?"

Ziel des Coachs ist es, von jedem einzelnen Teammitglied ein volles Commitment für den vereinbarten Aktionsplan zu bekommen. Nur so ist sichergestellt, daß die Vereinbarungen anschließend auch von jedem Teammitglied in seinem Bereich mitgetragen und umgesetzt werden.

Die Bausteine des erfolgreichen Ressourcen-Managements im Team sind:

Z Zielfrage = Präsentation Zielfrage:
„Wie können wir dieses Ziel erreichen?"
– „Was genau wäre denn so attraktiv für uns, daß wir all unsere Ressourcen bündeln würden?" (Steigerung der Motivation durch attraktives, positiv formuliertes Ziel, attraktiver Zielzustand.)

I Ideen-Phase = Ideenproduktion, Sammelphase (kreativer Ressourcezustand):
„Wie könnte es denn funktionieren?" – „Welche möglicherweise auch ungewöhnlichen Ideen gibt es, um das Ziel zu erreichen?" – „Wenn wir auf eine Art und Weise über die Lösung nachdenken, die vor uns noch niemand ausprobiert hat, welche Ideen hätten wir dann?"

A Auswahl-Phase = Bewertung und Auswahl (kritischer Ressourcezustand):
„Welche der Ideen sind besonders wertvoll und nützlich, um das Ziel zu erreichen?" – „Welche Konsequenzen ergeben sich, wenn wir diese Idee genau so umsetzen würden?"

K Konzept-Phase = Entwicklung von Maßnahmen/Konzeptansätzen (Konzept Ressourcezustand):
„Welche Konzeptansätze findet das Team?"

A Aktions-Phase = Aktionsplan und Umsetzen (Macher-Ressourcezustand):
„Wie genau sollen die einzelnen Schritte umgesetzt werden?"

Es ist für alle fünf Phasen des ZIAKA-Modells sinnvoll, die jeweiligen Team-Ressourcen zu aktivieren und zielorientiert zu bündeln. Das Entscheidende am ZIAKA-Prozeß ist nicht, den Ablauf mit Spielregeln zu steuern, wie es traditionell der Moderator tut. Der Unterschied, der den *Unterschied ausmacht*, besteht darin, die Teammitglieder in die jeweilige Ressourcenzustände zu bringen, die in den einzelnen Phasen nützlich sind. Dazu ist es notwendig, daß die Führungspersönlichkeit unterschiedliche Ressourcen der Teammitglieder als solche wahrnehmen kann und über Möglichkeiten verfügt, unterschiedliche Ressourcenzustände getrennt voneinander ablaufen zu lassen. So kann sie Ressourcen einzelner Teammitglieder zu einem bestimmten Zeitpunkt bündeln und die Vorteile jedes Ressourcezustands jeweils getrennt (das heißt zeitlich nacheinander) für den Teamprozeß nutzen.

Literatur

BUCHNER, DIETRICH: Packen Sie's an, Wiesbaden, 1994
ADRIANI, BRIGITTE/CORNELIUS, ROLF/LASKO, WOLF u. a.: Hurra ein Problem, Wiesbaden, 1989

Konflikt-Coaching:

Wege vom Konflikt zur Synergie

Iris Dörr/Anders J. B. Seim

„Der Kopf ist rund, damit das Denken
die Richtung wechseln kann."
Francis Picabia

„Hurra, ein Konflikt", sagen wohl die wenigsten. Dabei ist der erste Konfliktlösungsschritt, überhaupt wahrzunehmen, daß etwas im argen liegt. Schon vor 250 Jahren bemerkte der englische Pfarrer und Philosoph Berkeley, „esse est percipi" – was soviel bedeutet wie: Sein ist wahrgenommen sein. Probleme, die uns nicht bewußt sind, existieren für uns nicht. Erst dem gegenüber, das uns bewußt ist, verlieren wir die Gleichgültigkeit.

Schon die Tatsache, einen Konflikt überhaupt zu erkennen und zu benennen, impliziert, daß man eine Vorstellung davon hat, daß etwas anders sein könnte und beinhaltet so indirekt schon die Lösung. Mit anderen Worten ist die Erkennung eines Konfliktes der erste Schritt zur Lösung.

Ist dies aber nur die Sichtweise des Team-Coachs, nützt das „Entdecken" eines Konfliktes nichts – erst die Bereitschaft der Beteiligten, einen Konflikt zu „sehen", ermöglicht den Einsatz der spezifischen „Werkzeuge" des Coachs. Bis dahin bleibt er „der einsame Rufer in der Wüste" mit seiner Deutung des Geschehens. Sofern der Coach nicht schon den Auftrag zur Konfliktlösung hat, wird die Bewußtmachung seine erste Herausforderung sein.

Das Wort „Konflikt" löst bei den beteiligten Personen je nach Vorgeschichte und Wahrnehmungsfilter die unterschiedlichsten Assoziationen hervor. Bei einigen Angst und Fluchtimpulse, bei anderen vielleicht eher Angriffslust. Es besteht auch durchaus die Möglichkeit, daß das Team ungute Erfahrungen mit ihren bisherigen Bewältigungsstrategien im Konfliktfalle hat und sich deshalb durch vordergründige „Harmonieträchtigkeit" zu schützen versucht. Möglicherweise herrscht eine Firmenkultur, in der die „Botschafter" von Konfliktnachrichten „geköpft" werden. Unter solchen Umständen ist die gute Absicht des Teams, nämlich die Konfliktvermeidung, höherwertiger, als Konflikte aufzudecken und auszutragen.

Übergeordnetes Ziel der Konfliktmoderation ist es, erstarrte Kommunikationsmuster wieder zu „verflüssigen". Dies wird ermöglicht, indem sich die Beteiligten von ihren festzementierten Positionen und Gefühlen dissoziieren, das heißt Zugang zu einer Metaperspektive in bezug auf sich selbst und das System bekommen und so Abstand zu gewinnen. Erst dann kann der einzelne/das Team neue Informationen aufnehmen und sich entwickeln. Konflikte, die gelöst werden, enden in Synergie. Energien werden freigesetzt und vorhandene Ressourcen können optimal aufeinander abgestimmt werden, anstatt sich gegenseitig zu blockieren. So gesehen, beinhaltet jeder Konflikt eine Chance zum möglichen Beginn einer Veränderung.

In den folgenden Abschnitten wenden wir uns zunächst der Frage zu, anhand welcher Kriterien ein Team-Coach feststellen kann, ob ein Konflikt vorliegt. Da sich – wie Einstein schon bemerkte – Konflikte nicht mit der Denke lösen lassen, mit der sie entstanden sind, ja, Konflikte zuweilen gerade deswegen Konflikte sind, weil sich die Beteiligten nach dem „mehr desselben Prinzips" verhalten, sind vom Coach Wissen und Fähigkeiten darüber gefragt, wie er mit Hilfe neuer Lösungsverfahren Situationen wieder in Bewegung bringen kann. Im zweiten Abschnitt erläutern wir anhand unterschiedlicher Konfliktszenarios einige NLP-Interventionswerkzeuge zur Konfliktmoderation.

Und schließlich fassen wir das Ganze im „Steckbrief eines Konflikt-Coachs" zusammen: Welche Einstellungen, Werte und Fähigkeiten sind nützlich im Umgang mit Konflikten?

Nachfolgend nennen wir unseren Team-Coach „Tim C. Oach".

Was macht einen Konflikt zum Konflikt? Die Erkennungsmerkmale

Der Begriff „Konflikt" an sich ist eine Nominalisierung, das heißt einfach ein Modell, welches bestimmte Transaktionen zwischen Menschen beschreibt. Es „gibt" sie also nicht, die „Konflikte", sondern man kann lediglich fragen, ob dieses Modell beziehungsweise der bestehende Umgang miteinander zur Zusammenarbeit oder Interaktion im Team nützlich ist oder nicht. Im Rahmen von NLP ist das Vorhandensein von negativen, sich wiederholenden Kommunikationsschleifen – sogenannten „kalibrierten Schleifen" – ein Kernmerkmal von Konflikten.

Ein Beispiel:

Teammitglied Herr Pütz macht einen inhaltlich konstruktiven Vorschlag. Jedoch löst der Tonfall seiner Stimme bei seinem Kollegen Monz eine deutlich sichtbare Gesichtsblässe sowie Atmungsveränderungen aus. Herr Pütz reagiert hierauf, indem er lauter und befehlsmäßiger spricht. Dies bewegt Herr Monz dazu, ironisch den Beitrag zu disqualifizieren.

Eine Bedingung für das Entstehen solcher „Ping-Pong-Spiele" nicht-verbalen Austausches ist, daß sich die übermittelten Botschaften im Team auf Inhalts- und Beziehungsebene massiv widersprechen, das heißt, die inhaltlichen Mitteilungen der am Konflikt Beteiligten passen nicht mit Körperhaltung, Stimmklang, Hautfärbung, Sprechtempo etc. zusammen: Inhalts- und Beziehungsebene sind inkongruent. Manchmal führen solche Abläufe dazu, daß „endlos" über Nebensächlichkeiten gestritten wird.

Meist sind sich die Beteiligten darüber nicht bewußt, ja möglicherweise bleiben sogar alle zum Konflikt führenden „Metabotschaften" außerhalb des Bewußtseins. Diese vom „Sender" in der Regel nicht wahrgenommenen Botschaften lösen dann bei den jeweiligen „Empfängern" alte, negative Erfahrungen aus, die wiederum die negative Meinung über die anderen bestätigt. Manchmal löst beim Empfänger das nicht-verbale Verhalten der Gegenpartei negative Gefühlserfahrungen aus der Kindheit im Umgang mit einem Elternteil aus. Bei eskalierenden Konflikten automatisieren sich diese Abläufe bis hin zu einem Punkt, wo der gesprochene Inhalt kaum noch eine Bedeutung hat.

Neue Informationen finden keinen Eingang mehr ins System, es ist ins Stocken geraten, „Stuck".

Soziale Verbote haben dazu beigetragen, Inkongruenzen – falls sie überhaupt wahrgenommen werden – oder Konflikte offen anzusprechen (Mutter zum Kind: „Guck nicht so ... So was fragt man nicht."). Wen wundert es daher, wenn Beziehungskonflikte auf eine Sachebene übertragen werden. Es ist doch unverfänglicher, bestimmte Arbeiten im Büro einfach „zu vergessen", anstatt dem Chef zu sagen, daß er nicht so schreien soll, zumal er das Versprechen einer Gehaltserhöhung nicht eingehalten hat.

Aber zurück zu Tim. Ihm stehen noch folgende Kriterien zur Verfügung, die ihm Hinweise auf verdeckte Konflikte geben können:

Vorsicht Risiko:

V Vergangenheits- und Problemorientierung
„Damals ... "
„Es ging noch nie ... "
„Das hat doch keinen Zweck ... "

O Offenheit und Vertrauen fehlen teilweise oder komplett

R Rigide Beziehungsmuster
Überkonformität
„Ich sage ihm, was er hören will."

S Schuldzuweisungen und Rechtfertigungen
„Das liegt doch nur daran, daß ...“
„Weil Herr/Frau XYZ immer so ...“
Warum-Fragen

I Inhaltliche Probleme
Informationen werden nicht weitergegeben
Arbeit wird trotz mehrmaliger Mahnung nicht zur Zufriedenheit erledigt
Vergeßlichkeit

C Cooperation vorerst nicht vorhanden

H Häufiges Fehlen einzelner Personen
Hoher Krankenstand
Hohe Fluktuation

T Tiefenstruktur, zum Beispiel Denkmuster sind nicht kompatibel
(Metaprogramme)

R Repräsentationssysteme stimmen nicht überein

I Inkongruenzen: verbal/nicht verbal
Körperhaltung/Asymmetrie
Atmung
Stimme/Stimmqualität
Stimmung/Gefühlslage
Inhalt
Sprache/Wortwahl

S Schlechtes Betriebsklima

I Intrigen/Gerüchte/Mobbing

K Körperliche Symptome
Krankheiten
Streß, hoher Blutdruck
Schwächung des Immunsystems

O Offene Konfliktansprache
(die einfachste Form)

Konfliktlösung: Die Interventionswerkzeuge

In Analogie zum Computer wäre die inhaltliche Mitteilung gleichzusetzen mit den Informationen, die in den PC eingetippt werden, während die Wahl der Software, mit der die eingegebenen Informationen behandelt werden, der Beziehungsebene entspräche. Konflikte entstünden folglich dann, wenn die Kommunikationspartner glauben, sie benutzten identische PC-Programme, diese aber „in Wirklichkeit" grundverschieden sind. So entstehen die langen Debatten über „richtig" oder „falsch". Konfliktlösung würde demnach beinhalten, daß sich die Konfliktparteien über ihre unterschiedlichen Bezugsrahmen oder „Software" bewußt werden und sich dann über eventuelle Gemeinsamkeiten oder „Kompatibilität" austauschen können. Einen Rahmen zu schaffen, in dem solche Prozesse möglich sind, ist die Herausforderung für Tim C. Oach. Hierfür hat er eine Reihe von „Werkzeugen", die nachfolgend beschrieben werden.

Es hat sich als brauchbar erwiesen, die Maßnahmen des Konflikt-Coachings in drei Gruppen zu ordnen:

▶ Die Fähigkeiten, mit allen Teammitgliedern in guten Kontakt zu treten und diesen auch zu bewahren.
(Werden im Abschnitt „Steckbrief eines Team-Coachs" beschrieben.)

▶ Techniken zur Informationssammlung. Erkennung von konfliktauslösenden Mustern.

▶ Spezielle Interventionstechniken.

In seinem Werkzeugkoffer hat Tim C. Oach zum einen „Basiswerkzeuge", die für alle aufgeführten Interventionsarten nützlich und auch in der „hohen Kunst der Kommunikation" gefragt sind.

Dies sind die Fähigkeiten, lösungsorientiert zu fragen, Metaprogramme zu balancieren und Repräsentationssysteme zu erkennen und zu übersetzen. Ebenso verfügt Tim über „Spezialwerkzeuge": Er beherrscht verschiedene Interventionsstrategien oder „Programme", die er je nach Fragestellung oder Auftrag einsetzen kann. So zum Beispiel das Schlichtungsverfahren und das „Reflecting Team".

Liegt der Konflikt gar nicht bei dem Team, sondern „nur" bei einer Person, ermöglicht der „Metaspiegel", sich selbst liebevoll den Spiegel vorzuhalten, um die eigenen Anteile und Projektionen zu erkennen, durch die das Verhalten der anderen zum Konflikt wird.

Basiswerkzeug: Lösungsorientiertes Fragen

Schon die „bloße" Sammlung von Informationen ist an sich eine filigrane und zugleich mächtige Intervention. Tim C. Oach ist der Ansicht, daß sich die Wahrscheinlichkeit einer Lösung mit steigender Anzahl unterschiedlicher Sichtweisen erhöht. Vor allem das systemisch orientierte Coaching hat hierfür eine Reihe von lösungsorientierten Fragen entwickelt:

1. Identifikation von Problem- und Lösungssystem

„Wer weiß von dem Problem, wer nicht?"
„Mit wem sprechen Sie darüber, mit wem nicht?"
„Welche Personen wären hilfreiche Gesprächspartner, um einer Lösung näher zu kommen?"
„Welcher Gesprächspartner hat Ihnen bisher geholfen, einer Lösung näher zu kommen?"

2. Entstehungsgeschichte der Sitzung

„Wer hat das Coaching angeregt? Wurde im Team darüber entschieden?"
„Auf welchem Hintergrund suchten Sie um Beratung nach?"
„Sind Sie freiwillig hier oder wurden Sie geschickt?"

3. Ziele formulieren

Ziele wohlgeformt formulieren:

- positiv ausgedrückt,
- eigeninitiativ erreichbar,
- sinnesspezifisch konkret (Was werden Sie bei Zielerreichung hören, sehen, fühlen?),
- kontextbezogen,
- in bezug auf die Sitzung heute,
- in bezug auf das gesamte Coaching (falls mehrere Termine vereinbart sind).

Steve de Shazer hat die „Zauberfrage" formuliert: „Stellen Sie sich vor, heute Nacht kommt zu Ihnen im Schlaf eine Fee. Sie hat die Fähigkeit, den Konflikt zu lösen – und sie tut es auch! Weil dies in Ihrem Schlaf geschieht, bekommen Sie ja gar nicht bewußt mit, daß der Konflikt gelöst ist. Wie merken Sie es am nächsten Morgen? Wie merken es Ihre Kollegen?"

4. Die Skalafrage

Diese Frage ist effizient, um auch feinste Unterschiede in den Sichtweisen der Teammitglieder herauszufiltern. Ein Fragebeispiel:

„Wenn Sie auf einer Skala von 0 bis 10 die Schwere des Problems einschätzen würden, wo auf der Skala wären Sie? Wie schätzt Kollege X es ein, was glauben Sie?"
Wenn im Team anhand der Skalafrage unterschiedliche Einschätzungen geäußert werden: „Wie erklären Sie sich die unterschiedliche Bewertung der Situation?"

5. „Geheimniskrämerei"

„Gibt es etwas, das Sie uns bisher nicht gesagt haben, das Ihnen aber so wichtig ist, daß ich es wissen sollte?"
„Welche Frage müßte ich Ihnen stellen, damit Sie der Lösung Ihrer Probleme näher kommen?"
„Gibt es etwas, über das Sie nicht sprechen möchten?"
„Gibt es etwas, das Sie *noch* nicht sagen möchten?"
„Wären Sie bereit, über Ihr Problem zu reden, wenn wir es jetzt täten?"

6. Abschlußfragen

„Was brauchen Sie noch, um Ihre Zuversicht in mögliche Lösungen zu erhöhen?"

„Was in unserem Gespräch hat Ihre Zuversicht in die Lösbarkeit des Problems erhöht?"

„Sind die hier besprochenen Fragen hilfreich zur Lösung Ihres Problems? Oder abwegig?"

Repräsentationssysteme

Ein nützliches Werkzeug im Umgang mit Konflikten ist die Fähigkeit, anhand der Wortwahl der einzelnen Gruppenmitglieder deren bevorzugte Repräsentationssysteme zu identifizieren, bei Bedarf zu übersetzen und gekonnt zu benutzen.

Mit Repräsentationssystemen ist die sinnesspezifische „Abbildung" der Welt im Gehirn eines jeden Menschen gemeint. Über die „Eingangskanäle" Sehen, Hören, Fühlen, Riechen und Schmecken nehmen wir die Welt wahr. Um nicht vollends mit Informationen überflutet zu werden, filtert das Gehirn auf mehr oder weniger nützliche Art und Weise nur bestimmte Aspekte der Wirklichkeit heraus. Es hat sich gezeigt, daß die Menschen unterschiedliche Filter benutzen. Einige Menschen denken hauptsächlich in Bildern. Sie rufen eine Art „inneres Fotoalbum" ab, wenn sie sich an bestimmte Dinge erinnern wollen. Sie *sehen* sozusagen das Geschriebene vor ihrem inneren Auge und lesen es ab. Andere wiederum bevorzugen den auditiven Kanal. Sie hören die unterschiedlichsten Klangnuancen und reagieren sehr sensibel auf bestimmte Wortbetonungen ihrer Gesprächspartner. Sie *hören* genau, ob ein Gespräch harmonisch klingt oder nicht. Des weiteren gibt es jene Personen, die den „Gefühlskanal" bevorzugen. Sie entscheiden zum Beispiel sehr intuitiv „aus dem Bauch heraus" und *spüren* genau, ob sie etwas bedrückt oder nicht. Und zu guter Letzt der etwas seltener anzutreffende „Riech- und Geschmacks-Typ", der selbst feinste Geschmacksnuancen in der „Sauce Bernaice" zu *schmecken* vermag.

Somit liegt es nahe, daß die gesprochene Sprache, als Vermittler von Gedanken und Erfahrungen, durch die entsprechende Wortwahl Hinweise auf das bevorzugte Repräsentationssystem eines Menschen geben kann.

Tim C. Oach ist in der Lage, anhand der Sprache zu identifizieren, ob sich sein Gesprächspartner eher in einem *visuellen* (das Sehen betreffend), einem *auditiven* (das Hören betreffend), einem *kinästhetischen* (das Gefühl betreffend) oder gar in einem *olfaktorisch/gustatorischen* (Geruch und Geschmack betreffenden) Repräsentationssystem befindet (= VAKO). Treffen nämlich zwei „unterschiedliche Typen" aufeinander, kann es Probleme geben:

Chef: „Ich *sehe* Ihren Brief vor mir, in dem Sie mir *klar* erörtern, daß es innerhalb ihrer Gruppe Probleme gibt. Mein *Bild* ist, daß Sie mit einzelnen Personen nicht *klar* kommen. *Sehen* Sie das auch so?"

Gruppenführer: „Tja, äh, meine Gruppe macht es mir *schwer*, irgendwie kann ich sie nicht so richtig *packen*. Vielleicht können Sie mir helfen, das Ganze zu *begreifen*."

Chef: „Mir ist das noch nicht *deutlich* genug. Was genau springt Ihnen bei Ihrer Gruppe ins *Auge*? Wo fehlt ihnen der *Durchblick*?"

Gruppenführer: „Also, das alles … ich *begreife* noch nicht so genau, worauf Sie hinauswollen, ich *spüre* nur, daß die Gruppe auf Distanz geht. Ich muß mich abrackern und am Ende bin ich immer sehr *bedrückt*. Das *tut* mir richtig *weh*."

Chef: „Äh, also, Ihre *schillernde* Beschreibung lenkt meinen *Blick*, äh, wie genau *sehen* Sie denn Ihre Rolle? Machen Sie sich doch mal ein *Bild*."

Gruppenführer: „Ja, äh, ich glaube, ich muß mein Problem doch alleine lösen, ich habe so das *Gefühl*, daß ich das schon irgendwie schaffe … "

Was ist passiert? Obwohl beide Personen die gute Absicht hatten, eine gemeinsame Lösung zu finden, kam es zu Schwierigkeiten.

Es gab, obwohl beide dieselbe Sprache gesprochen haben, Rapport-Probleme, da sie sich untereinander nicht richtig verständlich machen konnten. Treffen nun zwei Personen zusammen wie hier in unserem Beispiel der Chef mit dem „Lieblingskanal" *Sehen* (sehen, den Durchblick haben, Bild machen …) und der Gruppenführer, der das kinästhetische Repräsentationssystem bevorzugt (schwer machen, fühlen, spüren, bedrückt mich, tut weh …), kann es zu einem Konflikt kommen, da sich keiner der beiden so richtig verstanden sieht/fühlt … Selbst bei neutralen Wörtern wie „verstehen", „denken" oder „Prozeß", die keine sensorische Grundlage haben und daher nicht explizit einem bestimmten Sinnessystem zugeordnet werden können, entstehen ohne weiteres Grundsatzdiskussionen. Die jeweiligen Standpunkte werden bis aufs letzte verteidigt, da jeder glaubt, im Recht zu sein, was aus seiner Sicht gesehen ja auch stimmt.

Einschränkend sei hier darauf verwiesen, daß es auch ausgesprochene „Synästhesietypen" gibt, bei denen zum Beispiel das visuelle und kinästhetische Repräsentationssystem so eng miteinander verknüpft sind, daß keine eindeutige Dominanz auszumachen ist. (Für eine Vertiefung des Inhalts sei auf die gängige NLP-Literatur verwiesen.)

Gerade ein professioneller Team-Coach sollte in der Lage sein, die verschiedenen Aussagen und Erfahrungen in den unterschiedlichsten Repräsentationssystemen zu erkennen und zu übersetzen. Das ist ein wichtiger Faktor für Rapport und somit von Offenheit und Vertrauen. Das Geheimnis guter Kommunikation ist also nicht so sehr, *was* wir sagen, sondern *wie* wir es sagen.

Voraussetzung hierfür ist, neben einem Training der eigenen Sinnesschärfe, über einen adäquaten Wortschatz zu verfügen, um flexibel agieren und reagieren zu können.

Zum besseren Verständnis ein praktisches Beispiel einer Übersetzungstafel (nach Grinder/Bandler, 1982, S. 23):

Bedeutung	kinästhetisch	visuell	auditiv
Ich verstehe Sie (nicht).	Ich habe (nicht) das Gefühl, daß das, was Sie sagen, richtig ist.	Ich sehe (nicht), was Sie meinen.	Ich höre Sie (nicht) deutlich.
Ich möchte Ihnen etwas mitteilen.	Ich möchte, daß Sie mit etwas in Kontakt kommen.	Ich möchte Ihnen etwas zeigen (ein Bild von etwas).	Ich möchte, daß Sie sorgfältig auf das hören, was ich Ihnen sage.
Beschreiben Sie mir mehr von Ihrer gegenwärtigen Erfahrung.	Lassen Sie mich mit Ihrem jetzigen Gefühl in Kontakt kommen.	Beschreiben Sie mir deutlich das Bild, was Sie jetzt sehen.	Erzählen Sie mir genauer, was Sie jetzt sagen möchten.
Ich mag die Erfahrung, die wir beide jetzt machen.	Das gibt mir ein gutes Gefühl. Ich habe ein gutes Gefühl bei dem, was wir machen.	Jetzt sehe ich das wirklich klar und deutlich.	Das hört sich für mich wirklich gut an.
Verstehen Sie, was ich sage?	Ist das, womit ich Sie in Kontakt bringe, Ihrem Gefühl nach richtig?	Sehen Sie, was ich Ihnen deutlich machen möchte?	Hört sich das, was ich Ihnen sage, für Sie richtig an?

Basiswerkzeug: Metaprogramme balancieren

Ein weiteres Werkzeug, dessen Nutzung erstaunliche Resultate mit sich bringen kann, ist die Fähigkeit, bestimmte Denkmuster oder auch Metaprogramme zu erkennen und zu balancieren. Menschliches Verhalten folgt bestimmten Mustern, die nicht immer unbedingt zufällig, sondern abhängig von den inneren Metaprogrammen sind. Diese mentalen Muster umschreiben die bevorzugten Vereinfachungsprozesse oder Wahrnehmungsfilter, wie wir Informationen verarbeiten, die Welt erleben und wie wir den Zugang zu unseren inneren Archiven öffnen, beziehungsweise worauf wir unsere Aufmerksamkeit richten, wenn wir darauf zurückgreifen (vgl. James/Woodsmall, S. 108). Metaprogramme können je nach Zeit, Kontext oder Prozeßstadium unterschiedlich sein. Auch nimmt unser gegenwärtig emotionaler Zustand Einfluß darauf, auf welches Metaprogramm wir zurückgreifen. Metaprogramme an sich sind weder gut noch schlecht, sondern je nach Kontext mehr oder minder nützlich. Letztendlich kommt es auf die optimal balancierte Kombination zum richtigen Zeitpunkt an. Sei es in Form einer *Selbstanalyse* – (Welche Metaprogramme habe ich hinsichtlich einer Sache eingesetzt und welche noch nicht, was würde geschehen, wenn ich es täte?) oder als *Teamanalyse* – (Welche Metaprogramm-Muster laufen in einem Team, durch welche müßten sie ersetzt werden?).

Tim C. Oach setzt die Metaprogramm-Technik ein, um zum einen Rapport herzustellen und zum anderen im Zusammenhang mit Konflikten, wenn es keine Differenzen über das Ziel an sich, sondern über die Wege dorthin gibt.

Sie kennen vielleicht die Situation, daß Sie endlich kurz vor der gemeinsamen Teamlösung stehen und plötzlich jemand mit nachfolgender Bemerkung auf wundersame Art und Weise es schafft, die kreative Energie des Teams entweichen zu lassen und einigen Teammitgliedern die Blässe ins Gesicht zu treiben: „Aber das haben wir damals schon mal probiert, das kann doch überhaupt nicht gehen. Das ganze hier bringt uns doch sowieso nichts. So kommen wir nie zum Ziel." Ein Coach, der mit den Metaprogrammen vertraut ist, würde sofort erkennen: „Aha, vergangenheitsorientiert, sortiert nach Ähnlichkeiten und verallgemeinert."

Mit folgender Intervention ist der Coach in der Lage, die Aussage auszubalancieren, zu würdigen und den Betreffenden wieder in die Gruppe zu integrieren, was ein Ansteigen der Energie zur Folge hätte: „Ihr Einwand basiert sicherlich auf bestimmten Erfahrungen, die Sie gemacht haben, und aus denen Sie eine Menge gelernt haben. Wie könnten uns Ihre Erfahrungen heute hier von Nutzen sein? Und was müßten wir Ihrer Ansicht nach tun, damit wir das Ziel erreichen?"

Versteht man die Anwendung der Metaprogramme, so kann man seine eigenen Verhaltensweisen und die der anderen Personen in einem anderen Licht sehen, Verständnis dafür aufbringen, und ist dadurch in der Lage, die Ressourcen zu nutzen, die sich dahinter verbergen. Insgesamt unterscheidet man weit mehr als 20 Metaprogramme. Die wichtigsten sind hier dargestellt:

1. Lösungsorientiert – problemorientiert

Eine typische, immer wiederkehrende Frage, die das Problem fokussiert, ist die Warum-Frage, die sowohl nervenaufreibend als auch schuldzuweisend ist und den Prozess eher behindert statt fördert. Im Gegensatz dazu lenkt die Wie-Frage auf eine Lösung und gleichzeitig auf die Zukunft hin:
„Wie können wir es zukünftig besser machen ...?"

2. Hin zum Positiven – weg vom Negativen

In fast jedem Team finden sich Positivdenker und Vermeider. Der eine will hin zu einem Ziel und ist erfolgsorientiert, während der andere vermeiden will, daß etwas schiefgeht. Der Coach kann den Vermeider auf positive Ziele hinlenken, indem er zum Beispiel folgende Frage stellt: „Was würden Sie statt dessen vorschlagen?"

3. Zukunftsorientiert – gegenwartsorientiert – vergangenheitsorientiert

Einige Menschen beschäftigen sich vorwiegend mit der Vergangenheit (damals, diese Erfahrung), andere sind in der Gegenwart (jetzt müssen wir das Problem lösen), und wieder andere beschäftigen sich hauptsächlich mit der Zukunft (in zwei Monaten, wenn wir's geschafft haben). Teamergebnisse liegen als Antwort auf die Teamziele in der Zukunft, und der Coach wird Gespräche möglichst so moderieren, daß sie in die Zukunft reichen. Es gibt die Erfahrung, daß in zahlreichen Teams bestimmte Denkmuster gleichzeitig auftreten wie zum Beispiel:

Positiv-Denker	Vermeider
lösungsorientiert	problemorientiert
Zukunft	Vergangenheit

Die erforderliche Teamstrategie besteht darin, die Vermeider, die problemorientiert in der Vergangenheit argumentieren, zunächst zu würdigen, indem die positive Absicht herausgestellt wird (= Nutzen für das Team). Im zweiten Schritt werden sie in die Zukunft „gelenkt" und zu Lösungen aufgefordert, die die positiven Absichten der „Vermeidung" integrieren: „Ihr Einwand basiert auf Erfahrungen mit XYZ. Diese Bedenken sind berechtigt und sollten berücksichtigt werden. Wie können wir Ihre Erfahrungen hier bei ... nutzbringend einbauen?"

4. Verallgemeinern – Spezifizieren

Konflikte (nicht nur im Team) können dadurch verursacht werden, indem eine Person eher in großen Einheiten (Chunks) denkt und die Gesamtlage überblickt, während der andere spezifisch und detailliert über dieselbe Thematik argumentiert. Beides ist wichtig.

Nehmen wir einmal an, in einem Automobilkonzern philosophieren ein „Allgemeindenker" und ein „Detaildenker" über eine neues Modell. Der eine würde sich vielleicht auf das Design beziehungsweise auf andere Modelle der gleichen Größe konzentrieren, während der andere schon einen Vorschlag für die zweite Schraube in der linken Hinterachse hätte. Konfliktträchtig kann dies dann werden, wenn die Beteiligten nicht in der Lage sind, die Sichtweise und die Aussagen des anderen zu würdigen.

Folgende Formulierung würdigt einen (störenden) Detaildenker, wenn Sie gerade mit dem Team dabei sind, übergeordnete Ziele zu formulieren:

„Mein Gott, Sie sind uns ja schon drei Schritte vorausgeeilt und bei der Umsetzung. Würde es Ihnen etwas ausmachen, Ihre sehr konkreten Überlegungen zu notieren und solange festzuhalten, bis wir alle, was die Grobplanung betrifft, auf dem gleichen Stand sind, um dann auf Ihre Anmerkung zurückgreifen zu können?"

5. Ähnlichkeiten und Unterschiede

Wenn Sie zwei Dinge vergleichen, sehen Sie dann eher die Ähnlichkeiten („Ja, genau wie bei Firma XYZ") oder die Unterschiede („Da sind wir aber ganz anders")? Nicht selten nehmen Teammitglieder diese Unterscheidung zum Anlaß, sich ernsthaft miteinander zu streiten. Der Coach kann die Muster harmonisieren, indem er zum Beispiel sagt: „Schauen wir uns zunächst die Unterschiede an und anschließend die Gemeinsamkeiten und Ähnlichkeiten …".

6. Äußeres Verhalten und innere Reaktion

Wer anderen vorschreibt, was sie zu tun haben, oder bestimmte Verhaltensvorschläge macht, fokussiert sich auf das „äußere" Verhalten anderer. „Du brauchst doch nur mal deine Arbeitsweise anzuschauen." Wer nach innen gerichtet Gefühle zeigt und zum Beispiel sagt: „Das ärgert mich.", fokussiert sich auf sein „Innenleben". Konflikte laufen oft nach diesem Muster ab. Der eine sagt: „Mach das!", der andere reagiert: „Ich bin doch nicht blöd, das geht aus den Gründen XYZ nicht." … „Du solltest aber …" usw.

Ein Coach, der den Konflikt beenden will, fragt den auf äußeres Verhalten hin orientierten, wie „er dazu fühlt" oder wie „er glaube, daß es dem anderen mit seinen Rat-*Schlägen* gehe". In der Regel ist dann die Verständigungsebene wieder hergestellt.

7. Werte und Motivation

Die folgenden Metaprogramme benennen wichtige Werte und Grundüberzeugungen einzelner Teammitglieder, welche entscheidend die Art ihrer Motivation und ihres Engagements steuern.

Macht	… Die sollen mich kennenlernen … Ich zeige euch, wo es lang geht … Es wird Zeit, daß wir zur Tagesordnung übergehen und endlich eine Entscheidung treffen …

| Kooperation | Hauptsache die Zusammenarbeit funktioniert ...; es ist wichtig, daß alle gehört werden ... |
| Leistung | ... Da muß jetzt ein Ergebnis kommen ... Wenn wir Alternativen entwickeln, machen wir Umwege ... |

Probleme kann es zum Beispiel dann geben, wenn mehrere Personen, die machtorientiert sind, aufeinanderprallen und um die meiste Anerkennung kämpfen. Oder wenn die unterschiedlichen Metaprogramme gleichzeitig Beachtung verlangen.

Alle drei Orientierungen stellen grundsätzlich wichtige Ressourcen für ein Team dar, vorausgesetzt, sie sind gut ausbalanciert. Tim würde die Aufgaben entsprechend den „Neigungen" verteilen:

▶ Der „Machtorientierte" erhält die Aufgabe, die Kontrolle über die Realisierung der Aktionspläne zu übernehmen.

▶ Der „Kooperative" trägt die Verantwortung, alle Meinungen mit einzubeziehen, eine gemeinsame Lösung zu finden.

▶ Der „Leistungsorientierte" wird zum Beispiel an ein Sachproblem gesetzt, um es zu bearbeiten, oder erhält eine Aufgabe, bei der ein schnelles Ergebnis zu erwarten ist.

8. Denkstile

Visionär (Träumer)	denkt eher in großen Einheiten, allgemein, hat Ideen, ist kreativ.
Realist (handlungsorientierter Denker)	denkt strategisch, hat Pläne, wie etwas realisiert werden kann, will sofort etwas tun.
Kritiker (logischer Denker)	denkt in Ursache – Wirkungsgefügen, kritisiert, wägt Vor- und Nachteile ab, bewertet Ideen.

Stellen Sie sich vor, bei einer mittelgroßen Firma in der Autozu-
lieferbranche sitzt die Geschäftsleitung zusammen. Es ist Krisen-
stimmung, die Automobilbranche befindet sich in Rezession: Herr
Meyer, aus der Gründerfamilie, träumt von der neuen Generation
von CNC-Fräsmaschinen, die er in spätestens zwei Jahren, hohe
Gewinne erzielend, auf den Markt bringen will. Herr Petersen, der
Prokurist, weist sofort auf die fehlenden Mittel hinsichtlich der
Finanzlage hin. Er macht den Vorschlag, sich zuerst mit der Bank
in Verbindung zu setzen und das Projekt anschließend einer
genaueren Prüfung zu unterziehen und abzuschätzen, was machbar ist, während Herr Blies auf die mißlungenen Herstellungsver-
suche neuer Produktgenerationen mit den vorhandenen Materialien aus der Vergangenheit aufmerksam macht. Woraufhin Herr
Meyer ...

Und wenn die Firma noch keinen Konkurs angemeldet hat,
diskutieren sie noch heute ... oder sie erteilen Tim C. Oach einen
Auftrag, der in diesem speziellen Fall erfolgreich das *Spezialwerkzeug Disney-Modell* aus seiner Kiste auspackt:

Walt Disney hat erkannt, daß in einem Team alle Ressourcen, Kraft
und Kreativität vorhanden sind, um Unmögliches möglich zu
machen. Voraussetzung hierfür ist die optimale Nutzung dieser
unterschiedlichen Fähigkeiten und Energiezustände, das heißt, zur
richtigen Zeit an der richtigen Stelle. Disney zumindest hat mit
dieser Überzeugung sein Disney-Imperium aufgebaut.

Eine NLP-Annahme lautet, daß es nichts „Falsches" gibt, sondern
nur „richtige Antworten an der falschen Stelle und zum unpassen-
den Zeitpunkt".

Die unterschiedlichen Antworten zu würdigen und in die passende
Reihenfolge zu bringen gehört demnach zu den Werkzeugen des
Team-Coachs. Allgemein geht es darum, die drei Denkstile Visionär, Realist und Kritiker miteinander konstruktiv zu verbinden und
zu harmonisieren. Hierfür gibt es eine Reihe von Moderationstech-
niken. NLP hat die Walt-Disney-Strategie modelliert. Ferner wird
in diesem Buch das ZIAKA-Modell von Dietrich Buchner erläutert,

welches einem vergleichbaren Prinzip folgt. Der Unterschied besteht darin, daß das ZIAKA-Modell die visionären und kreativen Ressourcen unterteilt und durch die Konzeptphase die Kooperation sicherstellt.

Z = Zielfrage (die visionären Ressourcen)
I = Ideen-Phase (die kreativen Ressourcen)
A = Auswahl-Phase (die kritischen Ressourcen)
K = Konzept-Phase (die kooperativen Ressourcen)
A = Auswahl-Phase (die Macher-Ressourcen)

Auch bei unserer obigen Automobilfirma sind enorme Ressourcen vorhanden: Herr Meyer ist eher ein Visionär (Träumer), der über kreative Fähigkeiten und Energiezustände verfügt und dem es dadurch vielleicht leicht fällt, Lösungen zu finden. Herr Petersen wäre für die Umsetzung zuständig, er kann als strategischer Planer gut abschätzen, was machbar ist, und verfügt daher über die „Realisten-Qualität", während Herr Blies eher für die Integration zuständig wäre, da er durch Bewertungen, und Folgeeinschätzungen „Kritiker-Qualitäten" hat.

Folgende „Walt-Disney-Genius-Strategie" kann sowohl im Team als auch mit einzelnen Personen durchgeführt werden.

Tim C. Oach moderiert das Verfahren mit folgenden Anweisungen:

Bestimmen Sie drei Positionen an unterschiedlichen Stellen im Raum:

1. Visionär/Träumer

2. Realist

3. Kritiker

1. Gehen Sie auf die Träumerposition.
   Erinnern Sie sich an Situationen, in denen Sie besonders gut und kreativ geträumt, oder „gesponnen" haben, vielleicht als Junge …, am Schreibtisch mit einem besonderen Blick aus dem Fenster … und spüren Sie genau nach, wie es sich anfühlt, in einem solchen Zustand zu sein, … was gibt es zu sehen, hören, fühlen …

Visualisieren Sie alle Visionen auf einer inneren Leinwand, wie Sie das Ziel erreichen. Nehmen Sie sich alle Freiheiten, so zu visualisieren, wie Sie es für richtig halten. Benutzen Sie Analogien und/oder Metaphern. Formulieren Sie die Ziele positiv und schreiben Sie diese auf Metaplan-Karten oder Flipchart.

2. Begeben Sie sich auf die Realisten-Position im Raum.
   Erinnern Sie sich an eine Situation, in der Sie sehr gut strategisch einzelne Schritte zur Umsetzung eines Ihrer Ziele in der Vergangenheit geplant haben. Was fühlen, sehen, hören Sie, wenn Sie aktions- und handlungsorientiert sind?
   Stellen Sie fest, was Sie an den obigen Zielen noch ändern müssen. Welche Mittel sind vorhanden, was muß noch organisiert werden, damit der Plan umsetzbar wird und alle Chancen zum Erfolg hat?

3. Gehen Sie nun auf die Kritiker-Position.
   Vergegenwärtigen Sie sich eine Situation, in der Sie absolut konstruktiv Pläne bewertet haben, Folgesituationen vielleicht intuitiv richtig eingeschätzt haben, den genauen Überblick hatten ...
   Machen Sie sich bewußt, was Sie sehen, hören, fühlen ...
   Anschließend nehmen Sie die Visionen konstruktiv-kritisch unter die Lupe und spielen des „Teufels Advokat": Was wäre, wenn ... Welche Konsequenzen würden die Umsetzungen für die Firma/den einzelnen/die Familie etc. mit sich bringen?

4. Gehen Sie wieder auf die Träumer-Position.
   Ändern Sie die Vision/den Plan mit aller Kreativität, daß alle Informationen aus den anderen beiden Positionen aufgenommen und berücksichtigt werden.

5. Wiederholen Sie den Zirkel 2 – 3 – 4,
   solange, bis die Vision/der Plan in jeder Position von jedem volle Zustimmung und Unterstützung erfährt.

6. Aktionsplan
   Wer beginnt wann womit?

Die Aufgabe von Tim ist es, die Teilnehmer in die entsprechenden Ressourcezustände zu verhelfen und darauf zu achten, daß die bestimmten Aufgaben in den einzelnen Positionen beibehalten werden. Er kann auch den Prozeß ein bißchen anfeuern, um Energie in das Team zu bringen. („Was, nur 27 Ideen? Ihr werdet doch locker 50 schaffen ...! Das letzte Team hatte 99 Ideen.")

Je nach Thema und Aufgabe kann es durchaus sinnvoll sein, diesen Prozeß über eine längere Zeit zu steuern. Ansonsten können die Positionswechsel auch als gute Separatoren (Prozeßunterbrecher zur Auflockerung) genutzt werden.

Spezialwerkzeug: Schlichtungsmodell – „Den Regenschirm aufspannen"

Das Schlichtungsmodell ist für folgende zwei Indikationen geeignet:

Indikation A

Aufweichen erstarrter Verhandlungspositionen. Funkstille zwischen zwei Abteilungen, zum Schaden des Betriebes.

Auf einer Problemskala von 0 bis 10 (0 = überhaupt kein Problem) würde sich das Problem ca. auf Stufe 5 bis 7 befinden.

Ein Beispiel:

Zwei Parteien haben sich nicht über ihr gemeinsames Ziel verständigt. So kann es sein, daß in einem Betrieb im Laufe der Zeit Feindbilder zwischen den zwei Abteilungen Planung und Produktion aufgebaut wurden. Die Produktionsleute ärgern sich über die kopflastigen realitätsfremden Planungsvorgaben, da sie nicht in die Planung der neuen Maschinen einbezogen werden. Als Folge entstehen so im Nachhinein, durch einen notwendigen Umbau der Maschinen, Produktionsverzögerungen und hohe Kosten. Gegenseitig machen sich die Abteilungen Schuldzuweisungen, die wiederum zu mehr „Sprachlosigkeit" führen.

Doch gerade in Zeiten der Rezession bedarf es des Ausschöpfens solcher Produktivitätsreserven. Durch eine gemeinsame Abstimmung zwischen „Planern" und „Umsetzern" könnte die Planung von den Praxiserfahrungen der Leute vor Ort profitieren.

Indikation B

Konflikte destruktiven Ausmaßes, zum Schaden sowohl persönlicher als auch betrieblicher Belange.

Auf der Problemskala würde sich das Problem auf Stufe 7 bis 9 befinden.

In diesen Fällen können sich Konfliktparteien überhaupt nicht mehr „riechen", in der Beziehung finden sich massive „Knoten". Erkennbar ist dies vor allem anhand ausgeprägter, negativer, kalibrierter Schleifen in deren Interaktion.

Ein Beispiel:

Innerhalb eines Betriebes haben sich zwei klare „Fronten" ausgebildet, die „Parteien" lehnen sich gegenseitig ab und unterstellen sich unlautere Motive. Häufig bei einem Zwei-Schichtbetrieb anzutreffen, wo die A-Schicht gegen die B-Schicht „kämpft". Schicht A „vergißt" grundsätzlich, die Werkzeuge an den richtigen Platz zu hängen oder gar aus der Maschine herauszuholen, so daß diese mit hoher Wahrscheinlichkeit während der Arbeit des „Feindes" kaputtgehen. Der vorgesetzte Meister, der sich nach oben hin verantworten muß, bestraft den betreffenden Maschinenführer mit einer Verwarnung. Im Gegenzug verstellt Schicht B die Maschinen derart, daß die Produktivität der A-Schicht sinkt. Auch hier bestraft der Meister die einzelnen Arbeiter für ihre Minderleistung. Auf einer noch höheren Eskalationsstufe werden Autoreifen zerstochen, Spinde geöffnet, Schuhe mit Wasser gefüllt etc. Alle Beteiligten in diesem „Spiel" fühlen sich als Opfer und legitimieren somit ihr eigenes, destruktives Verhalten der anderen Partei gegenüber.

In beiden Fällen sprechen wir von „Verlierer-Verlierer-Spielen".

Wenn die Parteien zur Konfliktlösung bereit sind, ist das Schlichtungsmodell ein effizientes Werkzeug, um zu einem „Gewinner-Gewinner-Spiel" zu kommen. Dieses Verfahren geht von der Annahme aus, daß Konflikte ja gerade deswegen Konflikte sind, weil die Beteiligten keinen Zugang zu den Motiven der anderen mehr haben.

In beiden Fällen bedient sich dieses Umdeutungsverfahren der Strategie, die Parteien auf ein gemeinsames Metaziel einigen zu lassen. Im zweiten Fall wird zusätzlich die persönliche Betroffenheit der jeweiligen Gegenpartei verdeutlicht.

Tim schlichtet anhand folgender Schritte: (Bis auf Schritt 2.3 ist das Verfahren für beide vorhergenannten Fälle identisch.)

1. Rapport, Rahmenbedingungen

Eingangs überprüft Tim wie immer den Rapport und legt mit den Gesprächspartnern die Rahmenbedingungen wie verfügbare Zeit, seine Rolle etc. fest. Um alle in einen ressourcevollen Zustand zu bringen, formuliert Tim mit Hilfe seiner Fähigkeiten zum inhaltlichen Umdeuten ein Lob/eine Würdigung für die Beteiligten, wie zum Beispiel: „Ich bin beeindruckt, daß Sie sich trotz der Vorgeschichte miteinander um eine gemeinsame Lösung bemühen. Andere hätten womöglich längst das Handtuch geworfen."

Ferner läßt er sich die Erlaubnis geben, mit den Beteiligten der Reihe nach zu sprechen: „Ist es in Ordnung, wenn ich zuerst mit Team X rede, Sie können dabei zuhören – auf jeden Fall werden Sie anschließend so viel Zeit bekommen wie Sie brauchen, um *Ihr* Anliegen zu berichten."

Dadurch erreicht er, daß die Zuhörer ohne den Zwang, sofort zu berichtigen oder zu antworten, die Position und die Motive der anderen Teams vielleicht aus einer neuen Perspektive wahrnehmen können. Außerdem kann Tim kleine unbewußte Kopfbewegungen oder Befindlichkeitsveränderungen der Zuhörer, bei den verschiedenen Aussagen und Kommentaren beobachten.

2. Lösungsbereitschaft und Regenschirmmanöver

2.1 Lösungsbereitschaft

In diesem ersten Schritt *muß* Tim die *kongruente* Zusage von allen Beteiligten erhalten, daß sie bereit sind, auf eine Lösung hinzuarbeiten. Wenn dies nicht der Fall sein sollte, packt Tim dieses Werkzeug wieder ein und bedient sich lieber eines der Basiswerkzeuge, wie zum Beispiel des „lösungsorientierten Fragens", oder er erkundet, unter welchen Voraussetzungen eine Lösungsbereitschaft vorhanden wäre.

Wenn er diese Zusage erhält, erarbeitet er im nachfolgenden Schritt mit Hilfe des „Regenschirmmanövers" ein allgemein formuliertes gemeinsames Ziel:

2.2 Regenschirmmanöver

Bildlich geprochen spannt Tim einen thematischen Regenschirm auf, worunter beide „Konfliktpole" gemeinsam Platz haben.

Er erfragt jetzt der Reihe nach von allen Parteien die Motive, die gute Absicht hinter den bisherigen Positionen im Konflikt: „Dadurch, daß Sie dieses wollen, was stellen Sie damit für sich/die Firma sicher? Was wollen Sie damit erreichen? Was ist Ihre Absicht?"

Mit anderen Worten wird die Abstraktionsebene der Ziele erhöht, bis ein Ziel erarbeitet ist, welches die beiden bislang polaren Positionen umfaßt.

Schrittweise werden die Absichten allgemeiner formuliert, es geschieht eine Bewegung vom Besonderen zum Allgemeinen. Um dies zu ermöglichen, interveniert Tim aus der Grundhaltung heraus, alle Vorwürfe seien im Grunde genommen negativ formulierte Wünsche an die anderen. Die Konfliktparteien seien „eigentlich" Verbündete, die ein gemeinsames Problem lösen wollen.

In bezug auf obiges Beispiel könnte das gemeinsame Ziel lauten: „Dadurch, daß wir uns alle in der Rezession in der selben Lage befinden, wollen wir durch effiziente Zusammenarbeit die Produktivität steigern und somit unsere Arbeitsplätze erhalten."

In der Regel wird den Teilnehmern hier deutlich, daß sie bisher ein „Verlierer-Verlierer-" beziehungsweise ein „Verlierer-Gewinner-Spiel" gespielt haben, und daß es auch möglich ist, ein „Gewinner-Gewinner-Spiel" zu spielen, bei dem beide Parteien profitieren.

Dieser Schritt ist dann zu Ende, wenn ein gemeinsames, allgemein formuliertes Ziel von beiden Parteien kongruent angenommen wird. Das Ziel muß wichtig genug sein, daß die Beteiligten ihr „Commitment" hierzu geben, ohne wenn und aber.

2.3 Bei Indikation B kommt folgendes hinzu:

Tim bittet die Beteiligten *kurz*, ihm ein typisches Beispiel oder „Ping-Pong-Spiel" destruktiver Abläufe zu schildern. Dabei achtet er darauf, daß sich die Parteien nicht in altbekannten Vorwürfen „festbeißen".

Tim fragt die Betroffenen, wie es ihnen bei diesen „Spielchen" gefühlsmäßig geht, welchen Schaden sie dabei erlitten haben, und ob sie diesen Minus-Zustand zukünftig ändern möchten.

Bei einer kongruenten Zusage wendet er sich an die Gegenpartei und fragt, ob es ihre Absicht war, die geschilderten „miesen" Gefühle bei den anderen hervorzurufen.

Wenn ja:Mit dem Regenschirmmanöver die Metaabsicht erfragen. Wenn nein:Die Vermittlung der wahren Botschaft.

Ebenso wird mit der anderen Partei verfahren.

Die Wünsche, die hinter den Konfliktthemen und destruktiven Verhaltensweisen stehen, sind in diesen Fällen häufig psychologischer Natur. Die Beteiligten wünschen sich „eigentlich" Bestätigung, daß sie wichtig sind und/oder dazugehören. Aus dem Gefühl, in diesen Bereichen massiv zu kurz zu kommen, entstehen dann Konflikte, die häufig auf eine unfeine Art und Weise ausgetragen werden.

Wenn die erfragten Absichten und Wünsche deutlich formuliert sind, werden sie in das gemeinsame Metaziel eingebaut.

Nach diesem Schritt könnte das Ziel folgende Ergänzung bekommen: „... und somit unsere Arbeitsplätze erhalten. Dabei wollen wir offen und respektvoll miteinander umgehen."

Tim läßt sich jetzt von beiden Parteien die im Schritt 2.1 zugesagte Veränderungsbereitschaft bestätigen: „Ist Ihnen das gemeinsame Ziel wichtig genug, daß Sie bereit wären, etwas Neues auszuprobieren, und wären Sie bereit, auf Ihre Störmanöver zu verzichten, wenn im Gegenzug die anderen ebenfalls auf ihre Störmanöver verzichten?"
Bei einem stimmigen Ja folgt:

3. Kriterien der Zielerreichung

In diesem Schritt fragt Tim präzise nach, woran die Beteiligten merken werden, daß sie das Ziel erreicht haben, zum Beispiel mit dieser Formulierung: „Welches sichtbare, hörbare oder fühlbare Ereignis wäre ein sicherer Beweis dafür, daß Sie das Ziel erreicht haben?"

4. Die Wege zum Ziel: Vom Allgemeinen zum Besonderen

4.1 Ideensammlung/Ressourcensuche

Nun fordert Tim die Parteien dazu auf, alle Möglichkeiten und Wege zur Zielerreichung zu sammeln.

Die ursprünglichen Konfliktthemen erhalten den neuen Rahmen „unterschiedliche Wege zum gemeinsamen Ziel".

Hierzu gehören auch Ideen zum effizienteren und respektvolleren Umgehens miteinander. Eine Frage in diese Richtung könnte wie folgt lauten:

„Wann hat die Kooperation ‚ausnahmsweise' in der Vergangenheit gut funktioniert? Welche Umstände waren damals gegeben? Was könnten Sie davon in der Zukunft nutzen?"

4.2 Umgang mit irrelevanten Beiträgen

Eine Herausforderung für Tim als „Schlichter" besteht darin, den Prozeß so zu begleiten, daß er sich nicht in Nebensächlichkeiten verliert. Bei jedem seiner Meinung nach vom vereinbarten Thema und Ziel abweichenden Beitrag fragt Tim nach der Relevanz des Beitrags für das Erreichen des Ziels. Bestätigt die Person die Wichtigkeit seines Beitrags in bezug auf das Ziel, bittet Tim um eine Neuformulierung der Äußerung.

4.3 Umgang mit inkongruenten Beiträgen

Wenn Tonfall und Mimik und Gestik im Widerspruch zum inhaltlichen Beitrag stehen, interveniert Tim indem er zum Beispiel den „Sender" bittet, die nicht-verbale Botschaft in eine verbale Aussage zu übersetzten. Wie zuvor klärt er dann die Relevanz dieses Kommentares für das Ziel.

Eventuell kann auch das Ziel umformuliert werden – natürlich mit Zustimmung aller Beteiligten.

5. Advocatus diaboli: „Ökologie-Check"

Jetzt spielt Tim „des Teufels Advokat" und bringt alle nur denkbaren Einwände gegen die ausgehandelte Vereinbarung ein. So überprüft er einerseits die „Ökologie" des Vertrages, andererseits werden die früheren Konfliktparteien paradoxerweise dazu gezwungen, gemeinsam ihre Einigung zu vertreten.

6. Überbrückung in die Zukunft

Zum Schluß fragt Tim, wann die nächste Gelegenheit zum Ausprobieren der neuen Vereinbarungen gegeben sein wird. Ferner wird festgelegt, welche Schritte im Falle von Nichteinhaltung der Vereinbarungen unternommen werden.

Zusammenfassung: Kurzform der Schritte

1. *Rapport, Rahmenbedingungen*

2. *Lösungsbereitschaft und Regenschirmmanöver*

2.1 Lösungsbereitschaft
Die Einforderung der Lösungsbereitschaft *aller* Beteiligten.

2.2 Regenschirmmanöver
Formulierung eines gemeinsamen Zieles, das die gegensätzlichen Positionen umfaßt.

2.3 Bei Indikation B kommt folgendes hinzu:
Die unguten Gefühle der Beteiligten werden benannt und somit allen bewußt gemacht.
Die „Verursacher" dieser Minusgefühle werden nach ihrer Absicht gefragt. Diese Absichten werden in die Zielformulierung mit aufgenommen.

3. *Kriterien der Zielerreichung*
„Wohlgeformt und sinnesspezifisch formuliert"

4. *Die Wege zum Ziel: Vom Allgemeinen zum Besonderen*

4.1 Ideensammlung/Ressourcensuche

5. *Advocatus diaboli: Ökologie-Check*
Der Coach prüft, ob die Vereinbarung „wasserdicht" ist.

6. *Überbrückung in die Zukunft*
Die nächstmögliche Testsituation wird identifiziert und besprochen. Die Vorgehensweisen für das Nicht-Gelingen werden vereinbart.

Spezialwerkzeug: „Das reflektierende Team"

Der Norweger Tom Andersen hat das „Reflecting-Team"-Modell entwickelt. Dieses basiert auf der Überlegung, daß mit zunehmender Dauer und Eskalation von Konflikten die Übermittlung von inhaltlicher Information kaum noch möglich ist, die Parteien agieren nur noch auf der (Beziehungs-)Ebene des nicht-verbalen Verhaltens auf dem Hintergrund festgemauerter Überzeugungen aus der Vergangenheit, anstatt sich auf die aktuelle inhaltliche Botschaft zu konzentrieren. Man spricht von einem problemorientierten System, also ein festgefahrenes System, weil jeder Beteiligte seine Vorstellung von der „Wirklichkeit" hat, von der er nicht lassen will.

Andersen sah, daß bei jeder *direkten* Kommunikation (von Person zu Person) zwei Leistungen gefordert sind: Das Zuhören und die gleichzeitige Formulierung von Antworten. Letzteres erfordert im Konfliktfall viel Energie, so daß kaum noch Konzentration für das Zuhören vorhanden ist, was dazu führt, daß sich niemand so richtig verstanden fühlt. Um ein distanziertes Zuhören oder eine Metaposition zu ermöglichen, und dadurch die „kalibrierten Schleifen" zu unterbrechen, wird in diesem Modell jegliche direkte Kommunikation zwischen den Konfliktparteien unterbunden.

Jeder einzelne in der Konfliktgruppe wird nacheinander zu seiner Sichtweise interviewt – die anderen hören *nur* zu. Die Zuhörer haben derzeit die Möglichkeit, sich in Ruhe ihre eigenen Gedanken zu dem Gesagten zu machen.

Das besondere an diesem Verfahren ist, daß auf direkte Interventionen verzichtet wird. Es gibt also keine direkten Tips/Empfehlungen seitens der Berater zu einzelnen Personen. Nur durch das Gespräch zwischen den beiden Coachs, beziehungsweise einzelner Personen zu dem Coach, können sich die Beteiligten „etwas mitnehmen". Durch diese „Umleitung" der Interventionen werden Widerstände umgangen.

Ziel ist somit eine lösungsorientierte Reflexion der Beteiligten *über* sich selbst, um dadurch „*aus* sich selbst" neue Sichtweisen und Wahlmöglichkeiten zu schaffen.

Die Vorgehensweise

Bei dieser Intervention bringt Tim C. Oach noch einen Berater mit. Je nach Teamgröße dauert das „reflektierende Team" zwei bis vier Stunden. Tim fordert zunächst als Spielregel das Einverständnis aller Beteiligten ein, daß alle Gespräche *nur* mit ihm stattzufinden haben. Dadurch verhindert er weitgehend den Ablauf alter, eingespielter kalibrierter Schleifen.

In der ersten Gesprächsphase werden die Teammitglieder mit lösungsorientierten Fragen zum Thema interviewt. Diese können zum Beispiel lauten:

„Stellen Sie sich vor, das Problem ist gelöst. Was denken Sie, was Herr X, Frau Y und Herr Z dazu beigetragen haben?"
„Wann tritt das Problem wenig/gar nicht auf?"
(Ein Spektrum möglicher Fragen ist ansonsten unter „Basiswerkzeug: lösungsorientes Fragen" aufgeführt.)

Tim kann jederzeit unterbrechen und sich im Beisein des Teams mit seinem „Berater" über eine Fragestellung oder Überlegung unterhalten.

Nachdem alle Beteiligten interviewt wurden, kommt als zweite Phase die Reflexion des Coaching-Teams: Tim und Kollege unterhalten sich über ihre Ideen, Hypothesen und Vermutungen über den Konflikt und das Für und Wider möglicher Lösungen. Mit „weichmachenden" Formulierungen wie „vielleicht", „es könnte sein", „ich frage mich," betonen sie, daß ihre Überlegungen subjektiv sind und somit keine endgültige Lösungen beinhalten.

Außerdem können sie in dieser Phase inhaltliche Umdeutungen und Würdigungen einzelner Beiträge hineinbringen:
„Ich bin erstaunt, wie groß das Engagement von X/Y/Z ist ..."
„Glaubst du, daß Frau X/Y/Z gewußt hat, daß Herr X/Y/Z mit seinem Verhalten *das* sagen wollte?"

Während dieser Phase achten beide Coachs darauf, keinen Augenkontakt zu den Beteiligten zu haben. Dies wird meist als nichtverbale Einladung zum Antwort-Geben erlebt und würde die

Zuhörer aus ihrem ressourcevollen, zuhörenden und reflektiernden Zustand herausbringen. Negative Kritik ist nicht gestattet.

In der dritten Phase wendet sich Tim wieder an das Team und fordert mit einer offenen Frage jeden einzelnen dazu auf, sich über das eben Gehörte und ihre Gedanken dazu zu äußern: „Gibt es irgend etwas von dem, was Sie gehört haben, wozu Sie etwas sagen möchten?" Genau genommen führt nun das Team eine Konversation über die Konversation der beiden Coachs (= reflektierendes Team).

Es können noch weitere Konversationswechsel stattfinden. Dies hängt unter anderem von der Menge der eingebrachten Lösungsideen und neuen Sichtweisen ab, sowie natürlich von der zur Verfügung stehenden Zeit.

Auch zum Abschluß verzichtet dieses Vorgehen auf jede Art von direkter Intervention. Statt dessen wird den Teamern zum Schluß die Möglichkeit gegeben, einen Abschlußkommentar zu geben. Ob und in welcher Form das Team selbst erarbeitete Lösungen oder Ideen der Coachs für sich umsetzt, liegt in der Verantwortung des Teams. Wenn ein weiterer Termin von vorne hinein nicht festgelegt war, kann zum Schluß darüber diskutiert werden, ob und wann eine eventuell nächste Sitzung stattfinden wird, wer daran teilnehmen möchte etc.

Zusammenfassung: Kurzform der Schritte

Rollenverteilung:

Interviewer (Coach 1)	Reflecting
Berater (Coach 2)	Team
Team mit Konflikten	

Spielregel: alle Gespräche finden *nur* mit dem Interviewer statt.

1. *Interviewphase*
   Der Interviewer unterhält sich mittels lösungsorientierter Fragen nacheinander mit jedem Teammitglied.

2. *Reflexionsphase*
Interviewer und Berater unterhalten sich lösungsorientiert, ideenproduzierend und würdigend über die Beiträge der Teammitglieder.

3. *Interviewphase*
Der Interviewer bittet die Teamitglieder um Kommentare zu dem bisher Gesagten.

4. *Abschlußphase*
Die Teammitglieder haben die Möglichkeit, abschließende Kommentare zu geben.

Spezialwerkzeug: Metaspiegel

Die letzte Interventionstechnik, die hier Beachtung findet, ist die elegante NLP-Technik „Metaspiegel". Sie kommt besonders dann zum Zuge, wenn das Team kein Problem hat, sondern eine einzelne Person mit dem Team beziehungsweise mit einzelnen Teammitgliedern. Da das „ideale" Selbstbild der betreffenden Person keine abweichenden Handlungen oder Gefühle zuläßt, werden Mißerfolge oder Konflikte zur Erhaltung des eigenen Selbstbildes oder Selbstachtung auf andere projiziert. Die Annahme ist, daß wir Menschen dazu neigen, die eigenen „ungeliebten" Persönlichkeitsanteile bei uns selbst zu verleugnen und bei den anderen zu kritisieren. Nach dem Motto: Ich kritisiere andere für das, was ich selbst gerne tun würde, mir aber nicht erlaube. So lehnt zum Beispiel der Chaot die Pedanterie anderer ab, obwohl er ja froh sein könnte, etwas Ordnung in sein Leben bringen zu können.

Diese Technik erlaubt es, mit Abwehrmechanismen und Projektionen umzugehen, die für einen großen Teil solcher Konflikte verantwortlich sind. Die Konfliktlösung liegt hier im *intrapersonellen* und nicht im *interpersonellen* Bereich. Therapieerfahrene kennen vielleicht Encounter-Gruppen, in denen durch offene Konfrontation der Teilnehmer untereinander der „Spiegel vorgehalten wird", um so zu einer besseren Selbstwahrnehmung zu kommen. Die besondere Eleganz vom Metaspiegel besteht im inhaltsfreien Prozeß: Hier schaut der Betroffene in den Spiegel, ohne die Inhalte offenbaren zu müssen und ohne Gesichtsverlust.

Der Metaspiegel nutzt unterschiedliche Positionen im Raum, um sichtbar zu machen, wie die Wahrnehmung und Reaktion der/des anderen durch das eigene Verhalten bestimmt wird. Der Eigenanteil, der den Betreffenden ein bestimmtes Verhalten als Konflikt wahrnehmen läßt, wird bewußt gemacht, neue Verhaltensweisen und damit Lösungsansätze werden entwickelt.

Tim C. Oach moderiert den Metaspiegel-Prozeß wie folgt:

1. Identifikation des „Problemteams" beziehungsweise einzelner Teammitglieder (1. Position)

Um welches Team, welche Person handelt es sich? Visualisieren Sie das Team oder die Person vor sich und nennen Sie die Eigenschaften, der/des anderen, die es so schwer machen, miteinander zu kommunizieren (chaotisch, pedantisch, langweilig …).

2. Position

Gehen Sie auf eine zweite Position hier im Raum, die es Ihnen ermöglicht, sich selbst in Beziehung und im Umgang mit dem/den anderen wahrzunehmen. Benennen Sie Ihr eigenes Verhalten: stur, kurz angebunden …

„Wenn Sie sich selbst nicht so verhalten würden, was würde passieren? Wie würde(n) der/die andere(n) sich verhalten? Was wäre anders?"

„Wenn Sie die Situation aus dieser Perspektive wahrnehmen, wird durch Ihr Verhalten das Verhalten der anderen Person(en) verstärkt?"

3. Metaposition

Wechseln Sie den Platz im Raum.

„Welche anderen Möglichkeiten haben Sie, mit dem Team/einzelnen Personen umzugehen?"

„Welchen Rat würden Sie sich selbst von dieser dritten Position aus geben?"

4. Meta-Metaposition

Wechseln Sie erneut den Platz im Raum.

„Nehmen Sie wahr, wie Sie sich selbst auf der 3. Position verhalten (… hochnäsig, allwissend …).

„Stellen Sie sich vor, Sie wären ein externer Berater oder ein Wesen von einem fremden Stern, was würden Sie sich selbst in dieser 3. Position noch schenken? Was glauben Sie, wäre noch nützlich für Sie?"

5. Austausch der 1. und 3. Position

Tauschen Sie jetzt aus dieser 4. Meta-Metaposition in Ihrer Vorstellung die erste und dritte Position aus, und zwar so, daß das neue Verhalten und Wissen von der dritten Position auf die erste mitgenommen wird. Die alten Verhaltensreaktionen lassen Sie auf der dritten Position zurück.

6. Zurück zur 1. Position

Wechseln Sie räumlich zur ersten Position.

„Wenn Sie jetzt hier, mit Ihren neuen Verhaltensmöglichkeiten wieder mit den/der betreffenden Person(en), mit denen/der Sie *damals* Schwierigkeiten *hatten*, kommunizieren, was ändert sich

- bei Ihrer eigenen Reaktion?
- bei den Reaktionen der/des anderen?
- Woran würden der/die andere(n) zuerst merken, daß Sie neue Fähigkeiten erworben haben?"
- Wie können Sie sicherstellen, daß Sie sich in Zukunft an diese neue Verhaltensmöglichkeit erinnern?

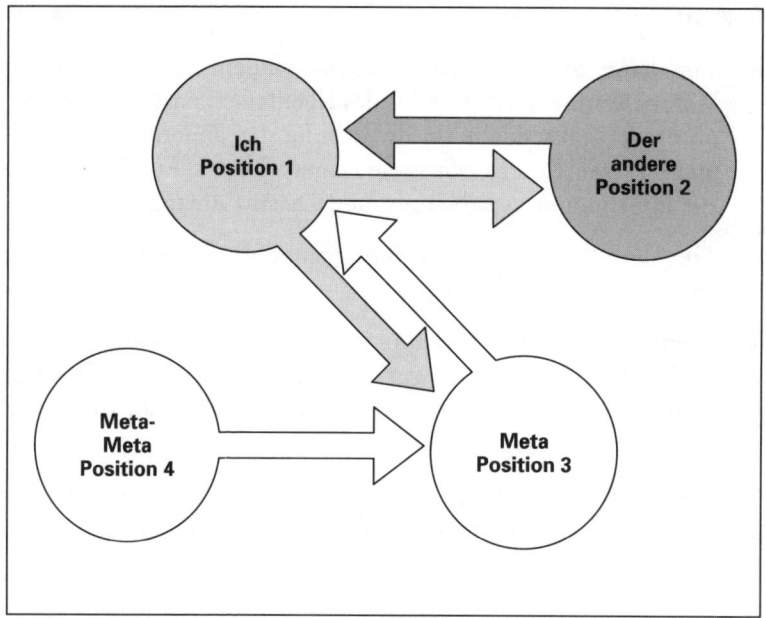

Die Positionen können so oft gewechselt werden, bis eine neue Lösung in der Beziehung eintritt.

Steckbrief eines Team-Coachs

Last, but not least – das wichtigste Werkzeug von Tim C. Oach ist er selbst, mit seinem Verhalten, seinem Wissen, seinen Fähigkeiten und Werthaltungen. Er kann über noch so viel Wissen *über* Interventionswerkzeuge verfügen – *wie* er sie einsetzt, unterscheidet den Künstler vom Laien. Das „Wie" hängt wiederum von seiner Fähigkeit ab, mit seinen Klienten in Beziehung zu treten, guten und tragfähigen Kontakt zu allen Teammitgliedern aufzubauen.

Rapport

▶ Tim kann die einzelnen „spiegeln", indem er einerseits die Wahrnehmungswelt (VAKO) des Klienten so nachvollzieht, als ob er sie selbst erlebe (in die Schuhe des anderen schlüpfen) und dies gleichzeitig, *ohne* seine eigene Identität und Fähigkeit zur Informationsverarbeitung und Distanz aufzugeben.

▶ Tim kann den Teammitgliedern gegenüber echte Anteilnahme empfinden und auch zeigen.

Vor allem im Umgang mit Rapport zeigen sich „die blinden Flecke" beim Coach. Um Rapport gut zu beherrschen empfehlen wir Coaching oder Supervision in Anspruch zu nehmen, und/oder man besucht einschlägige NLP-Workshops.

Stichpunktartig haben wir die aus unserer Sicht weiteren wichtigen „Merkmale" eines effizienten Konflikt-Coachs aufgeführt. Tim C. Oach:

Personal Power

▶ „Walks the Talk", das heißt, er lebt und zeigt ein hohes Maß an Übereinstimmung zwischen „Sagen und Tun";

▶ zeigt Herz: Ermöglicht freien Einblick in das eigene Erleben;

▶ verfügt über ressourcevolles Selbst-Management: Kann Kraft schöpfen aus sich selbst.

Flexibilität

▶ Merkt frühzeitig anhand von Rapportabnahme und Energie-abfall bei den Konfliktparteien, wann neue „Werkzeuge" nötig sind, und ändert demnach seine Interventionsstrategien.

Umdeutungsfähigkeit

▶ Kann inhaltlich Umdeuten: Er findet für problemorientierte Aussagen oder Verhalten neue Sichtweisen, wobei er guten

Zugang zum Humor hat. Eine treffende und zugleich umdeutende humoristische Bemerkung kann wie kaum etwas anderes ein Team aus einem Konfliktzustand herausbringen.

Allparteilichkeit

▶ Kann die eigene Metaperspektive wahren: Ein Konfliktcoach „verliert" dann, wenn er sich mit einzelnen Positionen im Team identifiziert. Er ist dann selbst im Konflikt „gefangen" und nicht mehr nützlich als Coach. Dies erfordert:

▶ eine Haltung des „Nicht-Wissens" oder Demut hinsichtlich seines „Expertentums", das heißt, gegenüber der „Richtigkeit" *seiner* Sichtweisen, weg von „Macht" und

▶ eine präzise Wahrnehmung der feinen nicht-verbalen Hinweise, die ihm frühzeitig signalisieren, daß er stärker mit einzelnen Teammitgliedern sympathisiert.

Autonomiefördernd

▶ Hat Zutrauen in die Fähigkeiten von Teams, daß sie über alle nötigen Ressourcen zur Konfliktlösung verfügen und

▶ läßt dabei von eigenen Machtwünschen und „Macher-"tum los.

Tim C. Oach hat schließlich den tief verwurzelten und erfahrenen Glauben, daß hinter jedem noch so problematischen Verhalten eine gute Absicht steht.

Und zu guter Letzt, mit all diesen Werkzeugen wandelt sich vielleicht auch Ihr flaues Gefühl in der Magengegend im Falle eines Konfliktes zu einem angenehmen Prickeln, neugierig auf alles was kommt, und Sie sagen leise zu sich selbst oder schreien es laut heraus:

„Hurra, ein Konflikt ... "

Literatur

ANDERSEN, TOM (Hrsg.): Das Reflektierende Team, Dortmund, 1990
BUCHNER, DIETRICH (Hrsg): Manager-Coaching, Paderborn, 1993
GRINDER/BANDLER: Kommunikation und Veränderung, Paderborn, 1982
JAMES, TAD/WOODSMALL, WYATT: Time-Line, Paderborn, 1991

Glaubwürdigkeit:

Organisatorische Kongruenz und Gruppenarbeit

Gerhard Pötzl

„Es gibt nichts Praktischeres als eine gute Theorie."

Dieser Satz stammt meines Wissens von Kurt Lewin und gilt auch für unser Thema. Leider mangelt es bei der Einführung von Gruppenarbeit des öfteren sowohl an guten Praktiken wie an einer guten Theorie.

Eine gute Theorie beinhaltet beispielsweise, daß man sich seitens des Unternehmens vollkommen im klaren darüber ist, welche Art von Gruppenarbeit eingeführt werden soll. Sind es Qualitätszirkel auf Basis freiwilliger Teilnahme? Oder ist Gruppenarbeit als vorgegebene Arbeitsstruktur vorgesehen? Und welchen Stellenwert haben Task Forces oder Projektgruppen?

Jede Art von Gruppenarbeit macht in der Regel eine andere Art von Einführungs-Strategie erforderlich. Mit einer „Bottom-Up"-Strategie läßt sich nicht gut Gruppenarbeit als feste Arbeitsstruktur einführen.

„Small is beautiful." „Uns ist besonders an den vielen, kleinen, konkreten Verbesserungsvorschlägen gelegen."

Eine solche Philosophie lenkt die Denkweise in eine ganz bestimmte Richtung. Sie kann vom einzelnen interpretiert werden, das Unternehmen möchte keine großen Ideen, sogar bis hin zu der Annahme, daß große Ideen tabuisiert sind. Das wäre beispielsweise keine gute Theorie, genausowenig wie die Umkehrung. Beides würde eine Einschränkung der Ideenvielfalt bedeuten und wäre kontraproduktiv für die Grundabsicht bei Gruppenarbeit, das Wissen und die Erfahrungen aller Mitarbeiter verstärkt zu nutzen.

Die Einführungsstrategie ist von der Art der Gruppenarbeit abhängig.

Fast noch wichtiger ist die Erkenntnis, daß jedes Unternehmen seine eigenen, organisationsspezifischen Einführungs-Strategien braucht. Denn jedes Unternehmen hat seine besonderen Macht-, Durchsetzungs- und Willensbildungs-Strukturen. Auf diesen Schienen laufen alle Aktivitäten und auch alle Veränderungen. Organisations-Insider brauchen mehrere Jahre, um dieses Eisenbahn-Netz zu durchschauen, um in diesem Bild zu bleiben.

Die Berücksichtigung dieser organisationsspezifischen Strukturen und Abläufe hat mehrere Konsequenzen.

Erste Konsequenz: Erfahrungen aus einem Unternehmen in ein anderes zu übertragen – insbesondere organisationsspezifisches Handlungs- und Realisierungswissen – ist nicht ohne weiteres möglich.

Das stellt den fast schon routinemäßigen Versuch, voneinander abzugucken, grundsätzlich in Frage. Die dafür aufgewendete Zeit läßt sich mit Sicherheit besser investieren. Auf die jeweilige Organisation zugeschnittene und mit den Betroffenen abgestimmte Realisierungs-Strategien haben über ihre Treffsicherheit hinaus einen riesigen Vorteil: Sie werden eher akzeptiert, und daher ist die Chance ihrer Verwirklichung auch deutlich größer.

Zweite Konsequenz: Es gibt nicht gerade viele externe Beratungsfirmen, die sich auf dem Feld „Realisierung von Gruppenarbeit" tummeln.

Diejenigen, die es dennoch tun, verfahren in der Regel nach zwei Strategien. Entweder sie versuchen, ihr Projekt über zwei oder drei Jahre anzulegen, und lernen während dieser Zeit auch die subtileren Durchsetzungs-Strategien der Organisation kennen. Das ist klar die erfolgversprechendere Strategie, auch wenn sie wegen der Längerfristigkeit das Unternehmen relativ viel Geld kostet. Oder sie bedienen sich stark der Hierarchie und einer „Top-Down"-Strategie, weil es hierbei weniger auf feineres organisationsspezifisches Realisierungswissen ankommt.

Ziel von Gruppenarbeit ist es, durch stärkeres Eingehen auf Mitarbeiterinteressen im Sinne eines Gewinn-Gewinn-Spieles Unternehmerinteressen leichter realisieren zu können. Empfinden Sie doch selbst einmal nach, ob sich beispielsweise eine größere Selbständigkeit der Mitarbeiter von oben herunter anordnen läßt, wenn diese dazu nicht fähig oder mit ihrer bisherigen Abhängigkeit ganz zufrieden sind!

Nach meiner Erfahrung beißen sich autoritäre Strategien und persönlichkeitsentwickelnde Ziele. Die Ziele können dadurch bis zur totalen Unglaubwürdigkeit untergraben werden. Zumindest geht durch diese „Organisations-Inkongruenz" die erwünschte Wirkung verloren. Zu diesem Begriff, der meines Erachtens kritischer Erfolgsfaktor für gewünschte Organisationsveränderungen ist, später mehr.

Weder die eingeschränkte Wirkung noch die hohen Kosten für externe Berater sind für ein Unternehmen besonders attraktiv.

Dritte Konsequenz: Deshalb haben manche Unternehmen – so sie es sich leisten können – eine eigene interne Abteilung oder besondere Mitarbeiter mit dieser „Realisierungs-Funktion" betraut.

Doch auch interne Berater unterliegen einschränkenden Mechanismen. Sie können zwar aufgrund ihres Organisationswissens für eine stärkere Organisations-Kongruenz sorgen, haben ihrerseits jedoch hin und wieder mit dem Phänomen zu tun, daß der Wert des „Propheten im eigenen Lande" manchmal nicht so recht erkannt oder anerkannt wird.

Vielleicht ist das auch schon ein Hinweis für eine sehr versteckt wirkende „Organisations-Inkongruenz". Lassen wir die Frage offen, unter welchen Umständen der externe Berater wirkungsvoller agieren kann und wann der interne. Wenden wir uns erst der „Organisations-Kongruenz" zu.

Organisations-Kongruenz meint, daß Reden und Handeln in der Organisation übereinstimmen, daß Qualifizierungsmaßnahmen, neue Rollen und Organisations- und Personalsysteme und -maßnahmen zusammenpassen und sich gegenseitig stützen, daß eingesetzte Mittel zur Erreichung eines Zieles und Art des Zieles sich entsprechen, daß das „Timing" von Aktionen stimmt.

Der Begriff „Kongruenz" ist der Persönlichkeits-Psychologie entlehnt. Kongruent ist eine Person, bei der Denken und Handeln voll übereinstimmen, Gestik und Mimik das gesprochene Wort unterstreichen, Spielregeln und Vereinbarungen eingehalten werden -kurz, eine Person, die in sich „rund" ist. Eine solche Person strahlt Vertrauenswürdigkeit und Glaubwürdigkeit aus. Man kann sich mit ihr einlassen – auch auf neue Erfahrungen.

Analoges gilt für eine kongruente Organisation. Eine Organisation, in der Rede und Handeln übereinstimmen, Schulungsmaßnahmen sich in Organisations- und Personalsystemen niederschlagen usw. schafft Vertrauen, und ihre Mitarbeiter können sich entsprechend vertrauensvoll auf neue Erfahrungen – zum Beispiel auf Gruppenarbeit – einlassen.

So etwas in einer inkongruenten Organisation zu tun, ist für den Mitarbeiter viel zu riskant. Dabei ist der Unterschied zwischen einer kongruenten und einer inkongruenten Organisation deutlich wahrnehmbar. Denn keine Organisation kann ihre Inkongruenz verbergen. Es gibt viele feine und gröbere Indikatoren dafür, und die Mitarbeiter haben unglaublich empfindliche „Antennen". Gute Führungskräfte wissen das, sind ähnlich sensibel und richten sich -meist intuitiv – danach aus.

Eine einfache Frage macht auch „robustere" Naturen unter den Führungskräften meist schnell nachdenklich: Was nützt es Ihnen, dem Unternehmen oder dem Mitarbeiter, wenn die Gruppen viele tolle Problemlösungen vorschlagen, und Sie haben nicht die Möglichkeiten, diese zu verwirklichen? Sei es, daß kein Geld für

Investitionen vorhanden ist, um den kalkulierten Gewinn zu realisieren. Oder sei es, daß nicht einkalkuliert worden ist, für die neue Ideenflut auch eine geeignete Realisierungs-Organisation zu schaffen.

Es ist wichtig, an allen vorhandenen Organisations-Inkongruenzen gleichzeitig zu arbeiten, nicht nur an einzelnen.

Clevere Berater haben erkannt, daß hier Grundsätzliches nicht zusammenpaßt, und machen mit der eben erwähnten Inkongruenz und dem ihr innewohnenden Abstimmungsbedarf unter dem Stichwort „Ideen-Management" neue Geschäfte. Natürlich ist ein geeignetes Ideen-Management notwendig, wenn Ideenproduktion und -realisierung erklärte Ziele von Gruppenarbeit sind. Leider handelt es sich wieder um eines dieser schlagwortartig verkürzten Konzepte, mit denen sich mit Sicherheit Geld verdienen läßt, die wegen ihrer Verkürztheit aber letztlich keine Aussicht auf Erfolg haben können. Sie beziehen sich auf ein Fragment einer wesentlich komplexeren Situation. Kurzfristig mag damit eine schnelle Realisierung von Ideen möglich sein.

Wie wird aber die Frage aller anderen hineinspielenden Organisations-Inkongruenzen gelöst? Zum Beispiel die ganz grundsätzliche Frage: Warum sollten die Mitarbeiter via Gruppenarbeit weiter Ideen produzieren, wenn sie merken, daß sie sich am Ende damit selbst wegrationalisieren? Oder die schon angesprochene Frage: Warum sollten die Gruppenmitglieder den Reden ihrer Führungskräfte glauben, daß sie ihnen mehr Selbständigkeit einräumen möchten, wenn deren Verhalten weiterhin stockautoritär ist? Oder man schafft Gruppen-(arbeits)koordinatoren und drückt gleichzeitig die Erwartung aus, daß sie in tradierten Rollen funktionieren sollen. Eine der gefährlichsten Inkongruenzen dieser Art ist, Gruppenarbeit als pure Sozialtechnik im Sinne einer Mittel-Zweck-Relation anzusehen. Jede Investition in diesem Sinne ist reine Verschwendung.

Urteilen Sie selbst, wie lange ein Konzept „Ideen-Management" wohl funktionieren mag, wenn gleichzeitig ein Bündel anderer wesentlicher Inkongruenzen ungelöst bleibt. Wenn ein anderes Konzept „Flexibilisierungs-Management" hieße oder „Gruppenklima-Management" – alles erklärte Ziele von Gruppenarbeit –, sie alle hätten kein anderes Schicksal.

Daß die richtige Einstellung des Top-Managements eine ganz entscheidende Rolle bei der Einführung von Gruppenarbeit spielt, ist so trivial, daß es überall nachzulesen ist.

Richtige Einstellungen – auch das Gefühl für Organisations-Inkongruenzen – sind erlernbar.

Daß die richtige Einstellung erlernbar ist und daß dabei vor allem das Gefühl für Organisations-Inkongruenzen eine entscheidende Rolle spielt, ist bereits Insider-Wissen und nicht besonders öffentlich. In noch viel stärkerem Maße gilt das für Konzepte zur Schaffung von Organisations-Kongruenzen und Synergien.

Nicht einzelne Instrumente zum Klingen zu bringen, sondern ein ganzes Orchester, das ist die Kunst des Dirigenten. Es liegt am Management und seinem Gefühl für Organisationskongruenzen, ob es mit seinen „Gesten" das Orchester zum Klingen oder zum Schweigen bringt.

Lerndynamik:

Teams sind lernende Systeme

Dietrich Buchner

Stellen Sie sich vor, Sie sind in einem Unternehmen tätig, das unter anderem folgende Bedingungen wahrgemacht hat:

1. Die Bürokratie und Verwaltung wurden in den letzten drei Jahren um 50 Prozent reduziert. Die freigewordenen Aufgaben wurden entweder gestrichen oder an dezentrale, selbstverantwortliche Arbeitsteams übertragen.

2. Die Hierarchiestufen wurden um die Hälfte reduziert (zum Beispiel von 8 auf 4). Die Bezahlung der Mitarbeiter wurde von Rangstufen unabhängig gemacht und an Leistungen orientiert.

3. Sie haben in den letzten drei Jahren Ihre Regelwerke wiederholt durchgekämmt und um 50 Prozent gestrichen, weil die Regeln überflüssig waren.

4. Die Kontroll- beziehungsweise Führungsspanne Ihrer Manager hat sich in den letzten fünf Jahren verdoppelt bis verdreifacht. Ihre Führungskultur veränderte sich durch weitgehende Delegation und Entscheidungsdezentralisierung bei gleichzeitiger Befähigung.

5. Die Rolle der meisten Ihrer Manager ist neu. Sie haben keine Jobdescription mehr, und Sie haben sich darauf eingestellt, daß Ihre jetzige Führungsaufgabe temporär ist.

6. Die mittleren Führungskräfte verbringen nur weniger als 10 Prozent mit Kontrollaufgaben, sie fungieren als Server und Coachs von Teams und Arbeitsgruppen, und sie verbringen 50 Prozent ihrer Zeit mit Kunden, Lieferanten, innen wie außen.

7. Sie würden der Hälfte Ihrer Manager das Prädikat „interner Unternehmer" (Intrapreneur) verleihen. Ihre Bezahlung ist auch vom Erfolg abhängig.

8. Ihre Organisationslandschaft ist durch Netzwerke von Projektgruppen, Kompetenzzentren, interdisziplinären Teams und globalen Vernetzungen charakterisiert.

9. Die Teams und Kompetenzzentren sind dezentral global verstreut und mit weitgender Entscheidungskompetenz ausgestattet. Sie steuern sich selbst in allen ihren Aufgaben betreffenden Belangen. Ein Teil des Einkommens ist teamabhängig.

10. Mit Ihren wichtigsten Kunden und Lieferanten gibt es gemeinsame Teams und Kompetenznetze, die kontinuierlich verbunden sind, zum Nutzen aller Beteiligten.

11. Sie gewinnen mehr hochkarätige neue Mitarbeiter über Empfehlungen und Verbindungen als über Head Hunter und Personalanzeigen.

12. Wichtigste Werte der neuen Kultur sind Unternehmertum, Wettbewerbsfähigkeit und Kundenorientierung, sowie innovative Kompetenz.

Sie werden sich vielleicht nicht vorstellen können, in einem solchen Unternehmen in absehbarer Zeit tätig zu sein. Und doch sind alle diese Bedingungen heute schon Realität. Wenn nicht bei einem einzigen, so doch bei verschiedenen Unternehmen. Solche Netzwerke oder Cluster-Organisationen sind der dritte Weg zwischen Bürokratie einerseits und der Forderung nach Chaos-Management andererseits (vgl. Buchner/Schmelzer, 1994).

Glauben Sie heute immer noch, daß sich Ihre Bürokratie (wenn es eine ist) nicht verändern muß? Akzeptieren Sie das Tempo, mit dem Ihre Hierarchie lernt? Ist die Kundenkenntnis und das Wettbewerbswissen in Ihrem Management ausreichend?

Wenn Sie diese Fragen mit ja beantworten können, haben Sie vielleicht das Glück, sich in einem Markt zu bewegen, in dem Entwicklungen sich langsam, langfristig und prognostizierbar vollziehen. Haben Sie aber Zweifel, dann geben Sie flexibleren Lösungen eine Chance:

Flexiblere Systeme als Bürokratien sind Netzwerke von Kompetenzen und dezentralen Arbeitseinheiten/Teams, deren Lernfähigkeit und Veränderungsfähigkeit die der Bürokratien bei weitem übertreffen; sie sind damit auch eine Antwort auf die abnehmende Wettbewerbsfähigkeit.

Die Nachteile der Bürokratien mit tiefen Hierarchiesystemen sind in nicht-statischer Umwelt größer als ihre Vorteile!

Über Bürokratien und tief gestaffelte Hierarchien sagt man:

▶ Sie sind langsam.

▶ Sie nehmen Umweltveränderungen nicht mehr deutlich wahr.

▶ Sie verlieren Kontakt zu Kunden.

▶ Sie fokussieren ihre Mitarbeiter auf Anpassung und Karriere statt auf Innovation, Leistung und Veränderung (Innengerichtetheit).

▶ Sie stabilisieren Erfolge der Vergangenheit in Strukturen, die in Zukunft nicht mehr funktionieren müssen: Je schlechter die Geschäfte, umso größer ist diese Gefahr.

▶ Sie etablieren sich selbst erhaltende statische Regelwerke.

▶ Sie geben sich der Illusion hin, das Geschäft zu kontrollieren.

▶ Sie etablieren alle möglichen zentralen Systeme, die zwangsläufig an den Bedürfnissen vorbeigehen werden, weil Sie sich selbst erhaltende Regeln, Methoden und Expertenmonopole schaffen: zentrale Organisationsabteilungen, Strategieabteilungen, Planungsabteilungen, Logistikabteilungen, Verkehrsabteilungen, Personalentwicklungsabteilungen usw.

▶ Sie verschlingen zu viel Energie für sich selbst.

▶ Sie verhindern organisatorisches Lernen, Anpassung an die Turbulenzen des Marktes und die Wettbewerbsfähigkeit etc.

Die Bürokratie ist auch ein System, das gelernt hat, viel Wissen angesammelt, Fähigkeiten und Regelwerke kreiert und weiterentwickelt, Normen-Systeme und Werte geschaffen und zu einem Selbstwert gefunden hat, das schließlich zu einem unumstößlichen Koloß wuchs, dessen Bewegungen elefantenhaft wurden.

Sie sprechen von „Kurskorrekturen", Hierarchie-Abbau, Unternehmertum, um den Elefanten gängiger, wendiger zu machen; denn die Anzahl der hochkarätigen Fachleute, Ressourcen kann und soll genutzt werden. Doch der Elefant bleibt seiner Spezies treu:

Das Beispiel

Der Außendienstmitarbeiter (festes Gehalt + 10 Prozent Erfolgsprämie) will mit Kunden ein gemeinsames Entwicklungsprojekt starten, er wendet sich an einen Regionalmanager (festes Gehalt, eigene Prioritäten, schlechte Beziehung zur Anwendungstechnik), dieser wendet sich wiederum an den Vertriebsleiter usw. Bis das Projekt beim Experten der Anwendungstechnik landet, vergeht einige Zeit, und dann sind dort auch Prioritäten (andere) und Richtlinien des Konzerns, der Fachabteilung usw. 20 bis 30 Schnittstellen, gute Absichten, die mitreden, haben sie schnell zusammen. Das Resultat: das Projekt ist weg, da es allen zu lange dauerte. Die Organisation muß erst einmal lernen, mit sich umzugehen.

Und nun stellen Sie sich ein Team von fünf Personen vor, beim Kunden vor Ort, in einem Netzwerk von Profit-Centers, mit jeder erforderlichen Kompetenz verbunden. Dieses Team verfügt über die Breite an unterschiedlichen Fähigkeiten, die Kundenbedürfnisse zu erkennen und den Kunden zu beraten. Das Team wird übrigens erfolgsabhängig bezahlt. Es kauft seine Leistungen von Kompetenzzentren ein, die ihrerseits erfolgsabhängig honoriert werden. Der Kunde erhält den Projektvorschlag nach zwei bis drei Tagen. Das „Kundenteam" lernt den Kunden kennen, seine Bedürfnisse, seine Antwort und die Ressourcen im Netzwerk, deren Preise, Lieferzeiten und Prioritäten, oder wo sonst es die Leistungen einkauft (externe Lieferanten):

Im ersten Fall erhält der Kunde ein Angebot, das erstens zu spät ist und zweitens mit den Wünschen des Kunden weniger zu tun hat als mit den Bedingungen des Anbieters (der Verkäufer rauft sich die Haare) usw.
Im zweiten Fall passiert etwas anderes: Ein neues Orientierungsmuster wird angewendet. Die Orientierung hat sich verändert

- von der Chef- zur Kundenorientierung,
- von der Macht zur Leistung,
- von der Funktion zur Kooperation,
- von der Karriere- zur Leistungsorientierung,
- von der Bürokratie- zur Wettbewerbsorientierung,
- vom Regelwerk zum Lernen,
- etc.

mit zwei erfolgskritischen Ergebnissen: Tempo und Qualität und dem Nebeneffekt von Kosteneinsparungen. Damit diese Resultate entstehen können, muß etwas fundamental Neues geschehen: Das Team beim Kunden muß eine Erfahrung machen, die im Elefantenkonzept so schnell, so ungetrübt, so kundennah fast nur informell möglich ist.

Die gelernte Strategie:

1. Wir sind das Team, das die Verantwortung und die Entscheidung hat, das Projekt anzubieten und durchzuziehen.

2. Wir sind verantwortlich für das wirtschaftliche Ergebnis, und wir steuern und kaufen alle notwendigen Ressourcen.

3. Wir werden nur dann honoriert, wenn das Projekt ein positives wirtschafliches Ergebnis erzielt.

4. Wir allein sind es, die die genauen Bedürfnisse des Kunden herausfinden, und nur wir können diese exakt befriedigen – der gelernte Fall

5. Wir haben (oder nicht) die notwendige fachliche Expertise in unserem Team (oder müssen sie von außen ergänzen).

6. Wir lernen ein neues Produktprinzip.

7. Wir lernen den Kunden kennen.

8. Wir wissen (mehr oder weniger genau), was der Wettbewerber tut.

9. Wir lernen voneinander und arbeiten einander zu.

10. Unsere gemeinsamen Ideen (Synergie), auch mit dem Kunden, schaffen etwas, was alleine keiner hinbekommt.

11. Wir wissen jetzt, wo Ressourcen innerhalb und außerhalb des Unternehmens sind, die solche und ähnliche Probleme schon gelöst haben, die angezapft werden können.
Und das Team hat eine Bestätigung, Verstärkung und Spaß erfahren.

12. Wir sind die, die das Unmögliche schaffen, und wir haben es geschafft (Herausforderung).

13. Wenn es darauf ankommt und wir eine Herausforderung haben, dann sind wir alle da. Jeder bringt sich ein, um seine Fähigkeiten mit denen der anderen zu bündeln.

14. So etwas können wir nur in Eigenverantwortung durchziehen, wir haben die Kontrolle über den Prozeß, andere reden uns nicht rein.

15. So konzentriert unter Druck zu arbeiten, hat nicht nur Spaß gemacht, es hat auch ein neues, innovativeres Projekt ins Leben

gerufen, von dem wir alle, der einzelne, das Team und das Unternehmen, gelernt haben.

16. Wir sind motiviert, ähnliches bei anderen Kunden zu verrichten. Und wir nehmen uns vor, mindestens zehn Kunden im nächsten Monat für diese Idee zu gewinnen.

Wenn solche Prozesse ablaufen sollen, müssen günstige Rahmenbedingungen existieren, die so meist nicht vorliegen. Was Teamlernen verhindert oder beeinträchtigt, ist vielfältig. Sie werden Ihre eigene Analyse für Ihr Unternehmen machen müssen. Vielleicht stoßen Sie dann auch auf eine Reihe von Lernbehinderungen, die Ihre Teams oder Ihre Organisation nicht so gut lernen lassen, wie Sie es wünschen.

Lernbehinderungen in Teams

Sie finden Lernbehinderungen im Team selbst oder in der Umwelt der Teams.

Lernbehinderungen im Umfeld eines Teams sind unter anderem:

▶ Die Macht ist in den Linienfunktionen, Teams werden als Denkübungen aufgesetzt.

▶ Die Freiheitsgrade werden eingeengt, das Team ist nicht wirklich selbststeuernd.

▶ Zielvorgaben werden zu eng gesetzt, ohne daß die Teams sich einbringen können.

▶ Ressourcen werden vorenthalten, Prioritäten verschoben.

▶ Die Teamergebnisse werden nicht ernst genommen, die alte Linienhierarchie setzt sich darüber hinweg.

Man kann diese Punkte auch unter „Organisatorischer Inkongruenz" zusammenfassen. Durch solche einschränkenden Mechanismen wird der Fokus der Teams mehr darauf gelenkt, politische

Spiele zu machen, als darauf, Ergebnisse zu erzielen. Es ist unglaublich, wie viel Energie darauf verschwendet wird.

Lernbehinderungen im Team selbst sind unter anderem:

▶ *Erfolge der Vergangenheit,* das Prinzip, daß Teams erfolgreiches Verhalten ständig wiederholen.

▶ *Egopositionen,* die Prinzipien, nach denen die Menschen, insbesondere Experten, ihre Reviere abstecken, sich mit ihrem Tun identifizieren und den Blick auf das Ganze verlieren; das Prinzip, nach dem einzelne im Team ihre Fakten absichern und für sich behalten wollen.

▶ *Schuld und Scham,* die Prinzipien, nach denen Schuld dem anderen zugewiesen und Rechtfertigung für sich gesucht werden.

▶ *Hierarchie und Macht,* die Prinzipien, nach denen der Hierarch klüger ist und alles besser weiß.

▶ *Wahrnehmung und Tempo,* die Prinzipien, nach denen wir kurzfristige abrupte, nicht jedoch schleichende, langfristige Veränderungen wahrnehmen.

▶ *Harmonie und Gruppendruck,* die Prinzipien, nach denen sich die Menschen anpassen, Macht, Mehrheiten und Bürokratien bestimmen.

▶ *Negative Kommunikationsmuster,* die Prinzipien, nach denen sich der eine auf Kosten des anderen hervortut.

Meist sind alle Lernbehinderungen leicht aufzudecken und im Coaching in nützliche Engergien zu transferieren.

Das Abilene-Paradox

Ein schwieriges Kapitel schlagen wir auf, wenn es um vermeintliche Einigkeit geht, die Wirklichkeit aber verschleiert ist. Diese Programme sind unter dem „Abilene-Paradox" 1974 von Harvey bekannt geworden.

Sie finden solche Lernbehinderungen zum Beispiel,

▶ indem Sie den „Machern" im Team nachgeben, die mit ihrer Frage „Wie machen wir es jetzt?" ihre Vorannahme suggerieren, als sollte es getan werden;

▶ indem Sie scheinbar lückenlose Kriteriensysteme und Bewertungsmatrixen entwickeln, die ein Eigenleben gewinnen und sakrosankt werden und

▶ indem Sie an alten Wertehierarchien halten, obwohl alle wissen, daß sie überholt sind, aber alle glauben, der andere sei noch nicht so weit.

„I now call the tendency for groups to embark on excursions that no group member wants the Abilene Paradox (Jerry B. Harvey, 1974)."

Stellen Sie sich vor, Sie kommen gestreßt nach einem unangenehmen Tag nach Hause. Ihre Frau ist zwar auch geschafft, reißt sich aber zu einer vermeintlich guten Tat zusammen, um Sie aufzumuntern: „Laß uns heute abend mal ins Kino gehen", sagt sie. Wenn Sie ehrlich wären, würden Sie sagen, daß Sie zu müde sind. Da Sie jedoch annehmen, daß es Ihrer Frau heute Spaß macht, ins Kino zu gehen, quälen Sie sich zu einem „An welchen Film dachtest Du denn?" usw. Eine Stunde später sind Sie im Kino, zum Beispiel in Woody Allens „Ehemänner – Ehefrauen". Weder Sie noch Ihre Frau wollten eigentlich; keiner von Ihnen beiden hat so richtig Spaß. Sie sind beide mit Ihren Gedanken woanders und freuen sich darauf, nach dem Kino möglichst schnell wieder zu Hause zu sein, die Schuhe auszuziehen und ein Glas Rotwein zu trinken.

Aber Sie glauben beide, der andere will es so, hat Spaß und kann sich im Kino entspannen, und Sie überlegen, wo Sie nach dem Kino noch hingehen könnten, um Ihrem/r Partner(in) noch einen Gefallen zu tun – es war ja auch ein solch harter Tag, und auch wenn Sie eigentlich zu kaputt sind, können Sie es Ihrem/r Partner(in) nicht abschlagen. Sie kommen nicht auf die Idee, daß Ihr/e Partner(in) auch so denkt usw.

Irgendwann fallen Sie an diesem Abend ins Bett, leicht alkoholisiert mit 0,8 Promille und verabschieden sich von ihrem/r Partner(in): „Das war eine gute Idee, ins Kino zu gehen ... "

Jery B. Harvey fuhr mit Schwiegermutter, Schwiegervater und Ehefrau von Colman nach Abilene in Texas, weil jeder vom anderen glaubte, es sei eine großartige Idee, aber keiner wollte.
85 Kilometer durch die Wüste bei rund 30 Grad Celsius ohne Air-condition ist eine ziemliche Strapaze, besonders wenn eigentlich keiner will, aber jeder glaubt, es dem anderen gönnen zu müssen.

Seit seiner Publikation (1974) heißt diese Absurdität „Abilene Paradox", und sie behandelt den Gruppenprozeß einer äußeren, scheinbaren Übereinkunft und Entscheidung, bei dem jeder in der Gruppe eigentlich das Gegenteil glaubt, will und denkt, dem Gruppendruck aber aus verschiedenen Gründen unterliegt.

Harvey schlägt selbst als Lösung die „Konfrontation" und Aufdeckung vor, um zu klären, ob sich die Gruppe auf dem Trip nach Abilene befindet. Er berichtet dabei über technische Effekte, nach denen die Klärung schnell zu Lösungen führt, aber auch über existentielle Effekte, nach denen der, der den Abilene-Trip aufdeckt, schlicht und einfach gefeuert wird (Harvey, 1988).

So tun, als sei entschieden

Moderne Abilene-Trips ereignen sich durch scheinbar harmlose Teamtechniken. Das „Ob" wird durch das „Wie" verdrängt. Der Chef, der Meinungsführer, der Experte oder andere fragen nach der Durchführung einer Entscheidung und manipulieren unbewußt die Gruppe so, als sei die Entscheidung gefallen. (Trickreiche Verkäufer wenden dieses Prinzip in der Abschlußphase ihres Verkaufsgesprächs an, indem sie über die Abwicklung des Auftrages verhandeln und nicht darüber, ob der Käufer will oder nicht.)

Die Frage „Wie?" impliziert die Unterstellung beziehungsweise Vorannahme, daß sie es tun wollen: „Fahren wir mit meinem oder mit Deinem Auto zum Kino?" bedeutet, die Entscheidung ist gefallen, daß wir ins Kino fahren. Wenn nur lange genug über die Durchführungsmodalitäten gesprochen wurde, wird kaum jemand noch das „Ob" in Frage stellen.

Die „Kriterien-Falle" schnappt zu

Die Auswahl zwischen verschiedenen Alternativen will niemand dem Bauchgefühl der Teammitglieder überlassen. Komplizierte Kriterien werden festgelegt, gewichtet und angewendet. So befriedigend die Entscheidungskriterien sind, das Ergebnis kann enttäuschend sein.

Eigentlich will keiner in der Geschäftsleitung Herrn Brause als Vertriebsleiter einstellen, aber die vorher festgelegten Kriterien sprechen für ihn. Es ist zu spät, am Beispiel des anderen Bewerbers, Herrn Müller, den sie alle mögen, die selbstgeschaffenen Kriterien in Frage zu stellen, zu überprüfen oder zu verändern. Herr Brause wird eingestellt und wundert sich schon bald, warum man ihn eigentlich eingestellt hat. Die Signale, die er empfängt, sind nicht gerade ermunternd; er wird vorsichtig und tut genau das nicht, was die Geschäftsleitung ursprünglich von ihm erwartete.

Die Trägheit der alten Wertehierarchie

Der Betriebsrat bestand aus sieben Personen – alle von Kollegen gewählt und alle für die Kollegen da. In drei Monaten würde eine neue Betriebsratswahl sein. Heute hatten sie über die Umstrukturierung des Außendienstes abzustimmen. Alle waren sich einig, diese Maßnahme der Geschäftsleitung abzulehnen und es dadurch zu tun, daß sie der notwendigen Änderungskündigung nicht zustimmen würden. Im letzten Jahr war das die fünfte Veränderung der Geschäftsleitung gewesen, die der Betriebsrat blockierte. Er befand sich zum fünften Mal auf dem Weg nach Abilene. In vertraulichen Einzelgesprächen kam deutlich heraus, daß jeder im Betriebsrat begriffen hatte, daß Änderungen notwendig wären, um das Überleben des Unternehmens zu sichern, keiner aber traute sich, aus dieser Front auszubrechen: Die Trägheit der alten Wertehierarchie sendete den Betriebsrat zum wiederholten Mal nach Abilene!

Solche verschleierten, verdeckten Wünsche oder Einsichten bei gleichzeitig offenem, gegenteiligem Verhalten können über Inkongruenz-Checks aufgedeckt werden. Solche sind zum Beispiel

▶ das eingeschränkte Ja:
   Wer ja sagt und einen Zusatz macht, deutet an, daß er einen Einwand hat;

▶ die inkongruente Körpersprache
   (disharmonische, asymmetrische Körperbewegungen);

▶ Veränderungen zu beobachtbaren Problemphysiologien;

▶ Veränderungen in der Stimmqualität, Körperhaltung,
   Atmung usw.

Diese „wahren" Metabotschaften beurteilen meist genauer, was jemand möchte, und müssen als Quellen genutzt werden. Der Coach wird den Widerspruch erkennen, die Einwände herausholen, das Team mit den dahinter liegenden Absichten vertraut machen und den Abilene-Trip hinterfragen, in Frage stellen oder abbiegen. Dazu bedarf es tatsächlich eines ausgebildeten Coachs, der über die Feinwahrnehmung dazu verfügt und der die Einwand-behandlung beherrscht.

Mit Lernbehinderungen umzugehen heißt im Kern Team-Coaching. Denn der Lernprozeß ist der wesentliche Systemprozeß im Team und in der Organisation neben Kooperationsprozessen und der Entstehung der Teamidentität als innerem Entwicklungsprozeß (= Lernprozeß).

Scheinbar einig hält nicht durch

Wenn Zielunterschiede nicht bewußt werden sollen oder unterdrückt werden, können auch ungewöhnliche Methoden nützlich sein. Dies ist um so mehr notwendig, wenn ein ganzes Unternehmen mit vielen 100 Millionen Umsatz daran hängt, daß sich das Top Management in der Zielsetzung einig ist. Der Coach kann ein Spiel manchmal nur sprengen, wenn er „mitspielt" und die Spielregeln auf die Spitze treibt:

Es war angekündigt als eine ganz normale Klausurtagung, drei Tage Dauer in einem Ort, den allerdings vorher niemand vom Management gesehen hatte. Das Managementteam – über 20 Personen – hatte sich in Einigkeit gegeben und in der Zielsetzung stereotyp generalisierende Schlagworte gebraucht. In den Durchführungsentwürfen allerdings gab es viele Turbulenzen, die darauf schließen ließen, daß die vermeintliche Einigkeit im Ziel nicht existiert: Da nicht viel Zeit zur Verfügung stand, entschloß ich mich, das „Einigkeitsspiel" mitzuspielen. Die beste Methode schien mir die zu sein, alle Manager für drei Tage und Nächte in einen Raum zu stecken und zu erfahren, wie einig sie sich wirklich waren: Es funktionierte! Schon am ersten Abend gegen 23.00 Uhr, als jeder sich sein Bett im Tagungsraum, manche mitten drin, andere hinter einer Pinnwand gebaut hatten, gab es den ersten Streit um etwas ganz Essentielles: Sollte man zu Bett gehen, oder sollte man gemeinsam noch ein paar Flaschen Medoc trinken? Einigkeit wurde nicht erzielt, und so beschloß das Managementteam, das Licht nur noch in einer Ecke anzulassen, wo die „Weinstube" eingerichtet wurde. Wer wollte, legte sich in sein Bett, um zu schlafen. Die Weinkoalition ging gegen 4.00 Uhr zu Bett. Jeder mag sich ausdenken, wie gut die anderen im gleichen Raum – auch wenn er so groß wie eine Turnhalle war – schliefen.

Ich berichte dies vom Hören-Sagen, denn ich hatte es als Coach vorgezogen, in einem getrennten Raum zu schlafen. Ausgeschlafen zu sein ist eine der wichtigsten Voraussetzungen dafür, zehn Stunden hellwach bleiben zu können. Wecken war um 7.00 Uhr vereinbart, Frühstück um 7.30 Uhr, Beginn um 8.30 Uhr. Als ich zur Weckzeit die Musik (Simon & Garfunkel) sachte lauter stellte, drehten sich einige um und hielten sich das Kopfkissen über beide Ohren. Mir war klar, daß ich die Musik nicht zu laut aufdrehen sollte.

Die Übung, die ich wählte, um die Unterschiede in den Zielsetzungen deutlich zu demonstrieren, war eine Abstimmung mit den Füßen: Auf Flipcharts waren drei unterschiedliche Zukunftsszenarien entwickelt:

– Wenn alles so gut weitergeht wie bisher.

– Wenn es so weitergeht wie bisher, aber schlechter.

– Wenn alles ganz anders kommt.

Die Ziele bei solch unterschiedlichen Szenarien mußten bewußt unterschiedlich sein. Die drei Szenarien bildeten ein großes Dreieck im Raum, in dessen Mittelpunkt die ganze Gruppe stand. Jeder erhielt die Aufgabe, sich das Szenario auszuwählen, das er selbst für das wahrscheinlichste hielt. Auf „jetzt" ging jeder zu dem von ihm ausgewählten Szenario: drei Gruppen, eine kleinere beim worst case, die beiden größeren beim best case und beim mittleren Szenario. Es schien ein natürlicher Prozeß zu sein, über den sich nach der kurzen Nacht keiner mehr wunderte, und er wahr ehrlicher als bisher.

Im Ergebnis kam es zu drei alternativen Strategien, die eine erhebliche Öffnung gegenüber der vermeintlich einheitlichen Zielsetzung bedeutete: Das Team sprach zum ersten Mal die Möglichkeit eines Geschäftsrückganges aus. Jetzt konnten sie neben dem bisherigen einzigen Ziel „Wachstum" auch über bisherige Tabuziele sprechen:

– Das Ziel, Profite zu sichern.

– Das Ziel, das Geschäft umzustrukturieren.

Solche Ziele waren im Teamkontext bisher nicht offen angesprochen. Man wäre sich als „Schlaffi" vorgekommen. Jetzt aber war Erleichterung zu sehen, jetzt konnte man auch auf die Herausforderungen eingehen.

Netzwerke unterstützen Teamlernen

Die Umwelt von Teams hat eine größere Bedeutung für das, was Teams lernen und wie sie lernen, als viele annehmen. Teamtrainings werden deshalb zu oft auf die Entwicklung von Teamfähigkeiten und Teamverhalten reduziert. Teams sind offene Systeme, die im Leistungsaustausch mit der Umwelt innerhalb und außerhalb des Unternehmens stehen. Je intensiver und flexibler dieser Austausch sein kann, um so besser können Teams lernen, sich verändern und innovative Leistungen produzieren.

In der großen Masse sind Teams (im weiten Verständnis inklusive Abteilungen, Bereiche etc.) in organisatorische Hierarchiestrukturen und Bürokratien eingebunden. Das Lernen solcher Teams ist so weit eingeschränkt, wie sich die Lernbehinderungen auswirken. Seit einiger Zeit jedoch werden zunehmend Teams gebildet, die genau deshalb notwendig sind, um diese funktionalen und disziplinären Grenzen zu überwinden: Multifunktionale oder interdisziplinäre Teams, „task forces" oder Arbeitsgruppen. Ihr Selbstverständnis gilt es auszubauen, wie auch das all jener Teams, die sich für Kooperation jenseits eingeengter organisatorischer Strukturen öffnen.

Veränderungen von Konzernstrukturen werden meist mit Zeiträumen von fünf bis zehn Jahren angegeben. Das mag vor 20 Jahren eine sinnvolle oder eine ökologische Anpassungszeit gewesen sein, sie ist es heute nicht mehr. Wenn sich heute noch Unternehmen damit abquälen, zentrale Bürokratien in Geschäftsfeldorganisationen zu überführen, dann ist diese Diskussion zumindest in der Fachdisziplin der strategischen und organisatorischen Transformationen längst überholt. Meist ändern sich die Geschäfte schneller, als eine Organisation nach Geschäftsfeldern strukturiert werden kann.

Stellen Sie sich vor, die Hierarchiepyramide wird umgedreht, es verändert sich das, was bisher als „top" bezeichnet wurde, zu „bottom" und das, was „bottom" war, wird „top", das heißt mit anderen Worten, der Kunde ist top. Diejenigen, die Kundenkontakte haben, die Kundenberater, die Dienstleister vor Ort, die Hersteller, sind die, die oben auch an der Spitze der Pyramide stehen. Das mittlere und obere Management steht diesen zur Verfügung und setzt alles daran, daß diejenigen, die mit dem Kunden zu tun haben, ihre Arbeit optimal machen können. In einem solchem Denkmodell übernimmt die Hierarchie Servicefunktionen für die, die Kunden bedienen. Und das ist eine Rolle, die die Hierarchie gegenüber Teams und Netzwerken einnehmen kann.

Das setzt ein neues Verständnis des Managements voraus. Die Rolle ändert sich, der Führungsstil ändert sich und die Führungsinhalte ändern sich. Um die Macher vor Ort, beim Kunden, an der Peripherie zur Umwelt oder bei der Umsetzung der Leistungen zu befähigen, werden die Manager inhaltlich delegieren und in dem Maße, wie sie das tun, befähigen müssen. Mit anderen Worten, sie sind Initiatoren und Stabilisatoren von Netzen, stellen Ressourcen zur Verfügung und können die Quellen für die Energie und Dynamik von Netzen sein. Dies funktioniert jedoch nur, wenn neue Prinzipien etabliert werden, die als Netzprinzipien die Hierarchieprinzipien ablösen.

Und sie müssen zielführende Anreizsysteme durchgängig organisieren. Zunächst wird *Machtorientierung durch Leistungsorientierung* ersetzt. Da Macht vielfach durch statische Regeln durchgesetzt wird, muß sich eine Veränderung vollziehen, bei der statische Regeln durch Befähigung, Selbstverantwortung und Motivation abgelöst werden.

Damit ist das Bezugssystem für Netzwerke nicht mehr *der Chef oder die Hierarchie, sondern der Kunde beziehungsweise das Ergebnis.* In dem Maße, in dem diese neuen Orientierungssysteme wirksam werden, lassen sich auch funktionale Grenzen überwinden und im Sinne eines neuen Konzeptes der Kooperation umsetzen. Die Manager werden sich nicht mehr als Hüter ihrer Funktionsschublade gebärden, sondern als Verknüpfer von Experten – Know-how und als Facilitatoren der Kooperation von Spezialisten. Daß dies nicht unbedingt das ist, was „Bürokraten" als Geschichte mitbringen, macht den Veränderungsprozeß nicht gerade leichter.

Die *Karriereorientierung* muß überwunden werden durch einen Anreiz zur Innovation, zu *attraktiven Projekten, zur befriedigenden Leistung.* Damit gelingt es, die Innenorientierung am statischen Regelwerk zu überwinden und zu einer Außenorientierung am Kunden und am Wettbewerb zu gelangen.

Nur wenn die *Bürokratiestandards* (Regeln) durch *Wettbewerbsstandards* (Competetiveness) abgelöst werden, hat die Organisation eine Chance, als System zu überleben. Letztlich läßt sich alles auf einen kleinen Nenner bringen. Die Orientierung geht weg von *Regeln* und hin zu *Lernen,* zur flexiblen und elastischen Anpassung an neue Situationen, zum Schwingen mit den Veränderungen in der Umwelt.

Der Weg von den *Hierarchieprinzipien* zu den *Netzprinzipien* ist der Weg von einem Glaubenssystem in ein anderes. Dieser Weg erfordert eine Menge Überzeugungsarbeit, ist durch reine Umstrukturierung nicht zu bewerkstelligen, braucht viel Coaching, individuelles wie auch Team-Coaching. Zu entwickeln ist also ein neues Paradigma für die Organisation, eine neue Selbstwahrnehmung und ein neues Rollenverständnis. Der Prozeß muß begleitet werden durch das Wegräumen von massiven Widerständen in der Hierarchie. Um Macht zu überwinden, muß hin und wieder Macht eingesetzt werden. Soft-Management löst viele, aber nicht alle Veränderungsnotwendigkeiten.

Kompetenz-Netze

Netzwerk-Management ist das Prinzip, das Kompetenz schnell und flexibel verknüpft, um mit den Umwelt-, Konkurrenz- und Marktveränderungen fertig zu werden.

Hierarchie- und fachbereichsübergreifende Kompetenz-Netze müssen gegen die Bürokratie durchgesetzt werden. Sie finden nicht oft den erforderlichen Rückhalt im mittleren Management, da Entscheidungskompetenzen in Frage gestellt werden und Statusbedrohungen vermutet werden. Die Einbindung der Hierarchie und der Fachbereiche ist aber erfolgskritisch. Ein Wandel in der Rolle der Fach-Manager wird eintreten.

Modelle für Kompetenz-Netze sind:

- interdisziplinäre Verbindungen, fachübergreifende Teams, Projektgruppen und andere Formen,
- gemeinsame Visionen und Ziele,
- gemeinsame Prozesse, Kooperationen, die sich weitgehend selbst steuern (hierarchiefrei, aber prozeßgesteuert),
- gemeinsames Informationssystem/Netz, über das die Informationen in Realzeit beziehungsweise simultan verfügbar sind,
- Delegation und Befähigung,
- Offenheit und Vertrauen,
- leistungsbezogene Anreize und Entlohnungen.

Nützliche Einstellungen und Verhaltenspraktiken für Kompetenz in Netzwerken sind:

▶ Ich verbinde die besten Kompetenzen zu einem gemeinsamen Ziel bzw. Ergebnis ohne Rang, Hierarchie, Titel, Standort,

Geschlecht, Hautfarbe, Alter, Zugehörigkeit usw., weil so das beste Resultat erzielt wird.

▶ Ich weiß, daß ich Mitarbeiter und Kollegen am besten mit Kompetenzen ausstatte, wenn ich gleichzeitig vertraue, befähige und delegiere.

▶ Ich dezentralisiere oder delegiere Entscheidungen auf die Ebene, die die beste Kompetenz zur Entscheidung hat, und ich sorge dafür, daß die nötige Vernetzung geschieht.

▶ Ich nehme Verantwortung und Delegation persönlich an.

Offenheit

Kooperation in Netzwerken und multifunktionalen Teams erfordert offene Informationssysteme, offene Kommunikation und Wahrheit. Offenheit ist das Prinzip, mit dem die Kooperation erfolgreich gestaltet wird.

Ohne Offenheit sind Team- und Netzstrukturen blockiert. Solche Informations- und Beziehungsinsuffizienzen sind gelegentlich gewollt, implizit in Fach- und Hierarchiestrukturen oder explizit in Regelwerken (Copyright, Urheberschutz etc.) enthalten. Wie weit solche Normen die Entwicklung der Kooperation behindern und wie die richtige Balance zwischen Kooperation und Eigeninteresse zu sein hat, mag situativ unterschiedlich sein.

Modelle für Offenheit sind unter anderem:

- EDV-Netz und Kommunikationssysteme,
- offene Netze/Teams mit Lieferanten, Kunden u. a.,
- Mechanismen des Systemlernens (Teams, Projekte),
- verantwortliche Offenheit in Beziehungsstrukturen (Feedback, Konfliktlösung).

Nützliche Glaubens- und Verhaltenskonzepte:

▶ Ich bin offen und ehrlich und bin Vorbild für meine Teamkollegen.

► Ich respektiere die Offenheit meiner Kollegen und fördere sie.

► Ich nutze Teameffekte in flexiblen Netzen, die ich mitgestalte.

► Ich öffne mich für meine Erkenntnisse und gebe mein Wissen ab.

► Ich würdige es, wenn andere mir ihr Wissen vermitteln.

► Ich stelle Teams immer wieder nach neuen Erkenntnissen neu zusammmen.

Kooperation ist der Motor, der Kern des Fortschritts, im Netzwerk und im Team. Damit diese funktionieren, muß die Kommunikation offen sein.

Dafür sind natürlich der Wettbewerb im Inneren einer Organisation mit Monopolansprüchen an bestimmte funktionale Expertise, an Wissen, an technische Verantwortung etc., das Horten von Exklusivität, Copyright-Ansprüche etc. nachteilig. Bei dem schnellen Wettbewerb draußen kann aber auf Dauer keiner im Unternehmen diese Grenzen aufrecht- und durchhalten. Netze überspannen all diese funktionalen organisatorischen Strukturen. Sie kaufen entweder solche Informationen ein oder nutzen sie als Unterstützungsfunktion. Die *Funktionsgrenzen* müssen sich dementsprechend *öffnen* können, und funktionale Kompetenz muß aus der Hierarchie auch in die Netze transferiert werden.

In konsequent organisierten Netzwerken werden Experten zeitweilig *Fulltime-Mitglieder* von Projektteams und als solche aus dem Projektbudget bezahlt. Sie sind dem Zugriff der funktionalen Hierarchie für diesen Zeitabschnitt entzogen und bringen ihre Information und Expertise ein. Die funktionale Hierarchie leistet Beraterfunktionen für das Netzwerk, indem sie zum Beispiel beim Finden der besten Experten hilft.

Grenzüberschreitende Verknüpfungen optimieren die Netzwerkfunktionen, die Spezialisierung im Projekt erfordert scheinbar mehr Zeit. Gleichzeitig aber bindet die *Spezialexpertise* sich in die Lösungen mit anderen Spezialisten ein, und damit werden auf ihre Art alle Spezialisten auch Experten für das Kundenbedürfnis. Eine *Synergie* wird dadurch möglich, die zu besseren Lösungen führt.

Die Kooperation im Netzwerk und in multifunktionalen Teams erfordert eventuell auch den neuen Glaubenssatz: *Offenheit statt Geheimniskrämerei.* Gelegentlich läßt sich immer noch feststellen, daß sich zwei unterschiedliche Abteilungen (zum Beispiel Verkauf und Anwendungstechnik) beim Kunden kompetetiv verhalten und den Kunden bitten, in ihrer Geheimniskrämerei mitzuspielen. Auch das sollte durch Netzwerke überwunden sein.

Ein wesentliches Prinzip heißt *Vertrauen statt Kontrolle.* Da es nicht mehr darum geht, statische Regeln einzuhalten, sondern Ergebnisse zu erzielen, ist die Kontrolle der Regeleinhaltung obsolet. Sie muß ersetzt werden durch ein entsprechendes Vertrauensprinzip, das die Kooperation fördert. Dieses Prinzip des Vertrauens ist nicht immer leicht zu etablieren in einer Umwelt, die durch Kontrolle und von der Kontrolle zu leben scheint.

Das nächste Prinzip heißt *Entwicklung statt Bestrafung.* Es geht nicht mehr darum, jemanden zu bestrafen, der eine Regel nicht eingehalten hat, sondern es geht um Entwicklung. Wenn jemand etwas anders machen soll, als er es gemacht hat, dann muß ich ihn befähigen und entwickeln, daß er das kann und tun wird. Bestrafung nützt hier wenig. Schließlich sollten Fehlervermeidung oder -bestrafung in das Prinzip umgewandelt werden, sie als Feedback und damit als Lernchance zu nutzen. Je größer die Ängste vor Fehlern sind, um so geringer ist die Chance, daraus zu lernen beziehungsweise gar keine Fehler zu machen. Und eins ist sicher, Fehlervermeidung um jeden Preis ist ein innovationsschädliches Prinzip.

Entscheidend ist, daß eine offene Kommunikation für die Kooperation zustande kommt. Hier ergeben sich verschiedene Möglichkeiten: von der relativ lockeren Form der Workshops über gemeinsame Projekte für Teams mit Arbeitsvereinbarungen und klaren Spielregeln bis hin zu lokalisierten Zusammenarbeit für einen begrenzten Zeitraum an einem Ort. Andere Lösungen sind denkbar.

Das bedeutet auch, daß die Kontrollen im Netzwerk und in den Teams weitgehend selbst ausgeübt werden. Die einzige, mögliche

Form der Kontrolle ist die, daß die Netzwerke und Teams beginnen, die Bürokratie zu kontrollieren. Die Kooperation, die im Netzwerk möglich ist, wird von der Bürokratie geschaffen, geduldet oder boykottiert. Das wird alles durch die Netzwerke sichtbar, die auch zeigen, welchen Nutzen funktionale Strukturen und Hierarchien im Sinne von Ressourcen haben, die sie zur Verfügung stellen können oder nicht, welchen Mehrwert sie leisten; denn letztlich sind Teams und Kompetenzzentren im Netzwerk die Kunden der Bürokratie.

Ein solches Netzwerk bewirkt organisatorisches Lernen, da alle Teile mit allen Teilen verbunden sind, ihre Beanspruchung und Herausforderung selbstgesteuert nach Kunden- und Wettbewerbs-standards passiert und nicht nach einem (das Lernen verhindern-den) Regelwerk oder Hierarchie- oder Struktursystem abläuft. Dieser Rahmen wirkt unmittelbar befreiend auf das Lernen inner-halb der Teams; denn die Wertestruktur und Orientierungen schlagen nicht nur voll durch, sie verbreiten sich auch über Kooperationen (Arbeitsmodi und -stile) in die Projekte der Teams. Teamlernen als Systemlernen ist damit integriert in das Umfeld — aber dennoch teamspezifisch, inhaltsspezifisch, abhängig von Her-ausforderungen, Leistungsbereitschaft etc. im jeweiligen Team.

Teams lernen in Zyklen wachsender Kompetenz

... wenn sie in Symbiose mit ihrer Umwelt lernen können. Sie sind Antennen und Adapter für Veränderungen, die ihre Arbeit und Zweckmäßigkeit betreffen. Sie sind lernfähig, nicht nur über die einzelnen Teammitglieder, sondern als Team, als System, durch Synergie, additive Teameffekte, Anreize und Selbststeuerung in einem Netzwerk von Kompetenzen, das unterstützend arbeitet. Teams lernen durch unterschiedliche Perspektiven und entwickeln daraus Synergien. Dieses Lernen vollzieht sich nie in einem Schritt, sondern meist in Zyklen mit steigender Kompetenz, Erkenntnis oder Innovation. Dieses Lernen wird deutlich sichtbar bei neuen

Teams und bei alten Teams mit neuen Aufgaben. Es gilt aber auch für alte, eingefahrene Teams, die standardisiert arbeiten, da diese sich nur dann motiviert weiterentwickeln, wenn sie ihre Kompetenz ständig verbessern können, indem sie die Prozesse verfeinern (Wiederholung ist die Mutter der Meisterschaft) oder optimieren und durch effektivere Lösungen verbessern.

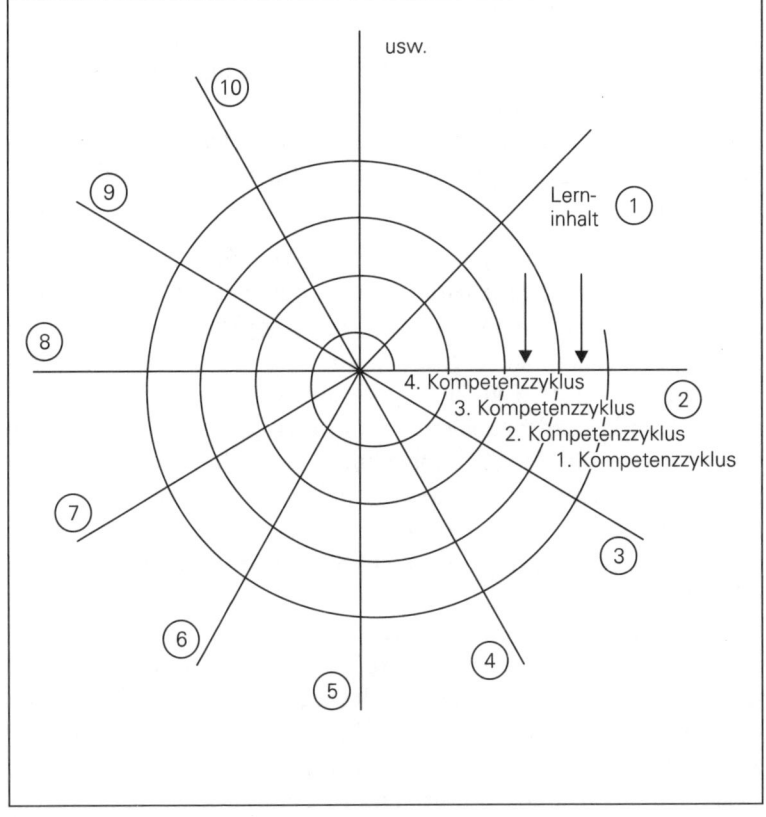

Teams sammeln Kompetenz mit zunehmender Zahl von Arbeitszyklen

Wie viele Zyklen durchlaufen werden, kann sich von Team zu Team unterscheiden. Sie hängen von Teamstrukturen, wie zum Beispiel Macht- und Entscheidungsstrukturen (Dominanz), Erfahrungen, Erfolgsmodellen aus anderen Teamprozessen und der jeweiligen Aufgabenstellung ab.

Kompetenzzyklen bedeuten ein zunehmendes Verständnis (Wahrnehmung) von differenzierten Aspekten und Perspektiven, die zu einer gemeinsamen Komplexität integriert werden. Kompetenzzyklen in Teams bedeuten Wachstum: Immer mehr Differenzierung und Spezifizierung verbinden sich zu immer konkreteren komplexen Netzen, Beziehungen, Erkenntnissen (= Teamlernen). Teams bilden ihre Identität über Kompetenzzyklen, die bildhaft auch als abgestimmtes und integriertes Aufbautraining charakterisiert werden können.

Ein Team integriert Erkenntnisse und Veränderungen schneller, wenn sie möglichst ganzheitlich verstanden werden können. Es ist aus dieser Sicht sinnvoll, mit dem ersten Zyklus der Kompetenz sehr oberflächlich zu beginnen, so daß jeder ein ungefähres Verständnis von dem gewinnt, was auf das Team zukommt. Die zweite Runde wird detaillierter und präziser, genauer, manchmal schon stärker auf das Ziel abgestimmt usw. Dieser Prozeß ist im Anfang besonders von Experten mit Spezialkenntnissen nicht unbedingt geliebt. Der Coach muß also einen Rahmen dafür setzen. Durch den Perspektivwechsel im Team mit anderen Disziplinen wird in der Regel auch ein neues Rollenverständnis der Beteiligten aufgebaut (Soziallernen). Kennen sich die Teammitglieder, kann der Kompetenzzyklus abgekürzt werden, was aber nicht ohne Gefahren ist. Erfolgsmodelle der Vergangenheit machen unflexibel für turbulente Zeiten, Umwelten und neue Aufgaben. Die Wahrnehmung wird von den Erfahrungen (was uns ausmacht) der Vergangenheit „bestimmt" und ist damit höchst rigide gegenüber neuen Wahrnehmungen. Die Wahrnehmung ihrerseits „bestimmt" wiederum, was Teams sein werden und welche Kompetenz Teams sich aneignen; ein Prozeß zirkulärer Kausalität, den es zu knacken gilt.

I'm a fighter

Einzelne Teammitglieder weisen unterschiedliche Überzeugungs- beziehungsweise Entscheidungsstrategien auf. Ein Geschäftsführer eines kalifornischen Unternehmens (nennen wir ihn Mr. Power) hatte die Strategie, in jede Entscheidung seine Machtfülle einzubringen, ohne weiter auf sein Managementteam Rücksicht zu nehmen. Er entschied auch immer sofort, allerdings mit wechselndem bis katastrophalem Resultat, bis er schließlich abgewählt wurde. Ein anderer Manager im gleichen Unternehmen (Mr. Thinker), der als entscheidungsschwach galt, „überlebte" ihn bis zu seiner Pension. Er nutzte mehrere Zyklen der Kompetenzgewinnung, bis er sich sicher war, daß sein Team die Konsensfähigkeit erreicht hatte, die nötig war. Er entschied nachvollziehbar und damit im Sinne des Unternehmens erfolgreicher.

Ich entsinne mich noch genau des Tages, an dem ich Mr. Power zum ersten Mal mit einem Zielvorschlag kam. Er saß am Kopf eines langen Tisches, der gegen seinen Bauch leicht konisch verlief, so daß die beiden Längskanten des Tisches bündig mit seinem wuchtigen Körper abschlossen. Das einzige, was ihn um Haupteslänge überragte, war die Rückenlehne seines breiten Sessels: ein wahrer Thron.

Diesem Mr. Power nun wagten wir gegenüberzutreten und ihm vorzuschlagen, eines seiner Geschäfte aufzugeben und zu verkaufen, weil er gegen die Konkurrenz keine strategische Chance hätte. Als er sich diesen Zielvorschlag und seine Begründung anhörte, wuchs sein Körper geradezu über die Sessellehne. Seine Gesichtsmuskulatur entspannte sich an der Oberfläche, doch schien darunter gespannt. Seine Stimme wurde ganz leise, als er sagte, „I'm not a quitter, I'm a fighter". Dieser Satz kostet mehr als 1 000 Menschen ein paar Jahre später den Arbeitsplatz und das Unternehmen ein Vermögen.

Er entschied sozusagen aus seiner Persönlichkeit heraus, und das klar, überzeugt, und seine Entscheidung war Teil seiner Persönlichkeit, und er wußte, wer er war und wer er nicht war.

Ganz anders war die Strategie von Mr. Thinker: Er hörte sich solche Vorschläge an, hinterfragte die seines Erachtens kritischen Punkte, um sie gegebenenfalls noch einmal zu überprüfen, bis für ihn die Entscheidung klar war. Aber auch dann entschied er nicht; denn es gehörte zu seiner Strategie auch dazu, sein Team, sein Umfeld in den Entscheidungsprozeß einzubeziehen, bis er den weitgehenden Konsens „als Entscheidung" verkündete.

Genauso unterschiedlich geht es fast in jedem Team zu. Der eine entscheidet sich schnell, ihm reichen die großen Umrisse, der andere entscheidet wiederum erst dann, wenn er mindestens mehrere Überzeugungszyklen durchlaufen hat.

Konsensfindung im Team muß darauf Rücksicht nehmen, daß unterschiedliche Rhythmen der Teammitglieder existieren und daß das ein gutes Potential für eine bessere Entscheidung darstellt. Wenn solche vermeintlichen Zögerlichkeiten nicht positiv in die Konsensbildung eingebaut werden, verlieren Teams nützliche Ressourcen. Letztlich stellen die Spontanaktiven und die Überdenker unter anderem gute Ergänzungen dar. Wenn allerdings, wie in dem genannten kalifornischen Unternehmen, nur einer das Sagen hat, sind Teams auf die Strategie „Befehl-Befolgen" reduziert. Solche amputierten Teams muß man nicht mehr als einmal coachen.

Ein Team-Coach wird herausfinden, welches Tempo, welchen Zyklus er wann einschlägt. Bei heterogenen, interdisziplinären Teams wird er sich auf ein paar Runden mehr einstellen müssen als bei homogenen Fachteams.

Das prinzipiell Gleiche gilt für soziales Lernen in Teams. Neue Dauerteams werden in der Regel einen Identitätsprozeß brauchen, neue kurzlebige Teams brauchen eventuell nur eine ZIAKA-Moderation, alte Dauerteams wollen eventuell eine Konfliktlösung oder eine neue Mission etc. Gute Teams entwickeln auf diesem Weg eine Weisheit, die über die Summe der einzelnen hinausgeht. Das Team ist immer besser als das beste Individuum – vorausgesetzt, das Team funktioniert.

Dazu sind folgende Einstellung- und Verhaltenspraktiken nützlich:

▶ Ich stelle meine Ideen, Urheberschaften, Lösungen uneingeschränkt dem Team zur Verfügung, weil sie aus dem Team initiiert, gespeist und unterstützt sind.

▶ Für mich sind attraktive Projekt spannender als Karriere.

▶ Wenn etwas nicht funktioniert, machen wir es anders.

▶ Ich liebe den Gedankenaustausch mit Kollegen aus anderen Fachdisziplinen.

▶ Ich sorge dafür, daß Lernbehinderungen in unserem Team beseitigt werden.

▶ Ich weiß, daß uns externe Ressourcen und Expertise auch mithelfen.

▶ Ich bemühe mich, den einzelnen in seiner Rolle zu entwickeln.

▶ Ich praktiziere und verstärke Offenheit.

▶ Ich mache Wissen, Erfahrung, Expertise vom einzelnen weitgehend unabhängig: Das Team und die Organisation brauchen ein Gedächtnis.

Teams entwickeln ihre eigene Lernsystematik, wenn dazu Anreize bestehen:

- Techniken für Informationsbeschaffung
- Modelle für Erfolg (Methodik)
- Standards für Wettbewerbsfähigkeit (Benchmarking & Feedback)
- Quellen und Netzwerke von Kompetenz (sourcing)
- Programm für Informationsspeicherung (Verarbeitung)

- Pools für gemeinsame Ressourcennutzungen
- Prozesse der Kooperation und Synergien

Solche Systeme erlauben Teams, Änderungen schneller wahrzunehmen und darauf zu reagieren, genügend Kompetenz zu entwickeln, zu agieren, innovativer zu werden, Vorsprung vor dem Wettbewerb zu definieren und genau zu wissen, wo sie im Wettbewerb stehen.

Die Nutzung dieser Systeme bedeutet Lernen, denn

- Erfolge sind Verstärker,
- Mißerfolge sind Feedback, es anders zu probieren.

Damit werden in vielen Fällen in Teams und Einheiten der Organisation Veränderungen und Lernprozesse in Gang gesetzt, die über das Netzwerk der gesamten Organisation vermittelt werden und ihrerseits dort wiederum Lernprozesse auslösen. Alle diese Lernprozesse sind theoretisch auch für Bürokratien denkbar. Aber nur theoretisch. Die Befähigung der Bürokraten in der Zentrale ist in der Masse genauso gut wie die in peripheren Teams, deshalb hat die Bürokratie keinen Vorsprung. Um Erkenntnisse zu bündeln und Synergie zu nutzen, reichen Netzwerke mit Kompetenzzentren (die noch besser lernen als die zentralen Bürokratien) aus.

Literatur

BUCHNER, DIETRICH/SCHMELZER, JOSEF: Netzwerkorganisation – Der dritte Weg zwischen Bürokratie und Chaos, in: Buchner, D. (Hrsg.), NLP im Business, Wiesbaden, 1994

HARVEY, JERRY B.: The Abilene Paradox and Other Meditations on Management, New York, 1988

LABORDE, GENIE Z.: Fine Tune Your Brain, Palo Alto, 1988

QUINN, MILLS D.: Rebirth of the Corporation, New York, 1991

SENGE, PETER M.: The Fifth Discipline, New York, 1990

Coaching- und Interventions-modelle

Chunking: Wechsel zwischen unterschiedlichen Abstraktionsebe-nen innerhalb eines Teamprozesses; stellt Gemeinsamkeiten her und erzeugt Synergien.

Disney-Modell: Moderationsmethode, die die manchmal als kon-trär erlebten Denkstile im Team, „Visionär, Kritiker und Realist", zur passenden Zeit und an der richtigen Stelle miteinander verbin-det und harmonisiert.

DR.-KASSIS: Modell zum Überprüfen und Herstellen von Kontakt und Vertrauen auf der Basis des Spiegelns von Physiologie, Denkmustern und inneren Repräsentationen.

Gewinner-Gewinner-Modell: Nur der Gewinn gibt Mehrwert, der zu teilen lohnt. Das vorhandene Konkurrenzverhalten in der Gruppe zu einem positiven Ansporn zu verwandeln, um dadurch Synergieeffekte der unterschiedlichen Fähigkeiten und Know-how des Teams zu schaffen.

Invasive Teamdiagnosen: sind alle Instrumente, die die Teams bewußt in die Diagnose ihres Zustandes einbeziehen.

Kalibrierte Schleifen: ständig sich wiederholende Kommunika-tionsmuster – verbal/nonverbal – durch bestimmte Auslöser.

Kompetenzzyklen: der (ganzheitliche) Aufbau von Teamlernen in Zyklen zunehmender Kompetenz.

Konsensprozeß: verschiedene Methoden, im Team Konsens her-zustellen (Zielkonsens, Entscheidungskonsens usw.).

Kontext-Interventionen: die Gestaltung der Beziehung zwischen Team und Kontext auf verschiedenen Ebenen.

KWOs – Mittel der Vertrauensbildung im Team

K1 Klarheit: Strukturen der Teamprozesse für alle zugänglich machen und diese inhaltlich und visuell darstellen.

K2 Kontakt: Mit den Mitteln der Kommunikation auf den unterschiedlichen Ebenen Rapport herstellen – den gleichen „Wellenklang" mit seinem Gesprächspartner erzielen (siehe DR. KASSIS).

K3 Kommunikation: Kontakt herstellen (Blick-, Körperkontakt, Telefonate, Treffen etc.) und diesen gleichmäßig auf die verschiedenen Teammitglieder verteilen.

K4 Kontinuität: Wiedererkennbarkeit und Fortsetzung von Zielen, Visionen, Werten im konkreten Reden, Tun und Verhalten sich selbst und den Mitarbeitern gegenüber.

K5 Kongruenz: Übereinstimmung von inneren Werten, Überzeugungen und Einstellungen mit dem nach außen gebrachten Reden, Tun und Verhalten.

K6 Konsistenz: Einbehalten der getroffenen Vereinbarungen, also das Leben von Commitments.

Wahrheit und Offenheit: Prinzipien, nach denen Zusammenleben und Teambildung besser funktionieren kann. Die Wahrheit ist immer subjektiv und deshalb aus den unterschiedlichen Realitäten der Teampartner zu überprüfen. Offenheit ist kontextspezifisch und an die jeweilige Situation und Anforderung anzupassen.

Lösungsorientierte Fragen: eine Gruppe von systemischen Fragen, die unterschiedliche Sichtweisen im Team verdeutlichen und eine Zukunfts- statt Vergangenheitsorientierung, eine Lösungs- statt Problemsicht etc. etablieren und so den Umgang mit Problemen untereinander ermöglichen.

Lernende Systeme: Teams als lernende Systeme aufzubauen bedeutet, mit teamtypischen Lernbehinderungen wie zum Beispiel Macht, Ego, Ressourcenknappheit, Abelene-Paradox usw. umzugehen und diese in Lernbedingungen umzuwandeln. Es bedeutet weiterhin, Teams als Kompetenz-Netze zu verstehen oder sie in Kompetenz-Netze einzubauen.

Logische Ebenen: Das Modell der logischen Ebenen wurde von Gregory Bateson entwickelt: Es geht davon aus, daß bei Lern- und Veränderungsprozessen verschiedene, hierarchisch angeordnete Ebenen eine Rolle spielen, wobei Aussagen auf einer höheren Ebene einen größeren Einfluß auf das Team haben, als die Aussagen einer darunter liegenden. Die Angleichung der Ebenen (Logical Level Alignment) stellt ein wirksames Instrument zur Initiierung und Umsetzung von „Team-Identitätsprozessen"dar.

Metaprogramme balancieren heißt, die unterschiedlichen „Wahrnehmungstypen" (zum Beispiel problem- vs. lösungsorientiert) der Teammitglieder synergetisch für ein gemeinsames Ziel zu nutzen. Metaprogramme sind Denkmuster, die durch die Balance harmonisiert werden.

Meta-Spiegel für den Umgang mit „schwierigen" Menschen und Konflikten nutzt unterschiedliche Wahrnehmungspositionen im Raum, um sichtbar zu machen, wie das eigene Erleben von und die Reaktion der anderen Person durch das eigene Verhalten bestimmt wird.

Moderation: Methodik zur Steuerung des Teamverhaltens, in der Regel ohne inhaltliche Beteiligung (Ablauf und Beziehung).

Non-invasive Teamdiagnosen: Problemzustände in Teams sind, ohne sie zu hinterfragen, durch viele unterschiedliche Symptome wahrzunehmen. Der Vorteil zum Beispiel der Feinwahrnehmung besteht darin, Teaminterventionen (zum Beispiel Ressource-Anker) einzusetzen, ohne daß Teams offen auf ihren Problemzustand angesprochen werden.

O. K.–Kommunikationsmodell nach T. A. Harris: ein Modell zur Beschreibung unterschiedlicher Rollen und entsprechender Machtansprüche innerhalb einer Kommunikation.
Ich bin o. k. – Du bist o. k.
Ich bin nicht o. k. – Du bist o. k.
Ich bin o. k. – Du bist nicht o. k.
Ich bin nicht o. k. – Du bist nicht o. k.

PRÄZISE-Fragemodell: methodische Intervention; dient der Klärung und Aufdeckung der subjektiven Erfahrungen, die sich hinter einer Sprachverletzung verbergen, die „verschüttet" sind und die Problemzustände signalisieren.

Pygmalion: Erklärungsmodell für das Phänomen, daß die innere Einstellung und Erwartung dem Kommunikationspartner gegenüber sich auf die Selektion der Wahrnehmung und Bewertung auswirkt.

Reflektierendes Team: Verfahren, das durch Einführung von bestimmten Spielregeln für den Coaching-Prozeß, festgefahrene, konflikthafte Positionen im Team wieder „verflüssigen" kann.

Reframing: Intervention, durch die neue Perspektiven und Einblicke gewonnen werden, indem man neue Rahmen setzt oder neue Bedeutungen gibt.

Schlichtungsmodell: „Spezialwerkzeug" zur Konfliktschlichtung aus der hilfreichen Haltung heraus „alle Vorwürfe sind negativ formulierte Wünsche an andere".

SPEZI-Modell: Modell zur Formulierung wohlgeformter Ziele einschließlich der Fragetechnik, mit der diese Formulierung sichergestellt wird.

Synchronisation von Problemwahrnehmungen: die Methoden, die zur gemeinsamen Problemwahrnehmung im Team führen: Prioritätenbildung, Problemszenarien, Zielvereinbarungen usw. Der Nutzen liegt darin, daß die Energiekurven der Teammitglieder sich gegenseitig verstärken.

Teamidentitätsprozeß (T.I.P.): Kreatives, effizientes Instrumentarium der Teamentwicklung. Unter Nutzung der „Logischen Ebenen" ist es sowohl bei der Bildung und Zusammenführung neuer Teams wie auch bei der Stabilisierung und Förderung von Fähigkeiten und Möglichkeiten bereits bestehender Teams/Arbeitsgruppen/Abteilungen etc. zu verwenden.

Team-Ressourcen-Anker: Konditionierung von Team-(Ressourcen-)Zuständen durch Anker.

Team-Ressourcen-Programmierung (TRP): Zielorientiertes Coaching, das die Team-Ressourcen für neue Programme neu strukturiert und die Teams damit flexibler macht.

Umfeldgestaltung: die Gestaltung des Umfeldes für Teamarbeit (Räume, Technik) usw.

ZIAKA-Modell: Zielerreichungs- und Problemlösungsprozeß, der die unterschiedlichen Ressourcen im Team sequentiell verbindet und harmonisiert.

Zielszenario: Methode, mit der unterschiedliche Wahrnehmungskurven synchronisiert werden.

Das Autorenteam

Dr. Dietrich Buchner ist geschäftsführender Gesellschafter der Winner's Edge, Gesellschaft für Führungs-, Strategie- und Verkaufscoaching mbH, sowie der NLP & More GmbH, beide in Düsseldorf. Seine Beratungsschwerpunkte sind Strategie-, Führungs- und Team-Coaching für strategische Transformation und Transformation von Firmenkulturen. Nach dem Studium der Betriebswirtschaftslehre und der Promotion in Soziologie sammelte er 16 Jahre Management-Erfahrung in internationalen Konzernen und mehrjährige Auslandserfahrung (unter anderem zwei Jahre in Kalifornien und ein Jahr in Japan) in Strategie- und Führungsberatungsprojekten. Er machte seine NLP-Ausbildung in den USA bei Richard Bandler und Robert Dilts und wendet NLP-Modelle seit über zehn Jahren erfolgreich im Business an. *Motto: Teams sind besser als einzelne.*

Iris Dörr Diplompsychologin, NLP-Trainerin, verfügt über mehrjährige Erfahrung im klinischen Bereich. Sie ist Partnerin der Winner's Edge GmbH und NLP & More GmbH. Derzeit begleitet sie werksintern die Realisierung der Gruppenarbeit in der Automobilproduktion. Schwerpunkt: Gruppenarbeit, Teamentwicklung und -Coaching, Coaching und Konfliktmanagement. *Motto: Wenn du ein Schiff bauen willst, so lehre die Menschen die Sehnsucht nach dem weiten, endlosen Meer.*

Frank Frenzel Diplompsychologe, NLP-Trainer, ist Partner der Winner's Edge, Gesellschaft für Führungs-, Strategie- und Verkaufscoaching mbH und der European Academy and Research for NLP & More GmbH. Er arbeitet als NLP-Trainer unter anderem in den Bereichen Dienstleistung, Banken, Versicherungen und

Pharma-Vertrieb mit Spezialisierung auf Führungs-, Konflikt- und Verkaufscoaching.

Motto: Was du träumen kannst, das kannst du auch tun.

Susanne-Johanna Gebhardt war im Anschluß an ihr Studium der Wirtschaftswissenschaften mehrere Jahre im Human Resource Management internationaler Unternehmen tätig. Sie ist heute Partnerin der Winner's Edge GmbH. Als Coach, Moderatorin und Trainerin liegen ihre Arbeitsschwerpunkte in Projekten zu den Themen Personal Power, Führung und Verkauf, Innovation und Veränderungsprozesse.

Motto: Entscheidend ist, wie du die Segel setzt – nicht, wie der Wind weht.

Sabine Placke-Braun Diplompsychologin, NLP-Trainerin (Ausbildung bei Robert Dilts), ist Partnerin der Winner's Edge GmbH und NLP & More GmbH. Sie hat langjährige Erfahrung in Führungskräftetraining und -Coaching im In- und Ausland. Ihre Schwerpunkte sind: Teamentwicklung, Team-Coaching, Konfliktmanagement und Einzelcoaching.

Motto: Wer aufgehört hat zu lernen, hat aufgehört, gut zu sein!

Gerhard Pötzl Diplompsychologe, NLP-Master, hat langjährige Erfahrungen mit Gruppenarbeit und dazugehörigen Realisierungsstrategien als Management- und Organisationsentwicklungsberater in einem großen Automobilwerk. Er ist heute Manager für Personal- und Organisationsentwicklung in einer Bank.

Motto: Handle so, wie du redest.

Dr. Josef Adolf Schmelzer hat Studien der Naturwissenschaften und der Ökonomie verschmolzen zu einer neuen Idee naturnaher Organisation von Unternehmen und Teams. Als Trainer setzt er NLP-Instrumente in erster Linie ein für das Initiieren und Coachen von individuellen und gemeinschaftlichen Innovations- und qualitativen Wachstumsprozessen.

Motto: Am Anfang die Idee, als Konsequenz die Wirklichkeit.

Martina Schmidt-Tanger arbeitet als Führungskräftetrainerin und Coach. Nach langjährigen internen Erfahrungen in internationalen Wirtschaftsunternehmen ist sie Geschäftsführerin der NLP & More GmbH und selbständige Partnerin der Unternehmensberatung Winner's Edge GmbH. Ausbildungen in Gruppendynamik, Systemischer Therapie und verschiedenen Verfahren der humanistischen Psychologie. Ihre Schwerpunkte liegen in der Beratung/Begleitung von Veränderungsprozessen, allen Themen des Bereichs Persönlichkeitsentfaltung und dem systemischen NLP. Sie ist Diplompsychologin, Klinische Psychologin (BDP) und Ausbildungstrainerin für das Neurolinguistische Programmieren (NLP).
Motto: *Verändern macht kompetent.*

Dr. Anders J. B. Seim gebürtiger Norweger, Arzt für Psychotherapie, ist erfahrener NLP-Trainer mit einer Ausbildung in systemischer Beratung und Transaktionsanalyse. Er war viele Jahre im klinischen Bereich tätig mit Schwerpunkt Psychosomatik und Sucht. Seit 1988 ist er selbständiger Trainer und Unternehmensberater in den Bereichen Einzelcoaching, Teamentwicklung, Mitarbeiterführung und betriebliche Suchtprävention sowie Konfliktmanagement.
Motto: *Anders-Sein ist auch eine Möglichkeit.*

Martina Weidlich arbeitet nach mehrjähriger Tätigkeit in Produktmanagement und Marketing für internationale Unternehmen als ausgebildete Kommunikationstrainerin und Organisationsentwicklerin. Sie hat langjährige praktische Erfahrung als Unternehmensberaterin und Trainerin in der Entwicklung und Umsetzung von Servicestrategien, Teamentwicklung, Service- und Verkaufstrainings für Mitarbeiter und Führungskräfte. Sie ist assoziierte Partnerin der Winner's Edge GmbH und NLP & More GmbH.
Motto: *Jeder Gedanke hat eine Ursache, und jede Ursache schafft eine Wirkung.*

Weitere Bücher von Dietrich Buchner

NLP im Business
Konzepte für schnelle Veränderungen
1994, 256 Seiten, DM 78,–
Veränderungen vielfältiger Art stellen das Management vor immer
neue Herausforderungen. „NLP im Business" zeigt,
wie professionelles Change Management zu gestalten ist.

Vision und Wandel
Neuorientierung und Transformation von Unternehmen
1995, 240 Seiten, DM 78,–
Visionen geben Orientierung bei Veränderungsprozessen, erzeugen eine
kreative Spannung und bündeln die Kräfte zielgerichtet.
„Vision und Wandel" stellt Erfolgskonzepte und Erfahrungen vor.

Outdoor-Training
Wie Manager und Teams über Grenzen gehen
1996, 246 Seiten, DM 78,–
Erfahrene Trainer und Coaches zeigen vor allem,
welche Fähigkeiten und Einsichten gekonntes Outdoor vermitteln kann
und wie der Transfer in den Unternehmensalltag gelingt.

Zu beziehen über den Buchhandel oder den Verlag.
Stand der Angaben und Preise: 1.11.1996.
Änderungen vorbehalten.

GABLER

BETRIEBSWIRTSCHAFTLICHER VERLAG DR. TH. GABLER GMBH, ABRAHAM-LINCOLN-STRASSE 46, 65189 WIESBADEN